Exerci communicanls de la

Maïa **G**régoire
Gracia **M**erlo

Niveau intermédiaire

GRAMMAIRE PROGRESSIVE DU FRANÇAIS

CLE INTERNATIONAL

Direction éditoriale : Michèle Grandmangin
Édition : Christine Grall
Conception graphique et couverture : Evelyn Audureau
Composition et mise en pages : Joseph Dorly
Illustrations : Frantz Rey

© CLE International, Paris, 1998.
ISBN : 209 033860 1

AVANT-PROPOS

Ce cahier d'exercices communicatifs complète la *Grammaire Progressive du Français*, niveau intermédiaire.

Il s'adresse aux élèves de niveaux faux-débutant et intermédiaire en français. Il se propose de travailler plus particulièrement le présent, le futur proche, le passé composé dans un premier temps. Il offre ensuite une révision de l'indicatif et aborde le conditionnel, le subjonctif et les relations logiques (voir le sommaire pp. 190-191).

Dans la *Grammaire Progressive du Français,* niveau intermédiaire, les points sont analysés selon une logique grammaticale, dans le cahier ils sont regroupés et retravaillés dans une perspective de communication.

Des renvois à la *Grammaire Progressive du Français,* niveau intermédiaire, situés dans un encadré en haut des pages facilitent la consultation de l'ouvrage de référence.

Ce cahier se propose de renforcer l'apprentissage de la grammaire et de développer la production orale et écrite en faisant appel à la créativité à travers :
- des illustrations qui « mettent en image » des points de grammaire tout en servant de support à l'expression orale libre,
- des sujets de conversation qui peuvent déboucher sur un débat en classe,
- des textes qui servent de modèle pour une production personnalisée,
- des bilans en contexte qui permettent de réviser et d'évaluer ses connaissances.

On trouvera en fin d'ouvrage les corrigés des exercices fermés et des suggestions pour les activités qui laissent à l'apprenant une plus grande liberté d'expression.

« ÊTRE », « AVOIR »
et les verbes en « -er »

1 Transformez la fiche en texte de présentation, selon le modèle.

Nom : *Bellac*

Prénom : *Alain*

Nationalité : *française*

Profession : *journaliste*

État civil : *célibataire*

Lieu de naissance : *Paris*

Lieu de résidence : *Paris*

Je m'appelle Alain Bellac.
Je suis français.
Je suis journaliste.
Je suis célibataire.
Je suis né à Paris.
J'habite à Paris.

Nom : *Boone*

Prénom : *Jane*

Nationalité : *anglaise*

Profession : *décoratrice*

État civil : *mariée*

Lieu de naissance : *Plymouth*

Lieu de résidence : *Londres*

_____

_____

_____

_____

_____

_____

2 Remplissez la fiche vous concernant et présentez-vous.

Nom : _____

Prénom : _____

Nationalité : _____

Profession : _____

État civil : _____

Lieu de naissance : _____

Lieu de résidence : _____

_____

_____

_____

_____

_____

_____

3 Interrogez un(e) inconnu(e), selon le modèle.

1.

Nom : *De Andrade*
Prénom : *Silvio*
Nationalité : *portugaise*
Profession : *photographe*
État civil : *marié*
Lieu de naissance : *Lisbonne*
Lieu de résidence : *Prague*

– *Vous êtes monsieur De Andrade*[1] ?
Silvio De Andrade ?

_____
_____
_____
_____
_____

2.

Nom : *Grohe*
Prénom : *Renata*
Nationalité : *autrichienne*
Profession : *professeur*
État civil : *mariée*
Lieu de naissance : *Vienne*
Lieu de résidence : *Salzbourg*

– *Vous êtes madame Grohe*[1] ?

_____
_____
_____
_____
_____
_____

4 Interrogez un(e) camarade, selon le modèle.

Nom : *Bosé*
Prénom : *Cristian*
Nationalité : *italienne*
Profession : *étudiant*
État civil : *marié*
Lieu de naissance : *Bologne*
Lieu de résidence : *Bologne*

– *C'est toi, Cristian Bosé*[2] ?
Tu es italien ?

_____
_____
_____
_____

---

1. Pour un(e) inconnu(e), on utilise en général «monsieur » ou « madame » suivi du nom de famille sans le prénom.

2. On dit plus souvent « C'est toi + nom ? » que « Tu es + nom ? ».

5 Complétez la description avec « être », « avoir » et les verbes en « -er ».

La famille Rocher

Le fils est grand.

Il a environ quinze ans.

Il porte des jeans et un tee-shirt rayé.

Il a un vélo.

Le bébé ──────

Le chien ──────

Le père *est petit*

La mère ──────

6 Répondez aux questions et continuez les descriptions, d'après le dessin.

Le fils a les cheveux courts ou longs ? La mère porte une robe à fleurs ou à carreaux ? Elle est brune ou blonde ? Elle a les cheveux raides ou frisés ? Le père a une cravate noire ou rayée ? Il est chauve ? Le vélo est en bon état ou il est cassé ?

7 C'est la fille Rocher qui prend la photo. Imaginez son portrait.

8 Complétez le texte avec « être », « avoir » et les verbes en « -er » ci-dessous.

être – avoir – s'appeler – présenter – porter – parler

Il *s'appelle* Bernard Pivot. Il _____ une émission littéraire à la télévision. Il _____ les cheveux gris. Il _____ de gros sourcils. Il _____ des lunettes. Il _____ souvent de grosses cravates. Il _____ enthousiaste. Il _____ très vite.

9 Décrivez un présentateur / une présentatrice de télévision, un acteur / une actrice ou une personnalité politique de votre pays, sur le modèle de l'exercice 8.

10 Faites des phrases avec « elle est » + adjectif et « elle a » + nom, et continuez librement.

spacieuse

sûre

maniable

confortable

_____

un grand coffre

un airbag de série

la direction assistée

la climatisation

_____

La nouvelle XXL est spacieuse.
Elle _____

_____

_____

Elle a un grand coffre.

_____

_____

_____

11 Mettez le texte précédent au pluriel.

Les nouvelles XXL sont spacieuses. _____

12 Complétez avec « être » ou « avoir » et faites l'élision si c'est nécessaire.

– *Pardon madame, quelques questions : est-ce que*
vous _____ *des animaux chez vous ?*

– *Oui, je* _____ *un hamster, mes enfants*
_____ *un singe et mon mari* _____
un boa.

– *Pas d'autres animaux ? Pas de chien ?*

– *Oh non, je* _____ *peur des chiens ! Mais*
nous _____ *envie d'avoir un petit cochon.*

Les cochons _____ *des animaux adorables,*
ils _____ *bon caractère et ils* _____
très affectueux.

13 Complétez avec « être » ou « avoir ».

Les animaux d'appartement

Je pense que les gens qui *ont* des animaux dans des appartements en ville _____ des
égoïstes. Un animal _____ besoin d'air et d'espace. À mon avis, un chien dans un
appartement _____ malheureux comme un oiseau en cage. Je trouve que les animaux
domestiques _____ souvent considérés comme des poupées : ils _____ déco-
ratifs et ils _____ seulement le droit d'être jolis et sages. Ils _____ souvent
l'ombre de leur patron.

14 Que pensez-vous de la relation entre l'homme et l'animal domestique ?

15 Complétez le texte avec les verbes « être » ou « avoir ».

Dimitri _____ grec. Il _____ étudiant. Il _____ vingt-deux ans. Il _____ amoureux de Charlotte. Elle _____ française. Elle _____ dix-neuf ans. Aujourd'hui, Dimitri _____ rendez-vous avec Charlotte et il _____ pressé car elle _____ toujours à l'heure et elle _____ furieuse quand Dimitri _____ en retard. Il _____ déjà midi et demi et ils _____ rendez-vous à une heure. Charlotte _____ bon caractère, en général, mais quand elle _____ faim, elle _____ terrible. Dimitri _____ peur d'être en retard mais il trouve que Charlotte _____ très jolie quand elle _____ en colère. Ils _____ très amoureux tous les deux et Dimitri pense qu'ils _____ de la chance.

16 Imaginez un dialogue entre Dimitri et Charlotte, en utilisant des expressions avec « être » et « avoir », selon votre inspiration.

être en retard / en avance / à l'heure – **être** désolé(e) – **être** pressé(e) – **être** fâché(e) – **avoir** faim – **avoir** soif – **avoir** rendez-vous – **avoir** mal (aux dents / à la tête)

_____

_____

17 Faites des phrases avec « avoir » et les verbes en « -er », selon le modèle.

Pour dormir :

Vous avez besoin de :

prendre des somnifères ☐

être dans le noir ☒

être au calme ☒

Vous avez l'habitude de :

porter un pyjama / une chemise de nuit ☐

porter un tee-shirt ☐

dormir sans rien ☐

Vous aimez :

les matelas fermes ☐

les couettes ☐

les petits oreillers ☐

Vous détestez :

les traversins ☐

les lits jumeaux ☐

les canapés-lits ☐

Pour dormir, j'ai besoin d'être dans le noir et j'ai besoin _____

_____

_____

18 Décrivez vos besoins personnels pour travailler, etc.

_____

19 Complétez le texte avec les verbes en «-er» ci-dessous, selon le modèle.

rentrer – travailler – terminer – dîner – déjeuner – rester – manger

En général, je *travaille* huit heures par jour, mais, en ce moment, je _____ au bureau jusqu'à

10 heures du soir : je _____ un rapport très important. D'habitude, à midi, je _____ avec mes

collègues à la cantine de la société, mais en ce moment, je _____ seulement un sandwich dans mon

bureau. Le soir, je _____ souvent au restaurant et je _____ chez moi vers minuit.

20 Cochez les cases correspondant à votre situation, puis transformez selon le modèle.

Vous êtes français(e).	☒	Vous travaillez.	☐	Vous habitez loin de la mer.	☐
Vous êtes marié(e).	☐	Vous étudiez.	☐	Vous payez moins de 3 000 F de loyer.	☐
Vous êtes célibataire.	☐	Vous habitez dans une ville.	☐	Vous payez plus de 3 000 F de loyer.	☐
Vous avez moins de 25 ans.	☐	Vous habitez dans un village.	☐	Vous êtes locataire de votre logement.	☐
Vous avez plus de 25 ans.	☐	Vous habitez près de la mer.	☐	Vous êtes propriétaire de votre logement.	☐

Je suis français. _____

_____

21 Complétez (1.) avec les verbes pronominaux en «-er» ci-dessous et (2.) avec les verbes pronominaux et les prépositions.

se coucher – se lever – se laver – se rincer – se sécher – s'habiller

1. Ananda (moine tibétain)		**2. Janet (chanteuse)**	
Il se couche	à 7 h du soir.	*Je me couche à*	2 h du matin.
_____	à 3 h du matin.	_____	midi.
_____	dans la cour.	_____	ma salle de bains rose.
_____	avec de l'eau glacée.	_____	de l'eau parfumée.
_____	avec un drap.	_____	une serviette mauve.
_____	en jaune foncé.	_____	vert fluo.

22 Quelles sont vos propres habitudes ?

23 Continuez avec des verbes pronominaux (d'après une chanson de Lucio Battisti).

Je me lève et je pense à toi,   _____

Je m'ennuie et je pense à toi,   _____

_____   _____

LES PRONOMS SUJETS

1 Transformez avec « vous » pluriel, selon le modèle.

Tu es de Paris. Tu es lycéen.   *Vous êtes de Paris.* _____

Tu étudies l'anglais.   _____

Tu es en vacances à Londres.   _____

Tu visites le British Museum.   _____

Tu manges des *fish and chips*.   _____

Tu te promènes au bord de la Tamise.   _____

2 Imaginez un exercice avec « nous » ou « on » pluriel, sur le modèle de l'exercice 1.

Nous sommes de Rome. / On est de Rome. _____

_____

3 Écrivez deux lettres à partir du texte en utilisant « tu » ou « vous » et complétez.

Elle est belle. Elle est différente. Elle a du charme et de l'esprit. Elle est légère comme un nuage. Elle est profonde comme le temps. Elle marche comme une princesse. Elle danse comme une déesse. Elle joue comme les enfants...

Ma Lili,   *Madame,*
Tu es belle,   *Vous êtes belle,*

_____   _____

_____   _____

_____   _____

4 Donnez les instructions pour utiliser la machine, en utilisant « vous » puis « tu ».

Pour imprimer un document: Brancher le fil noir. – Nettoyer la tête imprimante. – Sélectionner les pages. – Contrôler le format. – Indiquer le nombre de copies. – Taper sur « imprimer ». – Appuyer sur la touche « marche ». – Appuyer sur « Échap » pour annuler.

1. Pour imprimer, *vous branchez le fil noir. Vous* _____

_____

2. Pour imprimer, *tu branches le fil noir,* _____

_____

5 Donnez des instructions à un ami, un professeur, etc., pour utiliser un magnétophone, ou un autre appareil, en utilisant « vous », « tu » ou « on ».

_____

_____

6 Complétez avec « nous » ou « on » et les verbes en « -er » ci-dessous.

1. aimer – 2. passer – 3. déjeuner / dîner – 4. manger / adorer – 5. préférer / consommer – 6. être / ajouter / avoir.

1. En France *on aime* manger. – **2.** En moyenne, _____ trois à quatre heures par jour à table. –
3. _____ en général vers midi et demi et _____ vers huit heures du soir. – **4.** En France,
_____ beaucoup de viande rouge et _____ les pommes de terre. – **5.** Dans ma famille,
_____ le riz : _____ trois kilos de riz par semaine ! – **6.** C'est très pratique quand _____
pressé : _____ des champignons ou des crevettes et _____ un repas complet et diététique.

7 Décrivez vos habitudes et celles de votre pays, sur le modèle précédent.

_____

8 Composez la réponse de Marc et de Julie à partir des autres textes.

– Est-ce que vous préparez vos vacances longtemps à l'avance ? Vous préférez partir en juillet, en septembre ?
Vous voyagez de préférence en avion, en train, en voiture ? Vous préférez les hôtels, les gîtes ruraux, le camping ?

1. Abel (24 ans)   **2. Laurence (35 ans)**   **3. Marc et Julie (27 et 28 ans)**

Je me prépare plusieurs mois à l'avance. Je m'informe d'abord sur les lieux d'hébergement. J'achète des guides. J'étudie des cartes. Je n'ai pas beaucoup d'argent et je préfère faire du camping ou aller dans une auberge de jeunesse. J'aime bien aussi louer une chambre chez l'habitant. Je voyage de préférence en train et en car.

Je ne me prépare pas à l'avance. Je me décide au dernier moment. Je téléphone aux agences de voyages, je cherche un vol bon marché et j'achète mon billet. J'aime l'imprévu. Je réserve un hôtel pour la première nuit, puis je loue quelque chose sur place. Parfois, je change d'idée au dernier moment. J'aime me sentir libre.

En général, nous _____
_____
_____
_____
_____
_____
_____

9 Répondez vous-même aux questions.

_____

MASCULIN / FÉMININ
SINGULIER / PLURIEL

1 Mettez au féminin les adjectifs et les noms selon le modèle et continuez.

Il est grand.

Il est blond.

Il est beau.

Il est sportif.

Il est acteur.

C'est un bon danseur.

_____

_____

_____

Elle est grande.

_____

_____

_____

_____

_____

_____

_____

_____

_____

2 Mettez au féminin les adjectifs selon le modèle.

masculin	féminin	masculin	féminin
triste	*triste*	gros	*grosse*
pâle	_____	vieux	_____
mince	_____	sec	_____
menteur	_____	gourmand	_____
heureux	_____	léger	_____
mignon	_____	blanc	_____

3 Dans l'avion, il y a plusieurs couples de même nationalité. Complétez la liste.

un Hongrois et une _____,   un Chilien et une _____,

un Anglais et une _____,   un Danois et une _____,

un Turc et une _____,   une Allemande et un _____,

un Égyptien et une _____,   une Belge et un _____,

un Grec et une _____,   une Polonaise et un _____.

4 Imaginez d'autres couples et d'autres nationalités.

5 Mettez au féminin.

un bar désert — une rue *déserte*

un vent froid — une pluie _____

un air nostalgique — une musique _____

un homme seul — une _____

un étranger dans la nuit — une _____

6 Mettez les noms et les adjectifs au féminin quand ils sont masculins et au masculin quand ils sont féminins.

1. Vous êtes séduisant, — *Vous êtes séduisante,* _____

compétent et très intéressant, _____

vous êtes un homme charmant, _____

mais vous n'êtes pas prudent, _____

dit la présidente au président. _____

2. Tu es grande et fière, — *Tu es grand* _____

mais tu es menteuse, _____

capricieuse, _____

et tu n'es pas généreuse, _____

dit l'amoureux à son amoureuse. _____

7 Mettez les noms et les adjectifs au masculin quand ils sont féminins et au féminin quand ils sont masculins.

Il s'appelle Gaël. C'est un jeune étudiant. Il est marié depuis deux ans avec une infirmière. Son père est un dessinateur très célèbre. C'est le créateur de la bouteille de « Loco Coco ». Sa mère est actrice de théâtre. Elle est également chanteuse de variétés.

Elle s'appelle Gaëlle. _____

_____

_____

_____

8 Faites un commentaire sur une actrice à partir du modèle.

Profond, sensible,
amusant et intelligent,
un acteur doué, un artiste complet !

_____

_____

_____

9 **Mettez les petites annonces au féminin.**

> Perdu : petit chien noir très gentil, joueur. Tatoué.

> Professeur cherche employé de maison soigneux, calme, expérimenté.

> Homme 40 ans. Médecin. Grand. Brun. Sportif. Curieux de tout. Cherche femme même profil[1].

1. Même profil : mêmes caractéristiques.

10 **Trouvez les contraires des adjectifs.**

faible	≠	Fort _____
ennuyeux	≠	A _____
laid	≠	B _____
bête	≠	I _____
désagréable	≠	A _____
artificiel	≠	N _____

11 **Cherchez des adjectifs français correspondant à vos initiales.**

12 **Faites des phrases en faisant attention à la place des adjectifs.**

1. Le Centre Beaubourg	bâtiment (gros)	tuyaux (bleus)
2. La Tour d'Argent	restaurant (cher)	vue (magnifique)
3. La place Fürstenberg	place (petite)	bancs (verts)
4. La Joconde	femme (célèbre)	sourire (beau)
5. Les Champs-Élysées	avenue (longue)	arbres (grands)

1. *Le Centre Beaubourg est un gros bâtiment avec des tuyaux bleus.*

2. _____

3. _____

4. _____

5. _____

13 **Sur le modèle précédent, décrivez un monument, une rue ou une place de votre ville.**

14 Jouez avec les clichés en mettant les textes au masculin pluriel.

Vous êtes un Méridional très beau, très original, un peu paresseux, assez orgueilleux, parfois très doux, parfois agressif.

Vous êtes très amical mais vous êtes un peu possessif.

Vous êtes un Nordique pudique, très matinal et très ponctuel, assez sportif, pas très expansif.

Vous n'êtes pas fou, vous êtes rigoureux, mais parfois vous êtes un peu trop sérieux.

Vous êtes des Méridionaux _____

_____

_____

_____

_____

_____

15 Refaites l'exercice précédent en mettant les textes au féminin singulier et pluriel.

16 Quels sont, dans votre pays, les stéréotypes attribués aux Français, à d'autres nationalités, à différentes régions ?

17 Mettez au pluriel les noms, les adjectifs et les verbes.

1. Le petit chat joue avec une feuille morte. – **2.** L'enfant écoute un disque amusant et regarde un livre illustré. – **3.** Le voisin possède un cheval, un bateau, un tableau de Picasso et un château. – **4.** Le mannequin porte un bijou précieux sur un manteau très original.

1. *Les petits chats jouent avec des feuilles mortes.*

2. _____

3. _____

4. _____

18 Mettez au pluriel en utilisant « des » ou « de ».

Dans le salon de ma tante, il y a un vieux canapé, un lustre doré, une table en noyer, une chaise d'enfant et une grosse chaise rustique, une lampe dorée et une lampe bleue, une belle armoire, un tableau sombre et un horrible tapis.

Dans le magasin d'antiquités, il y a de vieux canapés, _____

_____

_____

LA NÉGATION
et L'INTERROGATION (1)

1 Complétez affirmativement et négativement en accordant les adjectifs et continuez.

1. en forme / fatigué – 2. timide / bavard – 3. bête / intelligent – 4. maigre / gros – 5. _____

1. Le dimanche, je *suis en forme, je ne suis pas fatigué(e).*

2. Ma petite fille _____

3. Averell Dalton[1] _____

4. Don Quichotte _____

5. Le chien du voisin _____

_____

1. Averell Dalton : personnage de la bande dessinée *Lucky Luke*.

2 Imaginez les questions du médecin à la patiente à partir du formulaire et répondez vous-même.

	Oui	Non
Travaille		✗
A des enfants	✗	
Fume		✗
A des allergies	✗	
Porte des lentilles de contact	✗	
A des couronnes dentaires	✗	

– *Est-ce que vous travaillez ?*
– *Non, je ne travaille pas.*

_____
_____
_____
_____
_____

3 Complétez le texte avec une phrase négative selon le modèle et continuez.

M. et Mme Smith sont très différents :

1. Elle aime les films comiques.

Il n'aime pas les films comiques.

2. Elle regarde les clips musicaux.

_____

3. Elle parle aux voisins.

_____

4. Elle aime danser.

_____

5. _____   _____

4 Interrogez le professeur ou un camarade sur ses goûts et répondez : « moi aussi » / « moi non plus » ou « moi oui » / « moi non », selon le cas.

le rap – la techno – le ketch-up – les rires enregistrés – les séries brésiliennes – l'opéra – les films d'Almodovar – le vent – la pluie – le jaune – l'orange – le salé – le piquant – le sucré.

– *(Est-ce que) vous aimez le rap ?*

– Oui, j'aime le rap, et vous ?

– *Moi aussi / Moi non.*

– *(Est-ce que) tu aimes le rap ?*

– Non, je n'aime pas le rap et toi ?

– *Moi non plus / Moi oui.*

5 Faites la liste des objets perdus avec « pas le » / « pas la » / « pas les » ou « pas de ».

le numéro de téléphone d'Irène

une carte de téléphone

les clés de l'appartement d'Igor

l'adresse de Boris

un plan de Paris

des pièces de monnaie

un dictionnaire franco-russe

un stylo

des tickets de métro

des bonbons pour la toux

J'ai perdu mon sac. Je suis dans la rue, et :

je n'ai pas le numéro de téléphone d'Irène,
je n'ai pas de carte de téléphone, _____

_____

_____

_____

_____

_____

_____

6 Faites des phrases avec « pas de » et « pas le », selon le modèle.

1. un passeport / une carte d'identité

2. le permis de conduire / une voiture

3. un chéquier / une carte de crédit

4. les clés de la cave / les clés de la boîte aux lettres

1. *J'ai un passeport, mais je n'ai pas de carte d'identité.*

2. _____

3. _____

4. _____

7 Faites des phrases affirmatives ou négatives, ou bien apportez une précision, selon le modèle.

Avez-vous :

1. un vélo de course ? (un VTT[1])

2. une voiture électrique ? (une voiture à essence)

3. un bi-bop[2] ? (un téléphone portable)

4. un tatouage sur le bras ? (un tatouage sur le dos)

_____

1. VTT : vélo tout terrain.   **2.** Bi-bop : téléphone mobile.

1. *– Oui, j'ai un vélo de course. / – Non je n'ai pas de vélo de course.*

   – Je n'ai pas un vélo de course, j'ai un VTT.

2. – _____

3. – _____

4. – _____

8 « Jeu du portrait inversé » : décrivez une personne en inversant les adjectifs.

C'est un garçon blond. Il est bavard. Il a les yeux bleus. Il a des lunettes. Vous dites :

C'est une fille brune. Elle n'est pas bavarde. Elle n'a pas les yeux bleus. Elle n'a pas de lunettes.

9 Décrivez les personnages, selon le modèle.

1. Al K. Traze

Il est très grand.
Il est maigre.
Il a 40 ans.
Il a les cheveux roux.
Il a les yeux bleus.
Il porte souvent un pull rayé et un blouson vert.

_____

_____

_____

_____

1,96 m – 60 kg – 40 ans

cheveux roux frisés

yeux bleus

un tatouage sur le cou

casier judiciaire[1] : oui

2. Bella Bona

_____

_____

_____

_____

_____

_____

_____

_____

_____

1,55 m – 75 kg – 32 ans

cheveux blonds – yeux verts

grains de beauté
sur le front et sur le cou

casier judiciaire[1] : non

_____

1. Casier judiciaire : condamnations antérieures.

10 Observez les personnages des pages 18 et 19 et répondez aux questions.

1. Est-ce que M. Traze a l'air d'un bandit ? – **2.** Est-ce que Bella Bona ressemble à Catherine Deneuve ? – **3.** Est-ce que M. Moka a l'air sympathique – **4.** Est-ce que « le suspect » a un casier judiciaire ?

11 Posez des questions et répondez, selon le modèle.

Toto Moka

1,58 m – 45 kg – 65 ans

yeux noirs – cheveux blancs

cicatrice sur la joue

très élégant – toutes les dents en or

casier judiciaire : non

– *Est-ce que M. Moka est grand ?*
– *Non, il est petit.*

_____

_____

_____

_____

_____

_____

_____

12 Le suspect est-il Al K. Traze ? Comparez-les, selon le modèle.

Suspect n° 1

1,96 m – 120 kg – 40 ans

cheveux blonds – yeux noirs

cicatrice sur le cou

casier judiciaire : non

– *Al K. Traze est très grand et le suspect aussi, mais*
Al K. Traze est maigre et le suspect...

_____

_____

_____

_____

_____

13 Sur le même modèle, imaginez d'autres suspects et comparez-les avec Bella Bona et Toto Moka.

_____

_____

BILAN N° 1 (30 points)

1 Complétez avec les éléments manquants et faites l'élision si c'est nécessaire *(20 points)*.

Une baby-sitter

Je _____ Anne Chénier, je _____ vingt ans et je _____ les langues orientales à Paris.

Je n'ai pas _____ bourse et pour payer mon loyer et mes frais je _____ le soir : parfois je _____ serveuse dans une pizzeria, parfois je garde des enfants. En ce moment, je m'occupe d'Alice et de Lucio. Ils _____ trois et sept ans. Nous _____ dans le même immeuble et quand leurs parents _____ besoin de moi, je monte chez eux au 6ᵉ étage. Alice et Lucio _____ très différents physiquement : Lucio est grand et brun, comme son père, et Alice est _____ et _____ comme sa mère. Les deux enfants _____ bon caractère : leur mère est très douce et, comme elle, ils sont aussi très _____ . Leur père est amusant et, comme lui, ils sont aussi très _____ . Bien sûr, ils sont encore petits et je _____ besoin de beaucoup de patience et d'énergie. Quand je _____ chez moi, il est tard et je _____ sommeil mais je dois étudier encore plusieurs heures : parfois je _____ à 3 heures du matin, c'est dur parce que le matin je _____ toujours à 7 heures.

2 Posez les questions puis répondez négativement *(10 points)*.

Une émission de télévision

Nous cherchons des appartements et des familles pour notre émission « Chez vous ». C'est peut-être votre famille et votre appartement.

– _____ marié(e) ?

– Non, je _____

– _____ des enfants ?

– Non, _____

– _____ dans un appartement moderne ?

– Non, _____

– _____ un jardin ?

– Non, _____

– _____ souvent la télévision ?

– _____

LE NOM et L'ARTICLE
masculin et féminin

1 Relevez les noms masculins et féminins dans deux colonnes, selon le modèle.

L'égalité des sexes

Une femme peut avoir une profession qui l'occupe autant qu'un homme mais dans la répartition des tâches ménagères, une inégalité persiste dans notre société : c'est la femme qui fait le ménage, le lavage, le repassage, le rangement (1 heure par jour). C'est elle qui connaît le prix de la nourriture et, dans la majorité des cas, c'est elle qui fait la cuisine (1 heure 30). La femme s'occupe des enfants (pour la santé, l'habillement, la révision des leçons, l'amusement) mais aussi des courses et de la couture (en tout 2 heures). Elle n'a presque pas un moment à elle. La participation de l'homme ne dépasse pas 20 minutes par jour. Son domaine, c'est en général le bricolage, la voiture, le classement des factures...

masculin	féminin
un homme _____	*une femme* _____
_____	_____
_____	_____
_____	_____

2 Mettez un article défini masculin ou féminin et associez selon le modèle.

fromage	culture
voiture	lune
chaussure	jour
problème	couteau
civilisation	cirage
nuit	garage
soleil	solution

le fromage et le couteau

_____

_____

_____

_____

3 Complétez avec « le », « l' » ou « la » la liste des qualités et des défauts.

la générosité,   _____ mesquinerie   _____ politesse,   _____ grossièreté

_____ courage,   _____ lâcheté   _____ franchise,   _____ hypocrisie

_____ tolérance,   _____ intolérance   _____ dynamisme,   _____ passivité

4 Énumérez les qualités que vous appréciez et les défauts que vous tolérez.

5 Décrivez l'image en utilisant tous les mots en « -age » féminin (exceptions).

Sur une page du journal, il y a une image, sur l'image, _____

_____

6 Complétez à l'aide des définitions et mettez l'article indéfini manquant.

1. | une | B | A | G | U | E | T | T | E |
2. | | | M | A | G | | | | |
3. | | | | | | | | O | N | E |
4. | | | | | | | T | É |

1. célèbre pain français

2. revue

3. pour parler à distance

4. le contraire d'un défaut

7 Complétez avec « le » / « l' » / « la » / « les » ou « un » / « une » / « des ».

Aujourd'hui, *les* fruits et _____ légumes ne sont plus _____ produits naturels : ce sont plus _____ produits de _____ industrie que de _____ agriculture. _____ toma-te que je mange a _____ couleur et _____ forme de _____ tomate, mais elle n'a ni _____ saveur ni _____ bonne odeur _____ tomates de mon enfance. Manger _____ fraise ou _____ pomme de terre, c'est manger _____ image avec _____ goût de papier. Oublier les choses simples est _____ grande erreur.

8 Complétez avec « le » / « l' » / « la » / « les » ou « un » / « une » / « des ».

| Curitiba : une expérience intéressante |

À Curitiba, grande ville du Brésil, le maire a décidé d'affronter *le* problème de _____ pol-lution en créant _____ réseau exemplaire de transports en commun. Aujourd'hui, _____ majorité des habitants voyagent en bus et _____ qualité de _____ air s'est beaucoup améliorée. Pour protéger _____ santé de _____ population menacée par _____ prolifération des rats dans _____ ordures[1] ménagères, le maire offre un kilo de légumes, de fruits ou de riz, contre cinq kilos de déchets. Voilà _____ programme original et intelligent de défense de _____ environnement. Chacun de nous doit chercher _____ solutions, sans attendre _____ décisions _____ organismes internationaux. C'est de nous seuls finalement que dépend _____ survie de _____ planète !

_____
1. Ordures : déchets, ce qu'on jette à la poubelle.

Les articles définis et indéfinis

GPF : P. 28

9 Présentez les images et les cartes postales en utilisant :

« un », « une », « des »   ou   « le », « la », « les »
(articles indéfinis)   (articles définis)

C'est *une tour*.

C'est *la tour de Pise*.

C'est _____
_____

PLÂTRE VÉRITABLE

C'est _____
_____

Ce sont _____
_____

Ce sont _____
_____

10 Continuez en présentant des rues, des places, des statues, etc., de votre ville.

11 Décrivez le contenu d'un placard en utilisant « un » / « une » / « des », puis « le » / « la » / « les », selon le modèle.

Dans le placard, il y a : *un* chapeau. C'est *le* chapeau de ma mère.

une valise. C'est *la* valise de Julie.

_____

_____

12 Complétez les phrases avec « un » / « une » / « des » ou « le » / « la » / « les » et faites l'élision si nécessaire.

Quand je pars en week-end à *la* mer, j'emporte seulement _____ maillot de bain, _____ pull

en coton, _____ pantalons légers et _____ espadrilles. Quand j'arrive sur _____

plage, je vais directement dans _____ eau : je plonge dans _____ vagues, puis je m'allonge

sur _____ sable et je regarde _____ ciel et _____ nuages. J'oublie _____

ville, j'apprécie _____ nature, _____ calme et _____ solitude.

13 Énumérez ce que vous emportez pour partir :

à la montagne   à la campagne

_____   _____

_____   _____

GPF : P. 28

14 Complétez les phrases avec « un » / « une » / « des » ou « le » / « la » / « les » et continuez.

1. Nous avons *un* chien et _____ chat : *le* chat s'appelle Moussy et _____ chien s'appelle Bill.

2. Ils ont _____ garçon et _____ fille. _____ garçon est blond, _____ fille est brune.

3. Il y a _____ poires et _____ bananes. _____ poires sont mûres, mais _____ bananes sont vertes.

4. _____

15 Continuez la description de la fresque avec « une » / « une » et « le » /« la ».

La terre porte *un œuf.*
L'œuf porte *un enfant.*
L'enfant _____
_____
_____
_____
_____
_____
_____

16 Nommez les objets du salon avec « un » / « une » / « des » (1.), puis apportez des précisions avec « le » / « la » / « les » (2.).

1. *Une table basse, une fleur,*
_____
_____
_____
_____
_____
_____
_____

2. *La table est sur un tapis en laine. Les fleurs sont dans un petit vase.* _____
_____
_____
_____

17 Sur le modèle précédent, décrivez l'appartement idéal, la maison idéale, le quartier idéal, etc., en vous aidant éventuellement des suggestions.

Appartement : salon (cheminée) – cuisine (grande table) – terrasse (chaises longues, plantes).

Le quartier : rues piétonnes (magasins et cafés) – places (fontaines) – jardins (fleurs, arbres)

18 1. Complétez avec « un » ou « le ». – 2. Mettez le texte 4. au pluriel.

> **1.** *Le* chien symbolise _____ amitié.
>
> _____ chameau évoque _____ sobriété.

2. Sur l'image, il y a *un* chien, et _____ chameau.

3. Sur cette image, *le* chien dort et _____ chameau boit.

> **4.** *Un* doberman est _____ chien de garde.
>
> _____ chameau peut rester _____ semaine sans boire.

19 Mettez les mots dans l'ordre pour former une phrase correcte.

1. _____

2. _____

3. _____

papillon	un	est	le	insecte

orchidées	fleurs	les	sont	des	rares

les	ne	de	mangent	végétariens	viande	pas

20 Complétez avec « un » / « une » / « des » ou « le » / « la » / « les » (plusieurs possibilités) et faites l'élision si nécessaire.

1. J'attends un enfant et j'aimerais avoir _____ fille. Ma cousine dit qu'il faut manger _____ aliments salés pour avoir un garçon et _____ aliments sucrés pour avoir une fille, mais _____ mère de Juliette dit que ça dépend seulement de _____ lune...

2. Selon Freud, il y a plus de différence entre _____ homme et _____ femme qu'entre _____ homme et _____ mouche.

3. Mon mari affirme que _____ football est _____ sport supérieur aux autres parce que _____ pieds doivent penser plus vite que _____ tête !

Les articles contractés

21 Faites des phrases avec « du » / « de la » / « des » en faisant l'élision si nécessaire et continuez selon le modèle.

le temps	les vacances
la télévision	le prix de la vie
la pollution	le chômage
les enfants	l'école
_____	_____
_____	_____

Dans la rue, les gens parlent de beaucoup de choses : *Ils parlent du temps. Ils parlent des vacances.* _____

_____

_____

En cours, les étudiants _____

_____

22 Associez avec « du » / « de la » / « des » pour former des phrases.

	de la	du	des	
L'attaque	✗			banque
L'arrivée				police
La fuite				gangsters
L'enquête				commissaire

23 Faites des phrases avec « du » / « de la » / « des » selon le modèle et faites l'élision si nécessaire.

1. *Le Monde*	2. *Le Figaro*	3. *L'Humanité*	4. *Le Nouvel Observateur*
Économie : la reprise	École : la dégradation	Logement : la crise	Fonctionnaires : les vrais salaires

1. *C'est un article du « Monde » sur la reprise de l'économie.*

2. _____

3. _____

4. _____

24 Complétez les titres avec « du » / « de la » / « des » et imaginez d'autres titres.

Dans ma bibliothèque, il y a : *Les Fleurs du Mal* de Baudelaire, *le Discours* _____ *méthode* de Descartes, *À la recherche* _____ *temps perdu* de Proust, *Le Dictionnaire* _____ *idées reçues* de Flaubert, *L'Histoire* _____ de Ixe-Igreck Zède, _____

25 Décrivez un quartier en utilisant « du » / « de la » / « des » et continuez.

La poste est près *du* supermarché. Le jardin est en face _____ église. La fontaine est au milieu _____ carrefour. La banque _____

26 Décrivez la vitrine de la pâtisserie, avec « à la », « à l' » ou « au(x) » (= avec).

Dans la vitrine,
il y a des gâteaux
au chocolat et
_____ café.
Il y a des croissants
_____ beurre.

Il y a des tartes
aux abricots et
_____
fraises et des
croissants
_____
amandes.

Il y a aussi des tartes _____ citron et _____ orange, des babas _____ rhum, des éclairs _____ café et _____ chocolat, des biscuits _____ anis et _____ noisettes.

27 Décrivez une vitrine de pâtisserie de votre pays, en indiquant la composition des gâteaux.

28 Complétez la description de la pâtissière.

C'est une femme *aux* longs cheveux blonds, _____ yeux expressifs, _____ bouche sensuelle, _____ nez parfait, _____ taille fine, _____ longues jambes, _____ silhouette svelte et _____ démarche légère.

29 Imaginez le pâtissier.

C'est un homme _____

30 Complétez en utilisant « au » / « aux » et « du » / « des ».

L'étudiant parle *au* professeur.

Le médecin _____

Le Président _____

La souris a peur *du chat.*

Le chat _____

Les oiseaux _____

_____

_____

31 Le présentateur décrit l'arrivée des acteurs au festival de Cannes avec « à la » / « au(x) », « du » / « de la » / « des ». Imaginez…

Au centre *de l'*écran, l'homme *au* foulard blanc, c'est Jeremy Irons. En bas _____ escaliers, l'homme _____ chapeau de cowboy, c'est Clint Eastwood. _____

_____

L'EXPRESSION de la QUANTITÉ
« du », « de la », « des »

1 Décrivez le contenu du réfrigérateur avec des partitifs, selon le modèle.

Dans le réfrigérateur, il y a :

du lait

_____ bière

_____ eau

_____ œufs

_____ salade

_____ courgettes

_____ beurre

_____ confiture

_____ fromage

_____ yaourts

_____ saucisson

Dans le congélateur, il y a :

_____ viande

_____ poisson

_____ pain

_____ glace

_____ épinards

_____ crevettes

2 Que mangez-vous de préférence en été ? Et en hiver ?

3 Décrivez les petits déjeuners en utilisant des partitifs, selon le modèle.

Lech (Pologne)

soupe de cerises, fromage blanc,

biscuits, thé (sucre)

Le matin, en Pologne, Lech mange de la soupe de cerises avec du fromage blanc et des biscuits. Il boit du thé. Il prend du sucre.

Giorgos (Grèce)

yaourt de brebis,

miel, café (sans sucre)

_____

_____

_____

Alfred (Angleterre)

œufs au plat

bacon, thé (2 sucres)

_____

_____

Celene (Brésil)

jus de mangue

biscuits aux amandes, café

_____

_____

4 Décrivez votre petit déjeuner.

_____

GPF : PP. 82, 84

« un kilo de », « un peu de », « pas de »

5 Utilisez des partitifs, selon le modèle.

1. Énumérez les courses à faire.

Il faut acheter :

du beurre

_____

_____

_____

_____

_____

beurre (200 grammes)
lait (2 litres)
lentilles (1 boîte)
tomates (2 kilos)
biscuits (1 paquet)
vin rouge (2 litres)
huile d'olive (1 litre)
jambon (quatre tranches)
viande (800 grammes)

2. Précisez les courses faites.

J'ai acheté :

deux cents grammes de beurre

_____

_____

_____

_____

_____

6 Complétez avec des partitifs la chanson de Nino Ferrer « Les Cornichons ».

Des cornichons, _____ moutarde

_____ pain, _____ beurre, _____ saucisson

_____ confiture et _____ œufs durs

_____ cornichons, _____ cornichons…

7 Décrivez le contenu du sac du pique-nique, avec « il y a » et « il n'y a pas ».

(+)	(–)
sardines à l'huile	ouvre-boîtes
jambon	beurre
œufs durs	sel
saucisson	couteau
mayonnaise	Kleenex

Il y a des sardines à l'huile mais il n'y a pas d'ouvre-boîtes.

_____

_____

_____

_____

8 Vous préparez un pique-nique : qu'est-ce que vous emportez ? Vous organisez une fête : qu'est-ce que vous achetez ?

_____

9 Décrivez avec des partitifs les produits typiques des régions de France.

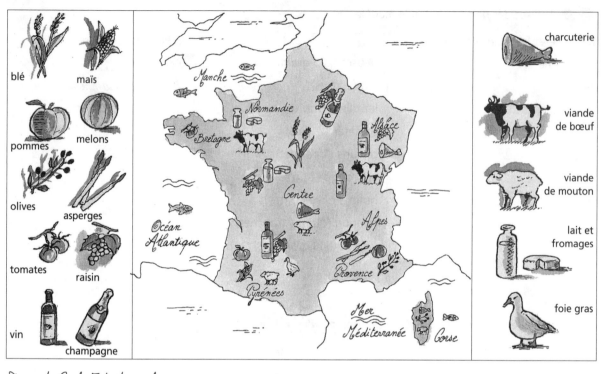

blé   maïs   pommes   melons   olives   asperges   tomates   raisin   vin   champagne

charcuterie

viande de bœuf

viande de mouton

lait et fromages

foie gras

Dans le Sud-Est, il y a des asperges _____

_____

_____

10 Complétez les phrases avec des partitifs.

1. Pour faire un bon fromage, il faut : *du* lait, _____ temps et _____ savoir-faire.

2. Pour être heureux en couple, il faut : _____ tolérance, beaucoup _____ patience, pas _____ mépris, pas trop _____ jalousie, _____ humour et surtout _____ amour.

3. Pour tourner un court métrage, il faut : un peu _____ argent, un peu _____ temps et beaucoup _____ enthousiasme.

4. Pour moi, une bonne soirée, c'est : _____ musique, _____ vin, _____ pâtes, _____ amis et pas _____ moustiques...

11 Sur le modèle précédent, dites ce qu'est pour vous un bon repas ? un bon week-end ? Que faut-il selon vous pour devenir un champion, pour créer une entreprise ?

_____

_____

_____

12 Posez des questions sur les différentes spécialités et répondez avec des partitifs, selon le modèle.

MENU **M**EXICAIN

1. Guacamole
(purée d'avocats, piments)

2. Burritos
(galettes de maïs, viande)

MENU **I**NDIEN

3. Raïta
(yaourt, concombres, tomates, pommes de terre)

4. Riz pilau
(riz, poisson, safran)

MENU **I**TALIEN

5. Caprese
(tomates, mozzarella, anchois, basilic)

6. Tiramisu
(biscuits, fromage frais, café, chocolat, œufs)

MENU **O**RIENTAL

7. Couscous royal
(agneau, poulet, pois chiches, semoule de blé)

8. Loukoums
(amandes, miel)

1. *– Qu'est-ce qu'il y a dans* le guacamole ?   *– Il y a de la purée d'avocats avec des piments.*

2. _____ les burritos ?   – _____

3. _____ le raïta ?   – _____

4. _____ le riz pilau ?   – _____

5. *– Est-ce qu'il y a des* anchois dans la caprese ?   – Oui, _____

6. _____ œufs dans le tiramisu ?   – Oui, _____

7. _____ bœuf dans le couscous royal ?   – Non, _____

8. _____ cannelle dans les loukoums ?   – Non, _____

13 Décrivez des spécialités de votre pays, avec des partitifs.

LES POSSESSIFS
et LES DÉMONSTRATIFS

1 Complétez avec les possessifs manquants et continuez librement le dialogue.

– Ah ! un album de photos : montre-moi

les gens de *ta* famille.

– Eh bien là, tu vois, à droite de la photo,

c'est _____ père.

– Et qui est à côté de lui ?

– C'est _____ mère avec _____ petite sœur.

– La dame aux cheveux blancs,

c'est _____ grand-mère ?

– Non, c'est _____ tante Marie-Laure.

– Et qui est la grande fille aux cheveux frisés ?

– C'est _____ cousine Sophie.

C'est aussi _____ meilleure amie.

– Qui est le beau garçon, au fond ?

– _____

– _____

– _____

2 Décrivez une photo de famille sur le modèle précédent et donnez des indications sur le caractère, les goûts, les qualités, les défauts, la profession, etc., des gens de votre famille.

3 Complétez avec les possessifs manquants.

_____ chérie, _____ amour,

_____ doux, _____ tendre _____ merveilleux amour,

_____ enfant, _____ princesse, _____ destinée,

_____ ying et _____ yang, _____ adorée !

4 Faites des phrases avec des possessifs en variant les personnes.

automne / saison – bleu / couleur – ski / sport – roses / fleurs – cachous / bonbons

1. – *L'automne est ma saison préférée.*   – *C'est aussi la mienne.*

2. – *Le bleu est notre couleur préférée : c'est aussi la vôtre ?*

3. _____

4. _____

5. _____

5 Complétez le dialogue de Paul et Louis avec les démonstratifs manquants.

PAUL : Regarde _____ femme, là, à ma droite, elle est superbe.

LOUIS : _____ qui porte une robe rouge ?

PAUL : Non, pas _____ . _____ qui porte un pull bleu.

LOUIS : _____ fille énorme ! Tu la trouves belle ! Moi je préfère _____ , là-bas, _____ qui lit un magazine.

PAUL : _____ ! _____ espèce de squelette !

6 Imaginez un dialogue entre Paula et Louise.

_____

_____

_____

_____

_____

_____

7 Associez les vêtements et les objets avec les personnages, selon le modèle.

Ce manteau de vison, c'est celui de la dame blonde, celle qui porte des lunettes noires. _____

8 Complétez le texte avec les possessifs et les démonstratifs manquants. Êtes-vous comme Claudia ?

Je perds tout

Certaines personnes perdent toujours *leurs* affaires : « Je cherche _____ lunettes, _____ agenda et _____ papiers partout », dit Claudia. _____ mari et _____ enfants la regardent fouiller _____ sac, _____ poches et _____ voiture plusieurs fois par jour. _____ affolement, _____ « calamité quotidienne » l'accompagnent depuis toujours. Quand elle était plus jeune, _____ père l'interrogeait avant chaque départ : « Est-ce que tu as _____ billet de train, _____ carte d'identité, _____ clés ? » et elle oubliait toujours quelque chose. D'après les psychanalystes, _____ qui perdent ainsi _____ affaires souffrent d'un sentiment de culpabilité. _____ personnes font trop de choses, _____ emplois du temps sont surchargés et _____ inconscient se révolte. « Nous nous effaçons devant les autres, _____ chef, _____ mère, _____ enfants, c'est pourquoi _____ affaires nous échappent, diaboliquement », dit le docteur Tabuze.

Claudia se demande, elle, si _____ suspens, _____ dose quotidienne d'adrénaline n'est pas, dans le fond, nécessaire à _____ équilibre et à _____ santé.

« IL Y A », « C'EST », « IL EST »

1 Complétez avec « il y a », « c'est / ce sont » ou « elle est », selon le modèle.

Sur la plage,
il y a une femme.

À côté d'elle,
_____ un chien.

Devant elle,
_____
des bateaux.

C'est Pénélope.
_____ la femme
d'Ulysse.

_____ Argos.
_____ son chien.

_____ des bateaux
de pêcheurs.

Elle est belle.
_____ triste.
_____ toujours seule.

C'est beau.
_____ triste.
_____ romantique.

2 Faites des phrases avec « il y a » ou « c'est / ce sont » et continuez l'exercice.
Que voyez-vous autour de vous ?

1. trottoir : vieille moto / Triumph.

Sur le trottoir, il y a une vieille moto. C'est une Triumph.

2. place : église / église Saint-Jean

_____

3. balcon : oiseaux / pigeons et moineaux

_____

4. port : bateau / "Le Cormoran"

_____

5. rue : _____

_____

3 Ouvrez un magazine et faites des phrases selon le modèle.

p. 16 : photo / Clint Eastwood – p. 21 : dessins / mode – p. 60 : publicité / parfum

Page seize, il y a une photo, c'est une photo de Clint Eastwood. _____

4 Complétez avec « il y a », « c'est », « il / elle est » et continuez.

1. Dans le café, *il y a* une femme. C'est Myriam Burma. *Elle est* belle.

2. À la télévision, _____ un journaliste. _____ Edgard Hatoi. _____ amusant.

3. À la radio, _____ Georges Charpak. _____ un physicien. _____ fascinant.

4. Dans le port, _____ un bateau. _____ "Le Cormoran". _____ immense.

5. _____

5 Complétez d'après les modèles, puis rédigez une biographie à votre tour.

1. Paul Mac Cartney
Il est anglais.
Il est né à Liverpool en 1942.
Il est chanteur.
C'est un des quatre Beatles.

2. Marguerite Duras
Elle est française.
Elle est née en Indochine en 1914.
_____ un écrivain.
_____ également cinéaste.

3. Woody Allen
_____ américain.
_____ Brooklyn _____ 1935.
_____ cinéaste.
_____ un bon acteur.

4.

6 Complétez avec « il y a », « c'est », « ce sont », « il / elle est », « ils / elles sont ».

La publicité : beaucoup de bruit pour rien

À mon avis, *il y a* trop de publicité à la télévision. Avant et après chaque émission, _____ au moins dix minutes d'images, de paroles et de bruit : les clips sont parfois amusants, mais la plupart du temps _____ idiots. Les publicités les plus stupides, _____ les publicités de lessive : _____ moches et _____ ennuyeuses. De temps en temps _____ des surprises mais _____ rare. En général, _____ prétentieux et banal…

7 Décrivez une publicité que vous aimez / que vous détestez. Les autres étudiants doivent l'identifier.

8 Pour chaque étage situez, présentez et décrivez des personnages.

Dans mon immeuble :

4. Au troisième étage :
_____
_____

3. Au deuxième étage :
_____
_____

2. Au premier étage :
_____
_____

1. Au rez-de-chaussée :
il y a Mme Charentez, elle est concierge, elle est grande et blonde.
C'est une jolie femme.

9 À partir de l'exercice n° 8, faites des commentaires impersonnels sur les appartements. Utilisez les adjectifs ci-dessous ou des adjectifs de votre choix.

triste – luxueux – étouffant – grand – gai – chaleureux – beau

Chez Mme Charentez, c'est petit. _____

_____

10 Complétez les commentaires des spectateurs avec une description ou un commentaire impersonnel.

– **Comment avez-vous trouvé Sylvestre Bourrin ?**

– *Il est* beau.

– _____ fort !

– Ah non ! _____ gras

et _____ ridicule !

– _____

–

– **Comment avez-vous trouvé Stella Star ?**

– *Elle est* sensuelle.

– _____ émouvante

– Non, _____

insupportable et

_____ idiote.

– _____

STELLA STAR   SYLVESTRE BOURRIN

– **Dans l'ensemble, comment avez-vous trouvé le film ?**

– *C'est* génial.   – Oh non, _____ nul.   – _____ bien fait.   – _____ !

11 Faites des commentaires avec « il / elle est » ou « c'est » sur un homme politique, une œuvre d'art, une émission de télévision, une journaliste, un livre, etc.

12 Complétez avec la forme du commentaire impersonnel.

(+) C'est bon ou (–) c'est mauvais ?

Les médecins, les médias, les « amis » nous disent de ne pas manger de charcuteries, parce que (–) _____ pour le cholestérol. Ils nous déconseillent les gâteaux à la crème parce que (–) _____ pour la ligne. Il faut manger des flocons d'avoine parce que (+) _____ pour notre organisme. La règle est très simple : quand (+)_____ pour le goût, (–) _____ pour la santé !

13 Complétez avec «il y a» / «c'est» / «il est» ou le commentaire impersonnel.

Chère Marta,

Ça y est : je suis amoureuse ! Il s'appelle Philip. *C'est* mon professeur d'anglais. _____ irlandais, _____ beau, et _____ un excellent professeur. (Pour expliquer une règle, _____ capable de monter sur la table !) Philip est passionné de football : quand _____ la coupe du monde à la télévision, on va tous ensemble voir les matchs dans un pub où _____ un grand écran. Philip est aussi un homme très cultivé : _____ historien de formation et _____ un ancien professeur d'université. _____ un homme complet ! Maintenant, j'adore la grammaire anglaise et le football : _____ passionnant, _____ étonnant, _____ génial !

Suzanne

14 Complétez avec «est-ce qu'il y a» /«il y a» /«il n'y a pas de» et continuez.

1. parking fermé / box concierge / digicode et interphone

1. – Dans votre immeuble, est-ce qu'il y a un parking fermé ?
– Non, _____ parking fermé, mais _____ des boxes.
– Et _____
– Non, _____

2. restaurant / pizzeria supermarché / épicerie

2. – Dans votre quartier, _____
– Non, _____
– Et _____
– Non, _____

3. jardin / petit square
_____

3. – Dans votre rue, _____
– Non, _____
– _____
– _____

15 Complétez avec « qui est-ce », « qu'est-ce que c'est », « il y a », « c'est » / « ce sont » ou « il est ».

– Le grand bâtiment là, à droite : *qu'est-ce que c'est* ?

– *C'est* le musée du Monde arabe. _____ une œuvre de Jean Nouvel.

– *Qui est-ce* ?

– _____ un architecte contemporain très connu.

– _____ arabe ?

– Non, _____ français.

– Et ces dessins sur la façade, _____ ?

– _____ des mécanismes électroniques qui imitent les « moucharabiehs ».

– _____, un « moucharabieh » ?

– _____ une sorte de grillage devant une fenêtre dans l'architecture arabe.

– _____ un motif de décoration ?

– Non : le moucharabieh a deux fonctions : _____ utilisé pour filtrer la lumière et pour voir sans être

vu, mais _____ aussi très décoratif. Ici, au centre du dessin, _____ une cellule photogra-

phique qui s'ouvre ou qui se ferme selon la lumière du soleil.

– _____ très ingénieux !

– Oui, mais malheureusement _____ souvent en panne...

16 Complétez avec « qui est-ce » / « qu'est-ce que c'est » ou « c'est » / « ce sont ».

1. – _____ ? – _____ Pierre et Marie Curie.

  _____ les inventeurs du radium.

  – _____ ?

  – _____ une ambulance.

  – _____ ?

  – _____ le symbole chimique du radium.

2. – _____ ? – _____ Antoine de Saint-Exupéry.

  _____ l'auteur du *Petit Prince* et de *Vol de nuit*.

  – _____ ?

  – _____ un avion postal.

  – _____ ?

  – _____ le Petit Prince.

3. – _____ ? – _____ Claude Debussy.

  – _____ un musicien de la fin du XIXe siècle.

  – _____ le compositeur de *La Mer*.

  – _____ ?

  – _____ des vagues et des rochers.

17 Sur le modèle précédent, décrivez les billets de banque de votre pays.

BILAN N° 2   (30 points)

1   **Mettez les possessifs et les démonstratifs manquants** *(10 points)*.

Au jardin du Luxembourg

Des enfants jouent avec _____ bateaux dans le Grand Bassin. Un petit garçon

blond crie : « Je suis le premier : c'est _____ bateau qui gagne ! »

Un camarade lui répond : « Non, ce n'est pas _____ , c'est _____ ! »

En fait, c'est faux : le bateau qui gagne est _____ un autre enfant ; _____

voiles sont dans la direction du vent et pas _____ des autres bateaux.

_____ courses passionnent les jeunes enfants et _____ bassin est idéal

pour pratiquer _____ jeu préféré.

2   **Complétez avec « un », « une », « des » / « le », « la », « les » / « du », « de la », « de
l' », « au » / « il y a », « c'est », « il est », « elles sont »** *(20 points)*.

Le château de Versailles

– *Connaissez-vous _____ château de Versailles ?*

– _____ très célèbre. Devant l'entrée, _____ une statue :

_____ Louis XIV, le Roi-Soleil, _____ geste autoritaire et imposant.

– *Quels sont les matériaux utilisés dans la construction _____ château ?*

– Il y a _____ pierre, _____ marbres variés, _____ bois et

_____ or.

– *Et le parc, comment est-il ?*

– _____ un modèle de « jardin à la française » : _____ allées

_____ parc sont rectilignes. _____ bordées de statues et à chaque car-

refour _____ des fontaines sculptées. _____ très beau.

En imposant à _____ nature _____ ordre rigoureux, _____

structuration parfaite, le roi exprimait son désir de centralisation : Versailles devait être

aussi le symbole _____ royauté triomphante.

TOUS LES VERBES au PRÉSENT
Les verbes en « -ir »

1 Écrivez des verbes en «-ir» (radical pluriel en «-iss») à partir des adjectifs.

1. grand   **2.** rouge   **3.** gros   **4.** vieux   **5.** _____

grandir _____ _____ _____ _____

il grandit _____ _____ _____ _____

nous grandissons _____ _____ _____ _____

2 Transformez la publicité en conjuguant les verbes en «-ir» (radical pluriel en «-iss»).

> **RETOUCHES :**
> raccourcir, élargir,
> rétrécir, agrandir,
> tous vos vêtements,
> c'est possible !

RETOUCHES :
Nous raccourcissons, nous _____
_____

tous vos vêtements, c'est possible !

3 Complétez le texte en conjuguant les verbes en «-ir» (radical pluriel en «-iss»), selon le modèle.

grandir – obéir – réagir – vieillir – réfléchir – finir – réussir – mûrir – rajeunir

> ### Conflit de générations ?
>
> Avec le temps, tout change, les enfants *grandissent*, ils n'_____ plus aussi facilement.
> Pour un rien, ils _____ parfois violemment. Ils trouvent que leurs parents
> _____. Mais si les parents et les enfants _____ ensemble, ils _____
> par accepter cette fatalité et souvent même ils _____ à faire de petits miracles : les
> jeunes _____ et les vieux _____ .

4 Est-ce que, pour vous, le «conflit des générations» est éternel, normal ou dépassé ?

5 Créez des phrases au singulier et au pluriel avec des verbes en «-ir».

    1. choisir. – **2.** offrir. – **3.** dormir. – **4.** finir. – **5.** partir.

1. *Je choisis un gâteau.*   *Vous choisissez une glace.*

2. *J'offre toujours des roses.*   *Vous offrez toujours des chocolats.*

3. _____   _____

4. _____   _____

5. _____   _____

GPF : PP. 102, 104

Les verbes en « -ir », « -re » et « -oir »

6 Complétez le texte avec les verbes au pluriel, selon le modèle.

Hans et Luigi sont géologues. Leurs femmes Bo et Lea n'aiment pas les entendre parler de géologie :

parce qu'elles ne *comprennent* pas ce qu'ils *disent*. (comprendre / dire)

parce qu'elles ne ——————————— pas ce sujet. (connaître)

parce qu'elles ne ——————————— pas faire l'effort de comprendre. (vouloir)

parce qu'elles ne ——————————— pas de patience. (avoir)

parce qu'elles ne ——————————— pas l'intérêt de ces discussions. (voir)

7 Complétez la variante ci-dessous, à partir de l'exercice précédent.

Luigi et moi, nous sommes mariés avec Bo et Lea. Elles sont biologistes et nous n'aimons pas les entendre parler de biologie, *parce que nous ne comprenons pas ce qu'elles disent.*

parce que nous ————————————————————————

————————————————————————————————————

————————————————————————————————————

8 Mettez le texte au pluriel, selon le modèle.

Régimes

Et voilà : depuis hier ma fille suit un nouveau régime alimentaire. Elle ne boit plus de lait, ne met plus de sucre dans son thé, elle ne veut plus manger de pain ni de poisson ; elle dit que les aliments « blancs » affaiblissent l'organisme. Ma fille reçoit une revue spécialisée et tous les six mois environ, quand elle lit un nouvel article intéressant, elle change de philosophie alimentaire. Parfois elle devient strictement végétarienne, parfois elle fait des cures d'algues, parfois elle n'admet que les aliments crus, parfois elle s'interdit tout liquide, parfois elle boit des litres de tisane. Elle maigrit, elle grossit, elle vieillit, elle rajeunit. Je pense qu'elle se nourrit mal, mais elle est majeure et elle fait ce qu'elle veut.

Et voilà, depuis hier, mes filles *suivent* ————————————————————————

————————————————————————————————————

————————————————————————————————————

————————————————————————————————————

————————————————————————————————————

9 Que pensez-vous des régimes ?

————————————————————————————————————

10 **Répondez aux questions, au choix.**

1. – En général, quand vous partez en vacances, vous prenez le train, l'avion ou la voiture ?

– *En général, quand je pars en vacances, je prends l'avion.*

2. – Quand vous prenez le train, vous prenez un billet de 1ʳᵉ ou de 2ᵉ classe ?

– _____

3. – Quand vous faites du tourisme, vous lisez beaucoup de guides ou vous partez à l'aventure ?

– _____

4. – Quand vous allez au musée, vous choisissez les visites libres ou guidées ?

– _____

5. – Quand vous allez à la plage, vous vous mettez à l'ombre ou vous vous faites bronzer ?

– _____

6. – Quand vous allez à la campagne, vous vous ennuyez ou vous vous amusez ?

– _____

11 **Qu'est-ce que vous faites quand vous vous levez en retard ? quand vous arrivez en avance à l'aéroport ? quand vous n'arrivez pas à vous endormir ?**

_____

12 **Racontez la journée de vacances de Julie.**

13 **Imaginez ce que fait Julie de 13 h à 15 h, de 17 h à 18 h, de 20 h à 22 h. Imaginez une journée de vacances de Julie à la campagne, en été, puis en hiver.**

« Faire » et « jouer »

14 Faites des phrases, selon le modèle.

Concert

Martin Dubois   harpe (f)

Jean Cosma   piano (m)

Charlie Mingus   contrebasse (f)

Odette Corner   accordéon (m)

Martin Dubois joue de la harpe.

15 « Faire » ou « jouer » ?

Club vacances

Au club vacances, on fait du tir à l'arc.

16 Quels sports pratiquent de préférence les différentes nationalités ?

Les Français :

Ils font du football

_____ tennis

_____ volley

Les Norvégiens :

_____ ski

_____ cheval

_____ basket

Les Chinois :

_____ ping-pong

_____ natation

_____ judo

17 Complétez avec le texte et donnez votre opinion sur le sport.

Le sport : un jeu et un combat

Le sport existe depuis toujours : dans l'Antiquité, les athlètes grecs faisaient _____ course à pied, _____ lutte, _____ tir à l'arc et _____ saut. En Écosse, les bergers qui jouaient entre eux _____ balle dans la campagne, faisaient déjà _____ golf. En Extrême-Orient, on fait depuis toujours _____ judo, _____ karaté, _____ aïkido et on joue _____ ping-pong et _____ échecs.

En français, quand le sport est aussi un jeu d'équipe, on peut employer le verbe « faire » ou le verbe « jouer » (« faire _____ football » ou « jouer _____ football »), mais quand le sport est solitaire, on utilise seulement le verbe « faire » (faire _____ voile).

À l'origine, le mot « sport » vient de l'ancien français « desport » (distraction). Le mot « athlète » vient du mot « combat » en grec. Faire _____ sport, c'est s'amuser et se battre contre la nature pour dépasser ses limites, et non contre les autres, ce qui est réservé à la guerre...

18 Quel sport faites-vous ou aimeriez-vous faire ?

LE COMPARATIF
et LE SUPERLATIF

1 Comparez en utilisant « plus ... (que) », « moins ... (que) ».

	Italie	Suède
Superficie	301 225 km	449 965 km
Nombre d'habitants	57,512 millions d'hab.	8 millions d'hab.
Température moyenne en hiver	7°	– 3°
Température moyenne en été	25°	17°

2 D'après ce que vous savez, comparez aussi les ressources touristiques (+ naturelles ou + culturelles), la cuisine (+ pâtes ou + poissons), les caractères des habitants, etc.

3 Comparez le nombre de calories en utilisant « plus de », « moins de », « autant de » avec de nombreuses combinaisons.

150 g de chips

= 660 cal

500 g de pommes de terre bouillies

= 500 cal

100 g de chocolat

= 500 cal

Un gâteau à la crème

= 400 cal

Il y a plus de calories dans cent cinquante grammes de chips _____

100 g de bœuf
= 165 cal

100 g de saucisson
= 440 cal

2 kg de tomates
= 440 cal

100 g de fromage
= 400 cal

80 g de mayonnaise
= 400 cal

220 g de pâtes
= 320 cal

2 œufs
= 320 cal

2 tranches de melon
= 62 cal

4 Imaginez des menus à partir de l'exercice 3 et comparez leur nombre de calories.

5 Comparez en utilisant «plus», «moins», «aussi», «autant», «mieux», «meilleur(e)(s)» et leurs superlatifs.

« A » : 65 m² – 950 000 F (avec cave) « B » : 77 m² – 1 100 000 F (avec cave et parking)

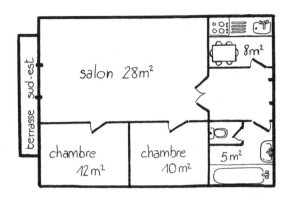 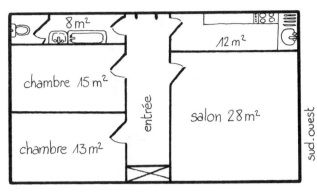

1. L'appartement A est *moins cher que* l'appartement B, mais il est _____ petit.

2. Il y a _____ chambres dans l'appartement A _____ dans l'appartement B, mais les chambres de A sont _____ grandes.

3. Le séjour de A est _____ grand _____ le séjour de B.

4. La cuisine de A est beaucoup _____ petite que la cuisine de B, mais elle est _____ rationnelle et on peut y manger.

5. L'appartement B est _____ orienté _____ l'appartement A.

6. Les matériaux de A sont de _____ qualité _____ ceux de B : les placards sont en chêne et les carrelages en marbre.

7. Je préfère l'appartement A à l'appartement B : il est _____ petit mais il est _____ distribué et il a une terrasse. Mon mari, lui, aime _____ l'appartement B parce qu'il pense qu'un appartement avec un parking est _____ utile _____ un appartement avec une terrasse.

6 Comparez deux livres (taille, poids, nombre de pages et de photos), deux cinémas de votre ville (dimensions de la salle, de l'écran, confort, qualité du son, nombre de films en VO[1]), etc.

———————————
1. VO : version originale.

7 Continuez le texte en comparant la vie en ville et à la campagne.

> ### À la campagne
>
> À la campagne, on trouve facilement à se loger. Les appartements sont grands et calmes. Les loyers assez bon marché. La vie est tranquille dans les villages où il n'y a pas beaucoup de circulation. Mais les distractions sont rares. Il n'y a pas de théâtre et peu ou pas de cinéma.
>
> En ville, _____

8 Comparez les différents styles, selon le modèle.

Table Louis XIV (fin XVIIe siècle)

Lourde

Très travaillée :

motifs très nombreux et très symétriques

Beaucoup de feuilles et de fruits

Riche marqueterie

Pieds larges, droits et sculptés

Table Louis XV (XVIIIe siècle)

Légère, gracieuse, petite

Peu sculptée :

motifs peu nombreux et peu symétriques

Surtout des coquillages et des motifs exotiques

Pieds fins et incurvés (pieds de biche)

ancienne / récent

léger / lourd

sobre / travaillé

Les tables Louis XIV sont plus anciennes que les tables Louis XV.

_____

_____

9 Comparez également les motifs, les pieds, l'élégance, etc.

10 Continuez d'après vos propres observations et faites des comparaisons

> ### Les hommes et les femmes
>
> D'après les statistiques, les hommes mesurent en moyenne 1,74 m et les femmes 1,63 m. Les femmes terminent leur croissance vers quatorze ans, les hommes vers dix-huit ans. Les hommes consomment 3 000 calories par jour, les femmes 2 500. Les femmes font en moyenne 12 heures de travaux ménagers par semaine (même lorsqu'elles travaillent), les hommes en font 3. Les trois quarts des sujets migraineux[1] sont des femmes. Les femmes sont bavardes en privé, les hommes en public. Les femmes peuvent identifier plus de dix émotions (comme la bonté, la peur, le dégoût), les hommes ne reconnaissent que le dégoût. Chez l'homme, les deux hémisphères du cerveau sont bien séparés : ils ont une bonne perception spatiale. Chez les femmes, les deux moitiés communiquent plus librement : elles ont de bonnes prédispositions linguistiques.

_____

1. Migraineux : qui a mal à la tête.

En moyenne, les hommes sont plus grands que les femmes, _____

GPF : PP. 90, 94

11 Faites des phrases avec des superlatifs selon le modèle.

1. – Le Sahara est un très grand désert, n'est-ce pas ? – *Oui, c'est le désert le plus grand du monde.*

2. – Le Nil est un très long fleuve, n'est-ce pas ? – Oui, _____

3. – Mercure est une toute petite planète, n'est-ce pas ? – Oui, _____

4. – L'Everest est une montagne très haute, n'est-ce pas ? – Oui, _____

12 Comparez les ordinateurs avec « plus », « moins », « aussi » ou « autant ».

	1. Mémorix	**2.** Futurex	**3.** Minix
Dimensions :	32 x 25 x 8	32 x 22 x 5	32 x 22 x 5
Poids :	4 kg	5 kg	3 kg
Mémoire vive :	8 Mo	5 Mo	5 Mo
Prix :	20 000 F	18 000 F	15 000 F

Le Mémorix est plus grand que Futurex, mais il est moins lourd. _____

_____

_____

13 Imaginez des arguments en faveur du Minix avec des superlatifs. Comparez une machine à écrire et un traitement de texte (rapidité, facilité d'utilisation, prix, volume...).

14 Reconstituez les superlatifs tirés du *Guiness Book des records* 1993.

résistant – courant – vite – gros – court

1. Michel Lotito avale des machines à laver, des Caddies, des voitures, il a l'estomac _____ .

2. C'est René Tramoni qui parle _____ : il articule 668 mots en 1 minute.

3. Isaac Nesser a les biceps _____ : ils font 66 cm au repos.

4. Georges Perec a écrit un roman français de 226 pages, *La Disparition*, sans la lettre « e » qui est la lettre _____ .

5. Louis XIX a régné 20 minutes, c'est le roi qui a eu le règne _____ .

15 Complétez avec les comparatifs et les superlatifs de « bon » et de « bien ».

1. Je pense que Sampras joue _____ tous ses adversaires. Sampras est vraiment _____ .

2. Steffi Graf est _____ de toutes les championnes.

3. Ivanisevic a un _____ service, mais Muster joue _____ .

4. Jim Courier n'est plus le premier, il joue _____ avant et son service est _____ .

16 Quel est le record qui vous semble le plus intéressant, le plus stupide, etc.

17 Continuez l'exercice 15 en comparant d'autres joueurs, d'autres équipes, etc.

LE LIEU ET LE TEMPS
Prépositions de lieu

1 **Faites des phrases avec « de » ou « d' », selon le modèle, et continuez.**

1. Piotr (Russie / Moscou)

2. Miranda (Grèce / Athènes)

3. Iona (Brésil / Recife)

4. Chris (Écosse / Aberdeen)

5. _____

6. _____

Dans la classe, il y a beaucoup d'étudiants de nationalités différentes :

1. Piotr *est russe, il est de Moscou.*

2. _____

3. _____

4. _____

5. _____

6. _____

2 **Complétez le texte avec « à la », « à l' » ou « au », selon le modèle.**

Je suis seul *à la* maison : maman est _____ bureau,

papa est _____ café, mamie est _____ église,

mon grand frère est _____ université, et mon petit frère est _____ crèche...

3 **Faites des phrases avec « à », « à la », « à l' », « au » ou « chez » et continuez.**

1. Paris (la gare de Lyon)

2. Neuilly (l'hôpital américain)

3. Versailles (des amis)

4. Saint-Ouen (le marché aux puces)

5. _____

6. _____

1. Où êtes-vous ?

2. Où est Paul ?

3. Où sont les enfants ?

4. Où sommes-nous ?

5. Où sont vos amies ?

6. Où est votre fils ?

Je *suis à Paris, à la gare de Lyon.*

Il _____

Ils _____

Nous _____

Elles _____

Il _____

4 **Associez avec « à la », « au » ou « chez » (plusieurs possibilités).**

poissonnier – boucher – supermarché – épicier – pharmacie – boulanger – viande – pain – poisson – aspirine – shampooing – surgelés

J'achète la viande chez le boucher (à la boucherie). _____

_____

_____

5 Associez les œuvres d'art et les musées, avec «à», «à la», «à l'», «au» ou «en».

1. *La Joconde* de Léonard de Vinci   Le Louvre   Paris (France)

2. *Le Joueur de luth* du Caravage   L'Ermitage   Saint-Pétersbourg (Russie)

3. *La Pietà* de Michel-Ange   La basilique Saint-Pierre   Rome (Le Vatican)

4. *Les Ménines* de Vélasquez   Le Prado   Madrid (Espagne)

1. *« La Joconde » de Léonard de Vinci est au Louvre, à Paris, en France.*

2. _____

3. _____

4. _____

6 Mettez les articles, puis décrivez l'itinéraire de Max et Ada en Afrique avec «au» ou «en», selon le modèle.

1. Cette année Max et Ada visitent :

le Maroc, _____ Tunisie,

_____ Libye, _____ Soudan,

_____ Tanzanie, _____ Kenya,

_____ Congo, _____ Cameroun,

_____ Mali, _____ l'Égypte,

_____ Angola et _____ Ouganda.

2. Cette année Max et Ada vont *au* Maroc, _____

_____

_____

_____

_____

_____

_____

7 Plus tard, Max et Ada commenceront à faire le tour de l'Europe.

1. Ils visiteront *l'Angleterre* : _____

2. Ils iront *en Angleterre,* _____

_____

8 Faites des phrases avec « à », « chez », « en » ou « au », selon le modèle, et remplissez la carte manquante.

1. Grèce : Corfou.

Chère Juliette,
La Grèce est magnifique
et il fait très beau.
Je t'embrasse.
                Martin

Juliette Dupuis
C°/Marie Delorme
7, av. de la République
AVIGNON
FRANCE

Exp. Martin Huc, hôtel « Tourista ».

2. Brésil : Bahia.

Le Brésil est étonnant.
Le soleil est brûlant.
Les Brésiliennes sont…
renversantes !
Meilleur souvenir.
                Bob

Triphon et Marilyn
TOURNESOL
9, rue Hergé
BRUXELLES
BELGIQUE

Exp. Bob Haddock, c°/Mafalda Cortes,
12455 Rua C. Miranda, BAHIA, Brasil.

1. *Actuellement, Martin Huc est en vacances en Grèce, à Corfou. Il habite à l'hôtel « Tourista ». Son amie Juliette habite en France, à Avignon, chez Marie Delorme.*

2. _____
_____
_____
_____
_____

3. Canada : Montréal.

Chère Anne, J'adore le
Canada et les Canadiens !
Grosses bises.
                Claire

Anne GÉLIN
Hôtel Artus
Rue J.-L. Godard
GENÈVE
SUISSE

Exp. Claire Rouault, hôtel « Nevada ».

4. France : Nice.

_____ _____
_____ _____
_____ _____
_____ _____
_____ _____

_____   _____
_____   _____
_____   _____
_____   _____
_____   _____

9 Complétez avec « dans », « sur », « sous » et continuez.

ville inconnue – petites rues – le hall des immeubles – boîtes aux lettres – jardins d'enfants – toboggans et balançoires – arbres et bancs – autobus et tramways – vitrines et boutiques – affiches et magazines – ponts

J'aime me promener *dans une ville inconnue.*

Je marche _____

De temps en temps, j'entre _____

Je regarde les noms _____

J'aime aussi m'asseoir _____

Je regarde les enfants jouer _____

Il y a souvent de curieux personnages assis _____

J'aime monter _____

Je regarde les vêtements _____

Je lis les publicités _____

Quand un fleuve traverse la ville, je regarde l'eau passer _____

_____

10 Complétez le texte avec « dans », « sur », « sous », « au-dessus de » et « au-dessous de ».

> Chère Jacqueline,
>
> Je t'écris de l'hôtel Luxor. Je suis installée dans un joli fauteuil en osier, _____
> la terrasse, _____ un parasol bleu et blanc. Devant moi, il y a une magnifique
> mer turquoise, _____ moi, _____ le ciel, passent des oiseaux jaunes. Ici, tout est
> raffiné : _____ les chambres, il y a des meubles en cuir et en bois. _____ le sol, il y
> a des tapis précieux, _____ les étagères de la bibliothèque, il y a des livres de tous les pays.
> J'aime beaucoup la lampe placée _____ lit, elle donne une lumière douce et reposante... Eh
> bien oui, chère Jacqueline : c'est un rêve ! Je suis encore _____ le vingtième arrondissement,
> _____ mon petit studio. Je pars demain chez mes parents, je te laisse les clés _____
> le paillasson et toutes les instructions nécessaires _____ le mur de la cuisine. Bonnes
> vacances _____ la capitale. Amitiés.
>
> Lola

11 Situez les habitants avec « au-dessus » et « au-dessous », à partir des indications sur les boîtes aux lettres.

M. Nelson (3e) M. Nelson habite au-dessus de Mme Dunan.

Mme Dunand (2e) _____

M. et Mme Poiret (1er) _____

_____ _____

12 Décrivez le quartier avec « dans », « sur », « sous », « au-dessus », « au-dessous », « devant », « derrière ».

13 Situez les tableaux et décrivez-les en utilisant « au-dessus », « au-dessous », « dans », « sur », « sous », « entre » et « parmi ».

L'Enfant au pigeon, Picasso.

La Famille, Sotor.

Les Joueurs de cartes, Cézanne.

Le Tricheur, Georges de La Tour.

Les Poissons rouges, Matisse.

Le Repas, Gauguin.

« Les Joueurs de cartes » de Cézanne est au-dessus du « Repas » de Gauguin. Dans ce tableau, on voit

Prépositions de lieu et de temps

14 Exprimez les distances avec «à ... de », «de ...
à » et continuez.

1. Amsterdam / Paris   (514 km)

Amsterdam est à 514 km de Paris.

Il y a 514 km de Paris à Amsterdam.

2. Berlin / Paris   (1 094 km)

_____

3. Venise / Paris   (1 145 km)

_____

4. _____ / _____ (...)

_____

15 Exprimez les durées avec «à ... de », «de ...
à » et continuez.

1. Londres / Paris   (1 heure)

Londres est à 1 heure de vol de Paris.

Il y a 1 heure de vol de Paris à Londres.

2. Rome / Paris   (2 heures)

_____

3. Rio / Paris   (11 heures)

_____

4. _____ / _____ (...)

_____

16 Reprenez l'exercice 15 en utilisant «mettre + temps» et «environ».

On met environ 1 heure pour aller de Paris à Londres, en avion.

17 Complétez avec «à ... de », «de ... à », «mettre + temps» et continuez.

1. Je travaille *à* 15 km *de* chez moi. Je *mets* une demi-heure pour aller *de* chez moi *au* bureau.

2. Paul déjeune _____

3. Nous allons à la plage _____

4. _____

18 Commentez l'itinéraire pour visiter les châteaux de la Loire en utilisant «de ... à» ou «à ... de»,
«environ», «vers», «entre» et «parmi».

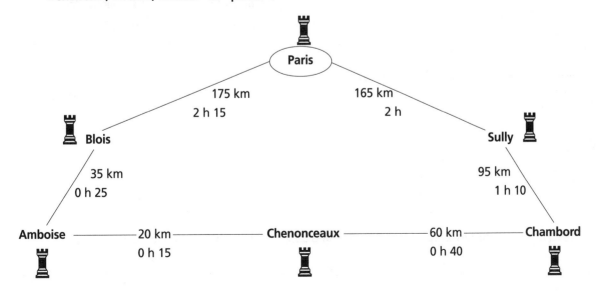

Prépositions de temps

GPF : PP. 70, 188

19 Complétez avec «depuis», «pour», «pendant», «en» et «dans».

Le bébé est malade *depuis* mardi dernier.

Il a de la fièvre _____ trois jours.

Il a eu trois bronchites _____ deux mois.

Le bébé ne doit pas sortir _____ deux semaines.

Le médecin doit revoir le bébé _____ une semaine.

Le docteur Bondel est médecin _____ 1969.

Il prescrit des antibiotiques _____ dix jours, à partir de ce soir.

Il lui donne des vitamines _____ trois mois.

20 Faites des phrases avec «depuis» selon le modèle (plusieurs possibilités).

1. José est en vacances à Paris...
2. Je suis professeur...
3. L'homme est sur terre...
4. Jean est bilingue...
5. Les pâtes sont cuites...
6. Les femmes votent en France...

Date	Durée
1944	deux minutes
mardi dernier	3 millions d'années
l'âge de 3 ans	trente ans

1. José est en vacances à Paris *depuis mardi dernier.*
2. _____
3. _____
4. _____
5. _____
6. _____

21 Faites des phrases avec «depuis» suivi d'une date ou d'une durée, selon le modèle.

Je suis ingénieur depuis 1990. J'ai le permis de conduire depuis quinze ans. J'ai la même voiture depuis deux ans. J'habite en France depuis 1990. Je connais Marian depuis douze ans. _____

GPF : PP. 76, 188

22 Composez un texte avec « depuis », en remplaçant « directeur » par « professeur », à partir du modèle.

professeur (livres, exercices, matériel pédagogique, laboratoire de langues, etc.)

> Depuis le 1er septembre, nous avons un nouveau directeur. Il est ici seulement depuis deux mois mais, depuis son arrivée, nous avons de nouvelles machines plus efficaces, des réunions plus intéressantes, des objectifs plus clairs, et la cantine que nous réclamions depuis des années est enfin ouverte.

Depuis le 1er octobre, nous avons un nouveau professeur _____

_____

_____

_____

23 Créez d'autres variantes à l'exercice 22.

1. un nouvel appartement (+ ou – d'espace, + ou – de bruit, + ou – de lumière, etc.)

2. un nouveau concierge (entrée + ou – propre, jardin + ou – bien entretenu, etc.)

1. _____

_____

2. _____

_____

24 Faire des phrases avec « depuis que » selon le modèle.

1. faire du sport / plus d'énergie

2. jouer sur la plage / plus bronzés

3. manger des produits frais / meilleure santé

4. dormir plus longtemps / meilleure mine

1. *Depuis que nous faisons du sport, nous avons plus d'énergie.*

2. _____

3. _____

4. _____

25 Créez d'autres variantes et dites comment vous avez fait des progrès en français, en cuisine, en informatique, etc.

_____

_____

26 Complétez avec « depuis » ou « pour ».

1. Nous sommes en vacances depuis mardi dernier, nous avons loué un bungalow _____ trois semaines. –

2. Philip est _____ dix ans au Congo et bientôt, il va partir en Chine _____ cinq ans, jusqu'à l'âge de la retraite. – **3.** Tout est en désordre : la maison est en travaux _____ quinze jours et il y en a encore _____ deux mois. – **4.** En France, le président de la République est élu _____ sept ans.

27 **Complétez les phrases avec « il y a » ou « dans » + durées et continuez.**

1. Nous sommes arrivés *il y a deux jours.*

Nous partons _____

2. La réunion commencera _____ :

Le directeur est arrivé _____

3. J'ai mis le rôti au four _____

Il sera cuit _____

4. Le film a commencé _____

Il finira _____

5. _____

_____

6. _____

_____

28 **Complétez avec « depuis » ou « il y a » + complément de temps, puis continuez.**

1. Anne est partie au Brésil *il y a six mois.* Elle vit à Bahia *depuis six mois.*

2. Mes cousins sont arrivés _____ . Ils sont ici _____ .

3. Hélène et Igor se sont mariés _____ . Ils sont mariés _____ .

4. _____

5. _____

29 **Associez avec « il y a » ou « depuis » + complément de temps.**

1. J'ai connu Charlie •	• il y a cinq minutes.
2. Cette société existe •	• depuis midi.
3. Le bébé dort •	• depuis 1989.
4. J'ai commencé le test •	• il y a vingt ans.

30 **Faites des phrases avec « depuis » + passé négatif, puis transformez avec « ça fait ... que » ou « il y a ... que ».**

Je n'ai pas pris de vacances depuis deux ans.
Je n'ai plus fait de ski depuis des années.
Je n'ai plus conduit depuis des siècles.

_____

_____

Ça fait deux ans que _____

_____

_____

31 **Complétez les phrases avec « dans » ou « en ».**

1. Nous avons fait tous les exercices _____ dix minutes. – **2.** Nous passerons un test _____ trois jours. – **3.** Le matin, je me prépare _____ un quart d'heure. – **4.** Des élections vont avoir lieu _____ quelques jours. – **5.** Je vous conseille de consommer ces vins rouges _____ cinq ou six ans, leur qualité s'améliorera avec le temps.

32 Composez un texte en réunissant logiquement les morceaux de phrases avec des expressions de temps.

Nous faisons du deltaplane	pendant	trois saisons encore.
Notre abonnement au club est valable	pour	deux ans.
Pour bien se diriger, il faut s'entraîner	depuis	des semaines.
Nous pouvons survoler toute la région	en	quelques minutes.
Nous inscrirons notre fils de trois ans	dans	quelques années.

Nous faisons du deltaplane _____

_____

_____

33 Associez avec « en » ou « pendant » + complément de temps.

Louis XIV a régné •	• en dix secondes.
Le peintre est rapide : il a repeint tout le salon •	• pendant soixante-dix ans.
Les gens regardent souvent la télévision •	• en moins de trois jours.
Paul se lave les dents •	• pendant les repas.
Marie a préparé un excellent repas •	• en trois quarts d'heure.

34 Faites des phrases en utilisant « en », et complétez librement.

construire des villes – apprendre une langue – faire le tour du monde – faxer des documents.

Ça va trop vite

Aujourd'hui, tout est rapide : on construit des villes en quelques années _____

_____

_____

_____

_____

35 Rédigez un petit texte à partir des questions en utilisant des prépositions de temps et de lieu.

1. Vous mettez combien de temps pour déjeuner ? Pour aller au bureau ?

2. Vous étudiez le français depuis combien de temps ? Vous travaillez de quelle heure à quelle heure ?

3. Vous pensez partir en vacances dans combien de temps ? Pour combien de temps ? Où ?

1. Je *déjeune* _____

BILAN N° 3   (30 points)

1 Complétez le texte avec des expressions de lieu: «à», «de», «chez», «au», «en», et de temps: «il y a», «depuis», «pour», «en» et «dans» *(12 points)*.

L'aventure de la chatte Zazie.

_____ sept ans que la chatte Zazie habite _____ Nice. Un jour, ses maîtres décident de s'installer _____ Marseille _____ quelques années. Ils vivent dans leur nouvelle maison _____ deux semaines quand leur chatte disparaît. En fait, Zazie est partie pour rentrer _____ elle. Nice est _____ 250 kilomètres _____ Marseille. Zazie fait tout le trajet _____ neuf mois. Le chat Frajola fait plus de 2 000 kilomètres pour retourner _____ Portugal après l'installation de ses maîtres _____ Belgique.

Hasard extraordinaire ou sens de l'orientation: les scientifiques nous apporteront peut-être l'explication de ce phénomène _____ quelques années.

2 Complétez avec les verbes «choisir», «pouvoir», «obéir», «faire», «mettre», «prendre», «vouloir», «faire du», «jouer à», des comparatifs et des superlatifs *(18 points)*.

Au cirque

Quand on demande aux enfants de choisir un spectacle, ils _____ souvent le cirque. Même les très jeunes enfants _____ suivre une représentation complète sans s'ennuyer.

Ce sont les fauves et le trapèze volant qui ont _____ de succès: quand les animaux _____ au dompteur, l'émotion est _____ forte _____ lorsque les trapézistes _____ des sauts périlleux. Dans la salle, il y a une majorité d'enfants, mais même si les adultes sont _____ nombreux _____ les petits, ils sont _____ émerveillés. Les parents et les enfants s'amusent beaucoup, mais si les parents s'amusent _____ que leurs enfants, ils sont, en outre, _____ conscients de l'immense effort des artistes. Cette distraction offre à tous beaucoup _____ rêve que les émissions ou les films qui passent à la télévision. De retour à la maison, les garçons et les filles _____ cheval sur les chaises ou ils _____ le rouge à lèvres de maman, ils _____ les chaussures de papa et ils _____ clown. Bien sûr, ils _____ tous devenir acrobates.

LA NÉGATION et L'INTERROGATION (2)

1 **Faites des phrases négatives avec « ne ... pas » ou « ne ... pas ... de ».**

1. Bob est américain.

2. Robert a les yeux bleus.

3. Kevin a la grippe.

4. Jean a un chien.

5. Charlie a un ordinateur.

6. Martine mange du fromage.

7. Danièle achète des revues.

8. Marion boit de la bière.

Peter *n'est pas américain.*

Hélène _____

Elisabeth _____

Jim _____

Arthur _____

Colette _____

Teresa _____

Julia _____

2 **Mettez le texte à la forme négative.**

Alain danse le tango. Il sait faire la cuisine. Il aime la campagne. Il fait du jogging. Il aime bricoler. Il a un chien. Il s'intéresse à la peinture. Il se couche très tôt.

Sophie ne danse pas le tango. _____

_____

3 **Répondez en utilisant « ne ... rien », « ne ... personne » ou « ne ... plus ».**

1. – Vous attendez **quelqu'un**, mademoiselle ?

2. – Vous prenez **quelque chose**, comme apéritif ?

3. – Vous connaissez **quelqu'un** dans ce bar ?

4. – Voulez-vous **encore** du café ?

5. – Vous voulez **quelque chose** d'autre ?

6. – Il y a **quelqu'un** dans votre vie ?

7. – Vous faites **quelque chose** ce soir ?

– *Non, je n'attends personne.*

– _____

– _____

– _____

– _____

– _____

– _____

4 **Répondez en utilisant « ne ... jamais », « ne ... plus » ou « ne ... pas encore ».**

1. – Je bois **toujours** du café « Latazza ». Et toi ?

2. – Vous avez **encore** *Le Monde* d'hier ?

3. – Tu vas **toujours** à la piscine le mardi ?

4. – Les billets d'avion sont **déjà** prêts ?

5. – Je sors **toujours** le samedi. Et vous ?

6. – Vous êtes **déjà** passé à la télé ?

7. – Votre professeur est **déjà** à la retraite ?

– Moi, *je ne bois jamais de café.*

– Non, _____

– Non, _____

– Non, _____

– Moi, _____

– Non, _____

– Non, _____

5 Posez des questions avec «où», «d'où», «quand», «combien», «que» ou «qu'est-ce que».

1. – Je vais au cinéma ce soir. Et vous, *qu'est-ce que vous faites ? / que faites-vous ?*

2. – Mon mari prend du café, le matin. Et vous, _____?

3. – J'habite à Lyon. Et vous, _____?

4. – Anna part le 15 janvier. Et vous, _____?

5. – Nous rentrons chez nous en décembre. Et vous, _____?

6. – Paula vient du Brésil. Et vous, _____?

7. – John paie 3 000 francs de loyer. Et vous, _____?

6 Complétez avec «qui» ou «que» et répondez.

1. – _____ est là ?

2. – _____ fais-tu ?

3. – _____ est avec toi ?

4. – _____ cherchez-vous ?

5. – _____ ?

7 Complétez avec «quel(s)» / «quelle(s)» ou «qu'est-ce que» et continuez.

1. – _____ est votre adresse ?

2. – _____ vous dites ?

3. – _____ est votre profession ?

4. – À _____ heure partez-vous ?

5. – _____

8 Complétez les phrases avec des questions.

1. – Je vais très bien. Et vous, _____?

2. – Les chaussures noires coûtent 500 F ? Et les marron : _____?

3. – Le bus ne s'arrête plus ici : alors _____?

4. – Le facteur ne passe pas dans la matinée : _____?

9 Posez des questions selon le modèle.

Le bandit Al K. Traze parle pendant son sommeil. Son compagnon de cellule l'interroge.

1. – Il y a beaucoup d'argent dans la valise et... — *Combien est-ce qu'il y a dans la valise ?*

2. – Plus d'un milliard. Et en plus il y a aussi... – _____

3. – Des bijoux. Mais la valise est cachée... – _____

4. – Dans un coffre qui se trouve... – _____

5. – Il est creusé dans un mur... – _____

6. – Le mur du salon. Derrière le tableau... – _____

7. – Le tableau bleu. Le code secret, c'est... – _____

8. – C'est le nom du peintre du tableau. – _____

9. – Matisse. Mais, il faut aussi la clé de la valise... – _____

10 Imaginez une suite à ce dialogue en utilisant des interrogatifs.

11 Posez des questions avec «où», «quand», «comment», «combien», «qui», «qui est-ce qui?» et continuez le dialogue à partir du texte.

VOYAGE EN ITALIE

Départ : 12 mai

Aéroport : Roissy

Destination : Venise

Participants : 24

Hôtel : Flora

(chambres ~~individuelles~~)

Accomp~~agnateur~~ : M. Kostner

Retour : 20 mai (en avion)

Prix : 1 000 francs

Signé : Paul Durand

ANNULÉ

VOYAGE EN ITALIE

Départ : 20 mai

Aéroport : Orly

Destination : Vérone

Participants : 38

Hôtel : Schifo

(chambres à deux lits)

Accompagnateur : M. Landru

Retour : 28 mai (en train)

Prix : 1 300 francs

Signé : Jean Dupond

Le programme de notre voyage organisé a complètement changé !

1. – Nous ne partons plus le 12 mai.   – *Quand partons-nous ?*

2. – Nous ne partons plus de Roissy.   – _____

3. – Nous n'arrivons plus à Venise.   – _____

4. – Nous sommes plus nombreux que prévu. – _____

5. – Nous n'allons plus à l'hôtel Flora.   – _____

6. – Ce n'est plus M. Kostner qui nous accompagne ! – _____

7. – Nous ne revenons plus en avion.   – _____

8. – C'est beaucoup plus cher que prévu.   – _____

12 Posez des questions à partir des affirmations (plusieurs possibilités).

1. – James Bond ne travaille pas pour la CIA.

– _____

2. – La véritable profession de Superman n'est pas disc-jockey.

– _____

3. – Le véritable prénom de Gainsbourg n'est pas Serge.

– _____

4. – Tintin n'est pas français.

– _____

5. – _____

_____

LES PRONOMS COMPLÉMENTS
Le pronom « y »

1 Répondez en remplaçant le lieu par «y» suivi du verbe.

– Peut-on monter en haut
de la tour Eiffel ?

– Oui, on peut *y* monter.

– Les bateaux-mouches vont
jusqu'à la tour Eiffel ?

– Oui, ils _____ tous
les quarts d'heure.

– Les bateaux-mouches passent sous le Pont-Neuf ?

– Oui, _____

– On mange bien sur les bateaux-mouches ?

– Oui, on _____ bien.

2 Reconstituez le texte de Claude Roy tiré de *Clefs pour l'Amérique* et répondez aux questions.

> ### Le drugstore
>
> Aux États-Unis, le drugstore est le centre de la vie sociale. On _____ vient _____ retrou-
> ver sa belle, _____ acheter l'aspirine ou les mouchoirs de papier, les magazines et les sandales.
> [...] Il ne manque rien. Il suffit d'étendre la main (et d'avoir de l'argent) pour pouvoir boire, man-
> ger, s'habiller, se chauffer, lire, écouter de la musique, se soigner, regarder des images. [...] Il
> _____ fait chaud l'hiver, frais l'été, on _____ désàltère les assoiffés, [...] on _____
> nourrit les affamés. Le «drugstore» est une sorte de paradis nickelé[1], commercial et sommaire[2].

___
1. Nickelé : propre et moderne.   **2.** Sommaire : simple.

D'après le texte, pourquoi va-t-on au drugstore ? – Ajoutez d'autres raisons d'y aller.

3 Composez un texte avec «y» sur le thème du café, du centre ville, du fast-food, etc.

1. *café :* boire un verre – parler de politique – lire le
journal – jouer aux cartes ou au flipper

On y va avec des amis, on y boit un verre. _____

_____

_____

2. *centre ville :* faire des courses – se promener –
regarder les vitrines

On y va le samedi. _____

_____

_____

4 Préférez-vous les grandes surfaces ou les petits commerçants ? Pourquoi ?

5   Posez les questions et répondez en remplaçant « à + nom de chose » par « y + verbe ».

Croyances « parallèles » selon les âges	18-35 ans	65 ans et plus
Transmission de pensée	37 %	22 %
Signes astrologiques	19 %	14 %
Extraterrestres	23 %	4 %
Vie après la mort	19 %	27 %
Diable	18 %	24 %

— *Est-ce que les personnes âgées croient aux extraterrestres ?*
— *Elles y croient moins que les jeunes.*

_____

_____

6   Sur le même modèle créez des dialogues (ou posez des questions à votre professeur ou à un camarade, etc.) avec des réponses affirmatives et négatives.

croire aux anges – penser à la mort – croire aux lignes de la main

— *Croyez-vous aux anges ? – Oui, j'y crois. / Non, je n'y crois pas.*

7   Répondez aux questions avec « y », à partir du texte.

> ### Le vol d'Apollo 11
>
> Le 16 juillet 1969, Apollo 11 part pour la Lune. Le 20 juillet, Neil Armstrong, Buzz Aldrin et Michael Collins arrivent sur la mer de la Tranquillité. Le 21, à 3 h 56 mn 20 sec, Armstrong pose le pied gauche sur la Lune. Il fait quelques pas de danse sur le sol lunaire. Il dit : « C'est un petit pas pour l'homme, mais c'est un pas de géant pour l'humanité. » Puis Armstrong et Aldrin plantent le drapeau américain dans le sol. Ce jour-là, 600 millions de personnes assistent à l'événement devant leur écran de télévision.

Quel jour les astronautes arrivent-ils *sur la mer de la Tranquillité* ? – À quelle heure Armstrong pose-t-il exactement le pied *sur la Lune* ? – Que plantent les astronautes *dans le sol lunaire* ? – Est-ce que Collins participe *au voyage* ? Etc.

8   Faites des phrases avec « y » selon le modèle.

Comment les cosmonautes réussissent-ils des missions aussi délicates ?   C'est :

parce qu'ils *y sont préparés* depuis longtemps.   être préparé à

parce que les scientifiques _____ longuement.   réfléchir à

parce que l'État _____ énormes.   affecter des crédits à

parce que les techniciens _____ jour et nuit.   travailler à

parce que toute l'équipe _____ passionnément.   s'intéresser à

GPF : PP. 116, 118

« le / la / les », « lui / lui / leur »

9 Complétez avec « la », « l' » ou « lui », selon le modèle.

Andrew regarde Tina.
Il la regarde tous les jours.

Il _____ adore.

Il _____ admire.

Il _____ respecte.

Il _____ aime depuis longtemps.

Depuis quelques jours,
il lui envoie des fleurs.

_____ écrit des poèmes.

_____ téléphone.

_____ parle d'amour.

_____ demande même de l'épouser.

10 Complétez avec « le », « la », « l' » ou « lui ».

Thomas attend Sophie à l'aéroport. Il _____ attend avec impatience. Il _____ connaît depuis peu de temps. Il _____ trouve belle et intelligente. Il veut _____ raconter sa vie, _____ confier ses projets, _____ faire des confidences. Sophie arrive enfin. Elle _____ voit. Elle _____ trouve élégant. Elle _____ connaît très peu mais, spontanément, elle _____ embrasse, elle _____ prend le bras, elle _____ parle et elle rit en même temps. Il _____ sourit. Elle _____ plaît. Il _____ semble qu'il _____ connaît depuis toujours...

11 Créez des textes avec « la », « les », « l' » ou « lui », « leur ».

Vous trouvez un enfant perdu dans un supermarché. Vous communiquez :

1. *avec l'enfant*

sourire, parler gentiment, demander son nom et son âge, prendre la main, accompagner à l'accueil, consoler et rassurer.

Une petite fille pleure au milieu des rayons.

Je lui souris, _____

_____

_____

2. *avec les personnes de l'accueil*

expliquer la situation, dire le nom et l'âge de l'enfant, demander d'appeler sa maman, confier l'enfant, remercier.

Je m'approche des vendeuses.

_____

_____

_____

12 Un(e) inconnu(e) vous plaît beaucoup. Que faites-vous ?

parler – ignorer – regarder – sourire – offrir (un bonbon, une cigarette...) – suivre – demander (son nom, son adresse) – donner (sa carte de visite, son numéro de téléphone)

Je lui parle, _____

Le pronom « en »

13 Répondez en remplaçant « de + nom » par « en » ou « en + précision » et continuez le dialogue.

Sur la table, est-ce qu'il y a :

Combien y a-t-il :

du café ?
– Oui, *il y en a.*

de petits pains ?
– *Il y en a trois.*

du lait ?
– Oui, _____

de croissants ?
– _____

des petits pains ?
– Oui, _____

d'œufs ?
– _____

_____ ?
– Oui, _____

_____ ?
– _____

14 Répondez affirmativement et négativement avec « en » selon le modèle.

Dans la salle de bains est-ce qu'il y a :

du dentifrice ?   – Oui, *il y en a.*
de la crème à raser ?   – Non, *il n'y en a pas.*
du parfum ?   – Oui, _____
du coton ?   – Non, _____
de l'aspirine ?   – Oui, _____
_____   – _____

15 Créez des dialogues avec « en » sur le modèle précédent.

Dans le bureau, est-ce qu'il y a :   (colle, crayons, papier, ciseaux, etc.)
_____   – _____
_____   – _____
_____   – _____

16 Répondez en utilisant « en + quantité précisée », selon le modèle.

À Paris :

1. – La tour Eiffel a-t-elle plusieurs plates-formes ? (3)   – *Oui, elle en a trois.*

2. – Y a-t-il beaucoup de salles de cinéma ? (383)   – _____

3. – Est-ce qu'il y a de nombreux musées ? (76)   – _____

4. – Y a-t-il beaucoup de touristes ? (20 000 par an)   – _____

17 Créez des dialogues et répondez avec « en », « en + quantité précisée » ou « en + négation » selon le modèle.

1. *rue :* cafés, arbres, boulangerie, arrêt de bus. – **2.** *quartier :* fontaines, places, piscine, cinéma. –
3. *ville :* tramway, stade olympique, musées.

1. – Est-ce qu'il y a des arbres dans votre rue ?

– *Oui, il y en a. / – Non, il n'y en a pas. / – Oui, il y en a trois (plusieurs, quelques-uns).*

2. _____

3. _____

18 Répondez à partir du texte et du dessin, en utilisant « en » ou « en + quantité précisée », puis continuez le dialogue.

Dans ce
paysage, il y a
quatre arbres,
des rochers,
un berger avec
un chien,
beaucoup
de moutons,
un peu de
soleil,
de l'ombre,
quelques oiseaux
et quelque fleurs.

1. – Combien voyez-vous d'arbres, dans le paysage ? *– J'en vois quatre.*

2. – Est-ce qu'il y a des rochers ? *– Oui, il y en a.*

3. – Est-ce qu'il y a un berger ? – _____

4. – Est-ce que le berger a un chien ? – _____

5. – Est-ce qu'il y a beaucoup de moutons ? – _____

6. – _____ – _____

7. – _____ – _____

19 Répondez affirmativement ou négativement aux questions avec « en ».

1. – Les sportifs mangent-ils des pâtes ? *– Oui, ils en mangent.*

2. – Boivent-ils de l'alcool ? *– Non, ils n'en boivent pas.*

3. – Font-ils beaucoup d'entraînement ? – _____

4. – _____ ? – _____

5. – _____ ? – _____

GPF : P. 120

Les pronoms doubles

20 Complétez avec « le lui », « la lui » et « lui en ».

1. – Prêtez-vous votre Caméscope à votre fils ? *– Oui, je le lui prête.*

2. – Laissez-vous votre clé à votre concierge ? – _____

3. – Donnez-vous de l'argent à votre fils ? – _____

4. – Montrez-vous votre courrier à votre mari (femme) ? – _____

21 Posez des questions qui demandent des réponses avec « les lui », « le leur », « la leur », « leur en ».

22 Transformez le texte avec des pronoms doubles, selon le modèle.

Les maires de certaines villes prennent des mesures contre la pollution :

1. Ils interdisent aux camions de passer par le centre des villes. *Ils le leur interdisent.*

2. Ils demandent aux automobilistes de ne pas circuler certains jours. _____

3. Ils conseillent aux familles de trier leurs ordures ménagères. _____

4. Ils ordonnent aux usines de recycler leurs déchets. _____

23 Répondez aux questions à partir du texte en utilisant des pronoms doubles. Posez d'autres questions sur la fin du texte et répondez-y.

La pollution

Les médias nous parlent régulièrement de la pollution de l'air dans les villes. Des scientifiques nous expliquent le phénomène de « l'effet de serre ». Des enquêtes nous prouvent l'existence du « trou d'ozone ». Des médecins nous informent de l'augmentation des maladies respiratoires. Des écologistes nous parlent des dangers à venir. On propose des « produits verts » aux consommateurs. On lit des articles spécialisés aux enfants des écoles. Tout le monde s'intéresse au sujet. Mais on utilise la voiture pour un rien, et dans le fond, on n'entend pas tous ces discours...

---

1. – Est-ce qu'on vous parle de la pollution de l'air ? *– Oui, les médias nous en parlent.*

2. – Est-ce qu'on vous explique l'effet de serre ? – _____

3. – Est-ce qu'on vous prouve l'existence du trou d'ozone ? – _____

4. – Est-ce qu'on vous informe de l'augmentation des maladies respiratoires ? – _____

5. _____

6. _____

7. _____

8. _____

LES RELATIFS SIMPLES
« qui », « que »

1 Complétez avec « qui » (sujet) ou « que » (objet).

La voiture *qui* roule dans la rue est une Twingo.

L'air _____ passe à la radio est « Summertime ».

La personne _____ est assise derrière est Stella Star.

La voiture *que* je conduis est une Twingo.

L'air _____ j'écoute à la radio est « Summertime ».

La personne _____ je transporte est Stella Star.

2 Complétez les phrases avec « qui » et les phrases avec « que » selon le modèle.

1. La fille qui *passe dans la rue est Bella Bona.*

2. L'acteur qui _____

3. Le film qui _____

4. Le livre qui _____

La fille que *je regarde est Bella Bona.*

L'acteur que _____

Le film que _____

Le livre que _____

3 « Qui » et « que » : complétez puis transformez selon le modèle.

1. Le bus *que* je prends va à Champerret.

2. L'ami _____ je rencontre a un chapeau bizarre.

3. La veste _____ il porte n'a que deux boutons.

4. L'homme _____ nous saluons s'appelle Raymond.

Je prends un bus *qui va à Champerret.*

Je rencontre un ami _____

Il porte une veste _____

Nous saluons un homme _____

4 Complétez avec « qui » ou « que » le poème de Pierre Reverdy, « Sources du Vent » (Mercure de France).

Le feu *qui* danse

L'oiseau _____ chante

Le vent _____ meurt

Les vagues de la glace

Et les flots de rumeur.

Dans l'oreille, les cris lointains

du jour _____ passe,

Toutes les flammes lasses

La voix du voyageur,

Dans les plis des nuages

Le visage inconnu

Celui _____ l'on regarde

Et _____ n'est pas venu.

Pierre Reverdy

« qui », « que », « dont », « où »

5 Transformez le texte en utilisant « dont » avec un verbe.

André est un homme remarquable

qui rêve d'un idéal.

Il parle de voyages.

Il s'occupe d'action sociale.

Il travaille de façon originale.

Il s'exprime d'une manière passionnante.

Il s'entoure d'amis intéressants.

J'admire André,

pour *l'idéal dont il rêve*

pour *les voyages* _____

_____

_____

_____

_____

6 Complétez en utilisant « dont » avec l'adjectif accordé qui convient.

amoureux – mécontent – fatigué – sûr

1. Le président demande le départ des ministres _____

2. Les journaux sérieux ne publient que des nouvelles _____

3. En 1956, Arthur Miller épouse Marilyn Monroe _____

4. En 1973, Brigitte Bardot quitte le cinéma _____

7 Posez la devinette avec « dont » et créez d'autres devinettes.

C'est un monument

_____ la structure est métallique,

_____ la hauteur est de 320 m,

_____ l'architecte est mort en 1923,

_____ l'image est le symbole de Paris.

8 Assemblez avec « qui », « que », « dont » et créez d'autres devinettes

C'est un animal

_____ vit dans les forêts tropicales.

_____ le cri est perçant.

_____ on peut voir dans les zoos.

_____ ressemble à l'homme.

9 Complétez les phrases avec « où » (lieu et temps) selon le modèle, et continuez.

1. J'habite dans un pays *où il fait très chaud.*

2. Le lundi est le jour *où je suis le plus fatigué.*

3. J'habite dans un quartier _____

4. Noël est une époque _____

5. Au Brésil, le mois de février est un mois _____

6. _____

7. _____

« (ce) qui », « (ce) que », « (ce) dont », « où »

10 Complétez avec «qui», «que» et «dont» le texte adapté de l'*Histoire naturelle* de Buffon.

L'animal et l'homme

Un animal domestique est un esclave *dont* on s'amuse, _____ on se sert, _____ on abuse, _____ on altère[1], _____ on dépayse[2] et _____ l'on dénature. Mais l'empire de l'homme sur les animaux est un empire légitime _____ aucune révolution ne peut détruire : car c'est l'empire[3] de l'esprit sur la nature. C'est par la supériorité de la nature _____ l'homme règne et commande. Il pense et dès lors[4] il est maître des êtres _____ ne pensent point[5].

---

1. Altérer : modifier   **2.** Dépayser : enlever de son milieu naturel.   **3.** Empire : pouvoir.

4. Dès lors : par conséquent.   **5.** Point : forme ancienne de « pas ».

11 Complétez avec «qui», «que», «dont» et «où» selon le modèle.

1. Un jour viendra *où* les crimes _____ l'on commet contre les animaux seront considérés comme des délits contre l'humanité.

2. L'enfance est une époque _____ nous sommes encore tout près de la nature. L'animal _____ le petit enfant observe passionnément n'est pas encore cet objet _____ nous nous servons pour nous vêtir et nous nourrir. C'est par la fréquentation pacifique des animaux _____ l'homme parviendra peut-être à vivre en paix avec lui-même et à éviter les guerres _____ ignore le monde animal.

3. D'après beaucoup de nutritionnistes, les régimes _____ ne comportent pas de protéines animales sont des régimes _____ mettent en danger la santé de l'homme.

12 Complétez avec «qui», «que», «dont», «ce qui», «ce que» et «ce dont».

– Racontez-moi *ce qui* s'est passé. Dites-moi exactement _____ vous avez vu.

– Eh bien j'étais dans le magasin _____ est en face de la bijouterie et soudain quelqu'un a jeté une pierre _____ a cassé la vitrine.

– Pouvez-vous décrire la personne _____ a fait ça ?

– Je suis sûr que c'est quelqu'un _____ j'ai déjà vu quelque part. _____ m'a frappé, c'est la façon bizarre _____ il marche. Il a un très long cou _____ penche vers l'avant et des yeux _____ lui sortent de la tête, comme une poule.

– Dites-moi _____ il a fait ensuite.

– Il a enlevé le chapeau _____ il avait sur la tête et il l'a rempli avec tout _____ il a trouvé dans la vitrine, puis il a sauté dans un bus _____ passait.

BILAN N° 4   (30 points)

1 Posez les questions et répondez en utilisant « le », « la », « les », « lui », « en », « y » ; « (ce) qui », « (ce) que », « (ce) dont », « où » et faites l'élision quand c'est nécessaire.

Recherche de location

– *Bonjour madame, je vous appelle au sujet de l'annonce : « grand appartement à louer dans le centre » :* _____ ?   (2)

– Oui, il est encore libre.

– _____ ?   (2)

– Il se trouve dans le centre ville, près de la place Foucault.

– _____ ?   (2)

– 5 800 francs charges comprises.

– *Combien y a-t-il de chambres ?*

– _____ trois, très calmes et très claires.   (2)

– Est-ce que je peux _____ visiter ?

– Oui, je _____ vais cet après-midi à 3 heures et ma collègue _____ va demain matin.   (3)

– *Je préfère demain. Est-ce que vous avez d'autres appartements à me montrer ?*

– Oui, _____ deux autres, mais c'est ma collègue _____ occupe.   (2)

– *Pouvez-vous me _____ décrire rapidement ?*

– Le premier est un rez-de-chaussée _____ donne sur une petite cour. Le deuxième est un loft _____ a une petite terrasse. Mais ce sont des produits _____ s'occupe ma collègue Mme Mignard.   (4)

– Ces appartements m'intéressent, est-ce que je peux _____ voir demain matin ?

– Mme Mignard rentre à 5 heures d'une visite. Vous pouvez _____ téléphoner pour _____ demander des détails ou vous pouvez passer _____ voir à l'agence.   (4)

– *Où se trouve votre agence exactement ?*

– Au 9, rue du Pont. C'est un bureau _____ la façade fait l'angle avec le boulevard Dumézil. Mais attention, le jeudi est le jour _____ il y a le marché aux fleurs et la rue du Pont est une rue _____ il est impossible de se garer.   (3)

– *Oh ! ce n'est pas grave : j'ai un vélo _____ je peux mettre n'importe où.*   (3)

– Ah, c'est _____ tous les Parisiens devraient faire pour lutter contre ces embouteillages _____ nous empoisonnent l'existence.

– *Une ville _____ il n'y aurait ni bruit ni pollution : c'est comme un appartement dans le centre _____ aurait un grand jardin ensoleillé, c'est _____ tout le monde rêve, n'est-ce pas ?*   (3)

LE FUTUR PROCHE

1 Complétez avec les formes correspondantes du futur proche.

– Je vois de grands changements pour vous : vous quittez
votre travail.

– Vous partez à l'étranger.

– Vous faites une rencontre
importante.

– Vous devenez très célèbre.

– Vous gagnez beaucoup
d'argent.

– C'est vrai ? !
*Je vais quitter mon
travail ? !*

– _____
_____

– _____
_____

– _____
_____

– _____
_____

2 Transformez votre horoscope pour la semaine, puis pour l'année, selon le modèle.

**PRÉVISIONS
POUR LA SEMAINE**

Travail intensif. Fatigue.
Problèmes avec un supérieur.
Gains au Loto. Lettre mystérieuse.
Décision importante.
Contrariétés en famille.

**PRÉVISIONS
POUR L'ANNÉE**

Rencontre inattendue.
Nouvelles d'un être cher.
Voyage à l'étranger.
Héritage important.

Vous allez avoir beaucoup de travail.

_____   _____
_____   _____
_____

3 Racontez au futur proche votre programme de demain et complétez-le.

Je pars à midi pour Nice. Georges vient me chercher à la gare. Je fais une conférence à l'université à 15 heures.
Je prends l'avion à 18 heures. J'arrive à Madrid à 20 heures.

Je vais partir à midi _____

_____

_____

4 Imaginez la soirée de Paul et Louis (écoliers), selon le modèle.

Louis et Paul vont sortir de l'école à 4 heures. _____

_____

_____

5 Imaginez l'après-midi et la soirée de Mme Cazelle (maman de Louis et de Paul).

À 5 heures, Mme Cazelle va préparer le goûter des enfants. _____

_____

6 Écrivez les interviews au futur proche à partir des notes du journaliste.

1. Tina Louis (chanteuse)

tournée en Europe

enregistrement nouveau CD

film avec Steven Berg

bébé

– *Quels sont vos projets pour l'année prochaine ?*

– *Je vais faire une tournée en Europe,* _____

_____

_____

_____

2. Jacques Bellac (candidat aux élections)

diminution des charges

relance de la consommation

augmentation des salaires

baisse des impôts

– *Qu'allez-vous faire pour lutter contre la crise ?*

– _____

_____

_____

_____

3. Vous (étudiant(e) de français)

_____

_____

– *Qu'allez-vous faire pour améliorer votre français ?*

_____

_____

7 Imaginez des dialogues avec des réponses négatives complètes, selon le modèle.

– *Est-ce que vous allez changer de voiture ?*

– *Non, je ne vais pas changer de voiture.*

GPF : PP. 156, 162

8 Mettez au futur proche à la forme négative, selon le modèle.

En semaine :

1. Anne se lève à 7 heures.

2. Elle prend le métro.

3. Elle déjeune à la cantine.

4. Elle rentre à 20 heures.

5. Elle se couche à 22 heures.

Demain, c'est dimanche :

Anne ne va pas se lever à 7 heures.

Elle _____

_____

_____

_____

9 Imaginez la journée du dimanche d'Anne.

Elle va se lever à midi _____

_____

10 Mettez au futur proche à la forme affirmative et négative.

Programme prévu :

1. visite de la ville

2. déjeuner à l'hôtel

3. visite du musée national

4. concert de flûte

Souhaits des touristes :

1. aller à la plage

2. déjeuner chez « Tinita »

3. voir les grands magasins

4. danser au « Dingo »

1. le guide :   *– Demain matin, nous allons visiter la ville.*
   les touristes : *– On ne va pas aller à la plage ?*

2. le guide :   – Ensuite _____
   les touristes : – _____

3. le guide :   – L'après-midi, _____
   les touristes : – _____

4. le guide :   – Le soir, _____
   les touristes : – _____

11 Imaginez des dialogues, à la forme affirmative et négative, selon le modèle.

Anniversaire : fête / voyage – mer / montagne – hôtel / camping – seul / copains

– Pour ton anniversaire, *tu vas faire une fête ?*

– *Non, je ne vais pas faire de fête. Je vais partir en voyage.*

– *Tu vas aller au bord de la mer ?*

– _____

– _____

– _____

– _____

LE PASSÉ COMPOSÉ

1 Faites des phrases au présent et au passé composé, à partir des illustrations.

1. D'habitude,

je *dîne* « Chez Lulu ».

Je _____ un steak-frites,

je _____ de l'eau,

je _____ 40 francs,

je _____ 3 francs de pourboire.

CHEZ LULU

Steak-frites	30 F
Crème caramel	5 F
Café	5 F
	40 F

Chez Joël

L'Esbroufec'

FOIE GRAS	200 F
HOMARD	250 F
CHARLOTTE	120 F
CHAMPAGNE	420 F
	990 F

2. Hier,

j'ai dîné « Chez Joël L'Esbroufec' ».

_____

_____

_____

_____

2 Sur le modèle précédent, décrivez votre dernier repas.

3 Imaginez des débuts de phrases au passé composé.

Hier soir *j'ai passé* une soirée tranquille, en rentrant,

_____ un vieux jean,

_____ un verre de lait,

_____ une omelette aux champignons,

_____ un disque de blues,

_____ des magazines de voyages.

4 Mettez le texte au passé.

Cette semaine, nous transformons la décoration de notre appartement. Mon mari enlève la vieille moquette et il pose un parquet en chêne. Mon fils jette les vieux posters de sa chambre et il change les meubles de place. Je nettoie les rideaux du salon et j'accroche de nouveaux tableaux sur les murs. Le dernier jour, nous invitons tous nos amis à boire un verre.

La semaine dernière, nous avons transformé _____

_____

_____

5   Composez un texte au passé composé sur votre expérience personnelle, en vous aidant des modèles.

Vous avez fait vos études :	en France / en Espagne / aux États-Unis / etc.
Vous avez appris le français :	à l'école / avec un livre / avec des cassettes / en France
Vous avez suivi des cours :	pendant un an / 3 mois / 6 mois / etc.
Vous avez commencé :	il y a 2 mois / 3 ans / 10 ans
Vous avez regardé :	des films / des vidéos / des émissions de télévision
Vous avez écouté :	des chansons / des textes / des cassettes de cours
Vous avez acheté :	un dictionnaire / une grammaire / une méthode

J'ai fait mes études en Allemagne. _____

_____

_____

_____

6   Faites des phrases au passé composé avec « il y a » + complément de temps.

Une famille « en avance »

1. – Mon fils passe son baccalauréat demain.

    – Le mien a passé son baccalauréat il y a deux ans.

2. – Ma fille passe son permis de conduire.

    – La mienne _____

3. – Mon petit neveu commence à marcher.

    – Le mien _____

4. – Mon mari arrête de fumer !

    – Le mien _____

7   Imaginez la journée des personnages, en utilisant le passé composé.

lire tous les journaux – participer à des réunions – inaugurer une école – suivre un cours de littérature – donner une interview – déjeuner au restaurant universitaire – réviser ses examens _____

1. Pierre Untel   *Il a lu* _____

    Ministre   _____

    _____

2. Clémentine Dunod   *Elle* _____

    Étudiante   _____

    _____

3. François Dax   *Il* _____

    Journaliste   _____

    _____

8 **Complétez avec les verbes ci-dessous au passé composé.**

arriver / partir – entrer / sortir – monter / descendre – aller / venir – naître / mourir – tomber – rentrer – passer – retourner – rester

1.

Il *est arrivé* avec des fleurs.

Elle *est partie* avec sa valise.

2.

Il _____ dans la maison

Il _____ longtemps à la fenêtre

Il _____ dans le jardin.

3.

Il _____ dans la chambre.

Il _____ longtemps dans la chambre.

Il _____ à la cave

4.

Le bébé _____ le jour où le grand-père _____ de cheval et où il _____

Elle _____ chez sa mère.

Elle _____ toute la journée chez sa mère.

Il _____ la chercher en pleurant.

5.

Ils _____ chez eux.

Ils _____ devant le fleuriste.

Il _____ lui acheter des fleurs

9 Faites des phrases avec « arriver / partir / rester » au passé composé, selon le modèle.

1. Bibliothèque (14 h – 16 h)

Je suis arrivé à la bibliothèque à 14 heures.
Je suis parti de la bibliothèque à 16 heures.
Je suis resté deux heures à la bibliothèque.

2. Restaurant (20 h – 23 h)

Vous _____

_____

_____

3. Bureau (9 h – 19 h)

Je _____

_____

_____

4. École (10 h – 15 h)

Il _____

_____

_____

10 Complétez le texte avec des verbes au passé composé, selon le modèle.

partir – passer – arriver – rester – aller – rentrer

> ### Les voyages de Marco Polo
>
> Marco Polo _____ de Venise pour Pékin en 1271 avec son père et son oncle. Ils _____ par l'Arménie, la Perse et le désert de Gobi. Ils _____ en Chine, à Pékin, en 1275. Marco Polo _____ vingt ans en Chine, au service de Kubilay Khan. Au cours de ce séjour, il _____ en Inde et au Tibet. Il _____ chez lui, à Venise, en 1295.

11 Complétez en mettant les verbes pronominaux au passé composé et continuez.

1. D'habitude, le samedi, je me lève à 10 heures,
mais samedi dernier _____

2. En général, je me lave les cheveux avec le shampooing « Flash » aux herbes,
mais, hier matin, _____

3. D'habitude, je me brosse les dents avec du dentifrice à l'anis,
mais ce matin, _____

4. En général, je me couche vers minuit,
mais hier soir, _____

5. _____

12 Mettez le texte au passé composé

Claire se lève à 7 heures. Elle se lave, elle s'habille et elle sort. Elle tombe dans l'escalier. Elle se fait mal au bras. Elle va chez le médecin. Elle reste une heure dans la salle d'attente. Elle se sent mal. Elle entre à 10 heures dans le cabinet et elle en sort à 11 heures. Elle va à la pharmacie. Elle rentre chez elle. Elle se met au lit. Elle s'endort. Elle se réveille quinze heures plus tard. Elle se sent en pleine forme. Elle sort. Elle va danser.

GPF : P. 164, 172

13 Complétez les phrases avec les verbes ci-dessous au passé composé.

1. ouvrir – 2. manger – 3. prendre – 4. boire – 5. arriver en retard – 6. aller à la plage

1. Il faisait très chaud, alors je _____

2. Paul avait une faim de loup : _____

3. Marta avait très mal à la tête et _____

4. Il n'y avait plus de café, alors je _____

5. Il y avait des embouteillages, c'est pour ça que nous _____

6. Samedi, il faisait très beau et les enfants _____

14 Mettez au passé composé.

1. l'exercice n° 12 p. 42

Pendant les dernières vacances, *Julie s'est levée...*

_____

_____

_____

2. l'exercice n° 1 p. 72

– Je vois dans votre main que : *vous avez changé de travail* _____

_____

_____

15 Reconstituez les activités de M. Moka, à partir des indices, selon le modèle.

M. Moka est allé à Genève.

Il est parti _____

_____

_____

_____

_____

_____

_____

_____

_____

_____

_____

_____

_____

_____

_____

AIR FRANCE
DATE D'ÉMISSION
NOM MOKA,TOTO   21 NOV 95

| NICE | 21 NOV | 15.00 |
| GENÈVE | 21 NOV | 16.00 |

3648 1723914 X 3

HOTEL LUXOR

Le Lotus Bleu
2 couverts
2 œuvettes royales
2 canard laqué
1 Champagne
Total

L'Édition de GENÈVE 21 NOV.

THÉÂTRE DE GENÈVE ENTRÉE PAYANTE

16 Utilisez le passé composé à la forme affirmative et négative pour décrire ce que Marie a fait et n'a pas fait.

1.	Passer l'aspirateur	ok
2.	Refaire les lits	ok
3.	Arroser les fleurs	–
4.	Nettoyer la cuisine	ok
5.	Donner à manger aux oiseaux	ok
6.	Aller à la banque	–
7.	Passer au pressing	ok
8.	Descendre les fauteuils à la cave	–
9.	Repasser les chemises	–
10.	Recoudre le bouton du manteau	ok
11.	Faire laver la voiture	ok
12.	Faire les courses	ok
13.	Se laver les cheveux	ok
14.	Aller dans une agence de voyages	–

Elle a passé l'aspirateur.

_____

Elle n'a pas arrosé les fleurs.

_____

_____

_____

_____

_____

_____

_____

_____

_____

_____

_____

17 Sur le même modèle dites ce que vous avez fait aujourd'hui et ce que vous n'avez pas fait.

18 Commentez la première journée de vacances de M. Smith à Paris au passé composé selon le modèle, et continuez le dialogue.

15 juin :

9 h :	arrivée à Paris	(avion : 2 heures de retard)
11 h :	hôtel Luxor	(douche et petite sieste)
16 h :	tour Eiffel	(montée en ascenseur, descente à pied)
18 h :	promenade	(Quartier latin, Saint-Germain)
21 h :	dîner	(restaurant indien)

1. – M. Smith est arrivé à Paris le 15 juin ?
   – *Oui, il est arrivé le 15 juin.*

   – *Est-ce que son avion est arrivé à l'heure ?*
   – *Non, il n'est pas arrivé à l'heure.*

2. – Est-ce que M. Smith est allé à l'hôtel ?
   – Oui, _____

   – _____ l'hôtel Tourista ?
   –

3. – Est-ce qu'il est monté sur la tour Eiffel ?
   – Oui, _____

   – _____ à pied ?
   –

4. – Est-ce qu'il s'est promené dans Paris ?
   – Oui, _____

   – _____ dans Versailles ?
   – Non, _____

5. – _____

   – _____

BILAN N° 5   (30 points)

1 Complétez au futur proche et au passé composé avec des négations si nécessaire.

Les vacances

– Qu'est-ce que tu _____ , l'été prochain, pour les vacances ?

– Je _____ en voyage. Je pense que je _____ en Grèce.

– Tiens ! Nous aussi ! Chaque année nous visitons une nouvelle île grecque et cette année nous _____ Samos. C'est une île des Sporades. Et toi, tu _____ dans une île ?

– Non, je _____ dans une île parce que j'ai peur du bateau et de l'avion.

– Mais alors, comment _____ en Grèce ?

– Comme d'habitude : je _____ des bus et je _____ de l'auto-stop. Sur place, je _____ une bicyclette ou une vespa chez un loueur local.

– Mais tu _____ un temps fou pour arriver et tu _____ très fatigué !

– Oh non ! J'ai l'habitude : l'année dernière, je _____ dans le sud de l'Espagne de la même manière.

– Et tu _____ combien de temps pour arriver ?

– _____ en train de Paris un samedi et je _____ à Barcelone le dimanche suivant. Je _____ quelques jours à Barcelone, chez des amis, puis je _____ à Séville, à Grenade et à Cordoue en train, en autocar et en stop. C'est plus intéressant parce que je peux parler avec les gens.

– Tu _____ l'espagnol à l'école ?

– Non, mais l'année dernière, je _____ une idée : avant de partir, je _____ un petit dictionnaire et un cahier dans une papeterie et je _____ tous les mots utiles dans le cahier. Après, pendant le voyage, je _____ avec tous les gens que j'ai rencontrés. Comme ça, je _____ quelques phrases de base d'espagnol.

– Nous aussi, nous _____ en Andalousie, il y a deux ans, mais nous _____ l'avion comme d'habitude. À l'aéroport, nous _____ une voiture chez un loueur international. Pour communiquer, nous _____ anglais. C'est moins romantique, mais c'est plus reposant.

– Vous _____ à Venise ?

– Si, bien sûr, il y a deux ans, mais nous _____ bientôt dans cette ville musée, troublante et poétique.

LE PRÉSENT

1 Le journaliste écrit un texte à partir de ses notes. Continuez selon le modèle.

Tina Louis 27 ans

brune, yeux verts, 1,75 m, 55 kg

née à Grenoble (France)

mariée (Lajos Razek, cinéaste)

une fille de 6 mois (Ella)

• Famille

père : boulanger   mère : pianiste

3 frères et 1 sœur : tous musiciens

• Goûts :

musique (Tina Turner, Ray Charles, Bach)

nature (maison de campagne en Bourgogne)

sport (natation 3 fois/semaine, yoga 1 fois/jour)

sa couleur : le vert – son parfum : « Fame » de Fate

végétarienne

La chanteuse de blues Tina Louis a 27 ans...

_____

_____

_____

_____

_____

_____

_____

_____

_____

_____

_____

_____

2 Sur le modèle précédent, imaginez un article sur le cinéaste Lajos Razek, le mari de Tina Louis.

3 Complétez le texte avec les adjectifs correspondant aux descriptions, selon le modèle.

bavard – curieux – hypocrite – maniaque – autoritaire – coquet – ponctuel – susceptible – amusant

Mes collègues de travail

Marie est *bavarde* comme une pie[1], elle parle tout le temps. Françoise est toujours à l'heure, elle est plus _____ qu'un train suisse. Ariane est très _____, elle pose toujours des milliers de questions. Laurent est _____ et il aime raconter des plaisanteries[2]. Max est un peu _____ : son bureau est toujours parfaitement en ordre et il ne faut rien toucher. Corinne est toujours bien habillée, bien coiffée et elle se regarde souvent dans la glace : elle est très _____. Adèle est _____ : elle ne dit jamais directement ce qu'elle pense. Paul est très _____ : il donne des ordres, il n'accepte pas la contradiction. Julie est _____, elle ne supporte ni les critiques ni les moqueries[3].

---

1. Pie : cet oiseau noir et blanc au cri incessant désigne une personne qui parle beaucoup. – **2.** Plaisanterie : histoire comique. –
3. Moquerie : plaisanterie sur quelqu'un.

4 Sur le modèle précédent, décrivez un(e) collègue de travail, un(e) ami(e), etc.

5 Décrivez les activités des voyageurs dans une gare, à partir des illustrations.

Plusieurs personnes compostent[1] leurs billets. _____

_____

_____

_____

_____

_____

1. Composter : valider avec une machine.

6 Opposez des situations, selon le modèle.

Il y a des gens qui se disent bonjour, il y en a d'autres qui se disent au revoir. _____

_____

7 Sur le modèle précédent, imaginez les activités des gens à la plage, dans le métro, etc.

avec pronoms, interrogation et négation

8 Reconstituez le texte de Jean Tardieu (*L'Accent grave et l'accent aigu*, Gallimard, 1976).

Nouvelle énigme pour Œdipe

– Est-ce que c'est une chose ? – Non. *(être)*

– Est-ce que c'est un être vivant ? – Oui. *(se tenir)*

– Est-ce que c'est un végétal ? – Non. *(voler)*

– Est-ce que c'*est* un animal ? – Oui. *(se nourrir)*

– Comment _____ -il ? – Debout. *(être)*

– Est-ce qu'il _____ ? – De plus en plus. [...] *(être)*

– Est-ce qu'il _____ de fruits ? de plantes ? – Oui, parce qu'il *(parler) (faire)*
_____ délicat.

– Et de viandes ? – Énormément, parce qu'il _____ cruel. *(vivre) (vivre)*

– Est-ce qu'il _____ ? – Beaucoup : ses paroles _____ *(dormir) (travailler)*
un bruit infernal tout autour de la terre.

– Est-ce qu'il _____ la nuit ou le jour ? – Il _____ *(avoir)*
la nuit et le jour. Parfois, il _____ le jour et il _____ *(voir) (entendre) (voir)*
la nuit parce qu'il _____ peur de ses rêves.

– Est-ce qu'il _____ ? Est-ce qu'il _____ ? *(entendre) (se boucher)*
– Il _____ tout et il _____ tout, mais il *(être) (croire) (être)*
_____ les oreilles.

– _____ immortel ? – Il _____ qu'il _____ *(mourir)*
immortel, mais il _____

9 Petites énigmes : un policier, un homme politique, un moine, un top-model, etc. Devinez leur profession à partir de questions.

– *Est-ce qu'il travaille la nuit ? – Parfois.*
– *Est-ce qu'il voyage ? – Non, mais il se déplace beaucoup.*

10 1. Complétez librement le sondage. 2. Créez des dialogues en utilisant des pronoms.

Êtes-vous normal ?	Oui	Non
1. – Connaissez-vous la date de naissance de votre mère ?	X	
2. – Salez-vous votre café ?		
3. – Faites-vous confiance au Premier ministre ?		
4. – Digérez-vous les frites ?		
5. – Portez-vous des sous-vêtements de cuir ?		
6. – Parlez-vous aux plantes ?		
7. – Dites-vous souvent des mensonges ?		
8. – Jouez-vous à la Loterie ?		

– *Est-ce que Marie connaît la date de naissance de sa mère ?*
– *Oui, elle la connaît, et toi, tu la connais ?*

– _____

– _____

11 Qu'est-ce qui est, pour vous, « normal », « bizarre », « pathologique » ?

LE FUTUR PROCHE

1 Construisez des phrases avec des verbes au futur proche et continuez.

écoles/enfants – voitures/piétons – professeur/étudiants – banque/clients

1. Les vacances arrivent. *Les écoles vont fermer. Les enfants vont partir en vacances.*

2. Le feu passe au rouge. _____

3. Le cours commence. _____

4. Il est 8 h 55 : _____

2 Faites des phrases au futur proche à partir des suggestions et continuez librement.

Quatre naufragés échouent sur une île du Pacifique. Ils organisent leur survie.

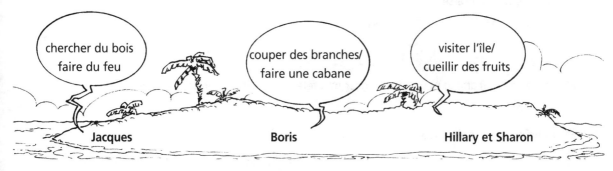

Jacques : *Je vais chercher du bois et* _____

Boris : _____

Hillary et Sharon : _____

3 Que vont faire les personnages ? Répondez selon le modèle.

Le petit garçon va aller à l'école. La dame aux cheveux bruns _____

4 Imaginez ce que les différents habitants d'un immeuble vont faire pendant la soirée.

5 **1. Complétez la lettre d'Alice.**   **2. Imaginez la réponse de Christine.**

déménager – acheter – signer – habiter – se voir – s'inscrire – passer

Chère Christine,

Grande nouvelle : nous *allons déménager* !

Mes parents _____ un appartement dans le centre. Ils _____ le contrat mardi prochain. Figure-toi que nous _____ à 300 mètres de chez toi. On _____ plus souvent au lieu de se téléphoner... Au fait, tu ne m'as pas dit : tu _____ aux Beaux-Arts ou à la fac de Lettres à la rentrée prochaine ? Et ton permis de conduire : quand est-ce que tu _____ ? Et les grandes vacances ?...

Écris-moi vite. Je t'embrasse.

Alice

Chère Alice,

_____

_____

_____

_____

_____

_____

_____

_____

6 **Écrivez à un(e) ami(e) pour lui annoncer une fête d'anniversaire, votre mariage, etc.**

7 **Transformez selon le modèle et imaginez une suite.**

1. Mon père

partir à la retraite

retourner dans son village natal

acheter une ferme

Mon père va partir à la retraite. _____

_____

2. Mes filles

passer leur licence de biologie

passer leur maîtrise de biologie

partir à l'étranger

_____

_____

8 **Vous êtes le directeur de la société « Trenette ». Vous exposez vos projets.**

– *Fusionner avec SEPA*

– *Délocaliser l'usine*

– *Moderniser les services*

– *Recycler une partie du personnel*

– *Changer l'image de marque et le logo*

– *Démarrer une nouvelle campagne de publicité*

Nous allons fusionner avec la société SEPA. Nous _____

9 **Imaginez les questions et les réactions des employés, des syndicats, etc.**

avec pronoms, interrogation et négation

10 Complétez les dialogues en utilisant un futur proche et un pronom, selon le modèle.

Une personne serviable :

1. – Je n'arrive pas à ouvrir cette fenêtre. – *Attendez, je vais l'ouvrir.*

2. – La porte est mal fermée. – _____

3. – Le téléphone est mal raccroché. – _____

4. – Je dois aller à la poste. – _____

5. – Je ne sais pas remplir ce formulaire. – _____

11 Imaginez les pensées de la jeune fille, en utilisant le futur proche et un pronom, et continuez.

– Il va me demander l'heure...
– _____
– _____
– _____
– Il va le caresser...
– _____
– _____

– Vous avez l'heure, s'il vous plaît ?
– Il fait beau...
– Qu'est-ce que vous lisez ?
– Il est mignon votre chien.
– Ah, tu aimes les caresses.
– Tiens, voilà un sucre.
– _____
– _____

12 C'est bientôt l'anniversaire d'Isa. Quels sont les projets de ses amis ?

Ludovic : Moi, *je vais lui offrir* un disque de Pavarotti.

Miranda et Giorgos : Nous, _____ au restaurant.

Francesca : Moi, _____ un vase et des fleurs.

Daniel et Mine : Nous, _____ un lied de Schubert.

Jean-Michel : Moi, _____ au bord de la mer.

13 Faites des phrases avec des verbes au futur proche et des pronoms, et continuez.

1. Don Juan et Elvire (*séduire, épouser, faire des promesses, mentir, abandonner*)

Il va la séduire, _____

2. Le bon vendeur et les bons clients (*observer, écouter, vendre une nouvelle voiture*)

Il _____

3. La pédiatre et les bébés (*peser, mesurer, faire une piqûre, donner des vitamines*)

Elle _____

GPF pp. 156, 160, 162, 146

14 Complétez en utilisant un futur proche et un pronom, selon le modèle.

1. – Vous allez expédier *vos bagages* par bateau ? – Non, nous *allons les expédier par avion.*

2. – Vous allez envoyer une carte *à vos amis* ? – Non, je _____

3. – Les enfants vont aller *chez Julie* à vélo ? – Non, ils _____

4. – Jacques va offrir des fleurs *à Madeleine* ? – Non, il _____

5. – Vous allez réserver *deux places de théâtre* ? – Non, je _____

15 Un ministre et sa femme visitent une ville de province. Le maire organise un programme touristique avec son adjoint...

Moi, *je vais les emmener au Musée régional. Vous, vous allez leur montrer le Grand Stade.* _____

16 Élisabeth et Kevin se marient. Imaginez un dialogue entre Élisabeth et son amie Jacqueline en utilisant le futur proche, la négation, l'interrogation et des pronoms.

Un beau mariage	
• *Questions de Jacqueline*	• *Réponses d'Élisabeth*
envoyer des faire-part	200
acheter une robe de mariée	oui, aux « Quatre Galeries »
inviter Charles et Édouard	non
choisir les alliances	oui, demain
aller chez le coiffeur	oui, le matin
héberger tous leurs parents	non, seulement quelques-uns
manger des hamburgers	non !
engager un disc-jockey	oui
choisir les disques ensemble	oui, je pense
écouter de la musique militaire	non !

J. : – *Vous allez envoyer des faire-part ?*   É. : – *Oui, nous allons en envoyer deux cents.*

J. : – *Tu* _____   É. : – _____

17 Complétez avec un futur proche et un ou deux pronoms, si nécessaire.

1. – Vous n'avez pas encore vu mes estampes japonaises ? Attendez, *je vais vous les montrer.*

2. – Attachez votre foulard, sinon vous _____

3. – Nous avons adoré Venise et l'année prochaine, nous _____

4. – Vous n'avez pas de stylo pour signer votre chèque ? Attendez, je _____

5. – Mon mari aime tellement les peluches que, pour son anniversaire, je _____

6. – Tu as perdu mon numéro de téléphone ? Attends, _____

LE PASSÉ COMPOSÉ

GPF pp. 164, 168, 172, 176

1 Complétez avec un verbe au passé composé, puis continuez.

1. Mon père ne fume plus, *mais il a fumé* pendant des années.

2. Keith habite en France, _____ aux États-Unis pendant toute son enfance.

3. Maria n'enseigne plus, _____ de 1960 à 1990.

4. Je ne prends plus de médicaments, _____ des somnifères pendant longtemps.

5. Jeanne vit à Paris, _____ à Londres pendant vingt-cinq ans.

6. Je ne fais plus de sport, _____

7. Giulio n'est plus ministre, _____

8. Il ne pleut plus, _____

2 Transformez le curriculum de Jean Charal en texte, selon le modèle.

Jean Charal	
1955 : né à Limoges	*Jean Charal est né à Limoges en 1955...*
1977 : licence de sciences économiques	
1978 : service militaire	
1980 : se marie avec Annette Roustand	
1981 : part à Houston, ouvre un restaurant	
1983 : a des jumeaux	
1985 : divorce	
1987 : se marie avec Dolores Iglesias	
1988 : rentre en France	
1990 : se présente aux élections	
1991 : élu maire de Limoges	

3 Imaginez le curriculum de Dolores Iglesias, la femme de Jean Charal.

4 Complétez le texte avec des verbes au passé composé.

L'ami des animaux

Hier soir, la télévision *a passé* un petit reportage intéressant. Pendant une dizaine d'années, un homme _____ de pain et de gâteaux les canards d'une rivière. La nourriture _____ les rongeurs des environs. Les rats _____. Ils _____ une multitude de galeries dans les berges. La terre _____ friable. Un jour, un pont _____, un car de ramassage scolaire _____ dans la rivière. Cinq enfants et deux adultes _____ . Cette histoire m'_____ . Pas vous ?

passer
nourrir
attirer
se multiplier
creuser
devenir
s'effondrer
tomber
noyer
impressionner

5 Deux amis se souviennent de leurs années de lycée. Racontez au passé et continuez.

Alain joue Cyrano de Bergerac, son nez en carton se décolle, toute la salle éclate de rire.

Thierry amène une souris dans la classe. Elle entre dans le sac du professeur. Le professeur de français s'évanouit.

Alain se réveille en retard, il arrive au cours en pyjama.

Alain et Thierry partent faire du camping. Il se met à pleuvoir en pleine nuit. Le vent emporte leur tente. Ils se réfugient dans une grotte. Ils y trouvent une malle pleine de livres.

Alain _____

_____

Alain : Tu te rappelles *quand j'ai joué Cyrano, que* _____

_____ ?

Thierry : Et tu te rappelles _____

Alain : Et quand _____

Thierry : Et tu te souviens quand nous _____

_____

Alain : Et quand _____

6 Racontez quelques souvenirs de Louis Mourret, selon le modèle.

En 1932, je me suis marié, _____

_____

7 Faites des recherches et rédigez la biographie de ces personnalités françaises.

La chanteuse Édith Piaf. – Le président Charles de Gaulle.

GPF pp. 164, 168, 172, 176, 182, 184

avec pronoms, interrogation et négation

8 Construisez des phrases au passé composé, selon le modèle.

trouver – rencontrer – acheter – oublier

quand ?	quoi/qui ?	où ?
dimanche dernier	gants	banc
hier matin	valise	taxi
il y a deux jours	dossier	grand magasin
avant-hier	amis	café

1. *Hier matin, j'ai trouvé un dossier dans un taxi.*

2. _____

3. _____

4. _____

9 À partir de l'exercice précédent, créez des dialogues avec un passé composé, un pronom et une négation, en vous inspirant des modèles ci-dessous.

1. Trouver / apporter

  – Qu'est-ce que vous avez trouvé ?   *– J'ai trouvé un dossier.*

  – Quand l'avez-vous trouvé ?   – _____

  – Vous l'avez trouvé sur un banc ?   – _____

  – Vous l'avez apporté à la police ?   – _____

2. Rencontrer / parler / inviter

_____   _____

10 1. Mettez le texte au passé composé. 2. Répondez aux questions.

Un trésor antique

Deux pêcheurs trouvent dans leurs filets une statue de jeune fille en bronze d'une beauté extraordinaire. Des spécialistes la nettoient, des experts estiment son âge à plus de 2 000 ans. Les deux villes maritimes proches du lieu de la découverte se disputent pour l'avoir dans leur musée. Finalement, l'État la garde et l'installe au Musée national. Elle voyage dans le monde entier. On lui attribue des miracles. Elle est photographiée sous tous les angles. Elle est reproduite dans toutes sortes de matériaux. Des milliers de personnes viennent la voir. Un jour un homme, son véritable auteur, son sculpteur désespéré, la retrouve. Il lui lance un clin d'œil et un baiser rapide et il disparaît, heureux, au milieu de la foule.

1. *Il y a cinq ans, deux pêcheurs ont trouvé dans leurs filets* _____

_____

2. Que s'est-il passé en réalité ? Quels sentiments a éprouvés le véritable auteur de la sculpture quand il a retrouvé sa statue dans un musée ?

11 Le bandit Al K. Traze s'est enfui de prison. Imaginez une poursuite en voiture au passé composé en mélangeant les infractions et les improvisations.

Quelques infractions au code de la route...	Quelques improvisations...
Passer au feu rouge	Faire des queues-de-poisson[1]
Refuser la priorité à droite	Monter sur le trottoir
Prendre les couloirs de bus	Renverser des poubelles
Doubler à droite	Entrer dans un abribus[2]
Rouler à 200 km/heure	Descendre des escaliers
Prendre des sens interdits	Jeter des clous sur la route

1. Faire une queue-de-poisson: dépasser une voiture et lui couper la route. – 2. Abribus: protège du mauvais temps les personnes qui attendent le bus.

Al K. Traze est passé au feu rouge, _____

_____

_____

12 Répondez négativement aux questions en utilisant des pronoms, si nécessaire.

Est-ce que les policiers sont toujours passés au feu vert ? Est-ce qu'ils ont toujours respecté la ligne blanche ? Est-ce qu'ils ont laissé la priorité à droite ? Est-ce qu'ils ont mis leur clignotant pour tourner ? Est-ce qu'ils ont réussi à attraper Al K. Traze ?

Non, les policiers _____

_____

_____

13 Mettez le texte au passé et imaginez la fin.

Une gaffe[1]

Trois étudiants, impressionnés par les films d'action, décident de faire un hold-up. Ils choisissent une banque. Ils étudient les lieux. Ils lisent de nombreux récits de gangsters. Ils se procurent des armes. Ils se maquillent parfaitement. Ils font irruption dans la banque; ils menacent le caissier avec leurs armes, ils ouvrent un sac de sport, ils y mettent l'argent et ils y rangent soigneusement... leurs armes !

1. Une gaffe: une bêtise.

Trois étudiants ont décidé _____

_____

_____

GPF pp. 164, 168, 172, 176

14 Répondez au passé composé avec une négation et un pronom en accordant les participes passés, si nécessaire.

1. – Est-ce que vous avez lu le dernier livre de Philippe Bidontoc ? – *Non, je ne l'ai pas lu.*

2. – Avez-vous vu la pièce de Nombril Sémoy ? – _____

3. – Avez-vous regardé la publicité d'Ivan Duvan ? – _____

4. – Êtes-vous allé au restaurant de Joël L'Esbroufec ? – _____

15 Transformez le texte en accordant les participes, si nécessaire, et imaginez une suite.

Frank et Ava	*Il l'a rencontrée chez des amis.*
1. Elle l'a rencontré chez des amis.	
2. Il lui a plu tout de suite.	
3. Elle lui a fait des confidences.	
4. Elle l'a revu plusieurs fois.	
5. Elle l'a épousé en janvier.	
6. Il l'a déçue en mars.	
7. Elle l'a quitté en septembre.	
8. Elle lui a rendu son alliance.	
9. Elle lui a renvoyé ses lettres.	
10. Elle l'a oublié un moment.	
11. Il lui a manqué.	
12. Elle lui a téléphoné.	
13. Elle l'a revu.	
14. Elle l'a épousé une deuxième fois.	
15. _____	

16 Interrogez-vous avec Jean Tardieu sur la réalité des souvenirs en faisant des phrases au passé composé à la forme négative (*Le Fleuve caché*, © Gallimard, 1993).

[...]

sur ce mode inconnu je conterai ma vie

notre vie à tous deux :

À nous les souvenirs !

Nous ne sommes pas nés   (naître)

nous _____   (grandir)

_____   (rêver)

_____   (dormir)

_____   (manger)

_____   (aimer)

Nous ne sommes personne et rien n'est arrivé.

avec pronoms, interrogation et négation

17 Répondez aux questions à partir des images avec des pronoms et des négations et imaginez la fin.

À quelle heure est-ce que Bella est entrée dans le magasin ? *Elle y est entrée à 9 heures.*

Est-ce qu'elle a acheté quelque chose ? _____

Est-ce qu'elle en a essayé plusieurs ? _____

Combien est-ce qu'elle en a acheté ? _____

Est-ce qu'elle a payé en liquide ? _____

À quelle heure est-elle sortie du magasin ? _____

Pourquoi est-ce qu'elle a dû retourner à la boutique ? _____

La vendeuse lui a-t-elle rendu son écharpe ? _____

Bella l'a-t-elle remerciée ? *Non,* _____

La banque a-t-elle accepté le chèque ? *Non,* _____

La vendeuse a-t-elle revu Bella ? _____

18 Quelqu'un a trouvé (perdu, oublié) un objet. Posez des questions et répondez.

LE PRÉSENT,
LE FUTUR PROCHE ET LE PASSÉ COMPOSÉ

1 Qu'est-ce qu'ils ont fait ? Qu'est-ce qu'ils font ? Qu'est-ce qu'ils vont faire ?

1. Les joueurs de football

avant : _____

maintenant : _____

après : _____

2. Le journaliste

avant : _____

maintenant : _____

après : _____

2 Après des mois de recherche, Lucie et José ont enfin trouvé un appartement à louer.

Dites ce qu'ils ont fait avant...	... et ce qu'ils vont faire après.
lire des annonces immobilières,	faire des travaux : abattre une cloison
téléphoner à des agences, prendre des rendez-vous,	repeindre en blanc, mettre des stores vénitiens,
remplir des fiches, visiter plusieurs appartements,	changer la moquette, refaire les sanitaires,
réfléchir, etc.	déménager, défaire leurs paquets, etc.

Ils ont lu des annonces immobilières _____   *Ils vont faire des travaux* _____

3 Qu'ont-ils fait avant ? Que vont-ils faire après ?

1492 : Christophe Colomb découvre l'Amérique.

16 juillet 1969 : Armstrong, Aldrin et Colins arrivent sur la Lune.

4 Commentez les images du tournage au présent

danser – boire – se battre – crier – pleurer – dormir – manger – servir – jouer

Dans la séquence actuelle, *on voit une gitane qui danse devant des hommes qui* _____

_____

_____

5 Imaginez : 1. la séquence qui a précédé, 2. celle qui va suivre.

_____

6 Qu'est-ce que les acteurs ont fait avant le tournage ? Que vont-ils faire après ?

Avant le tournage :

lire le scénario, apprendre le texte,

faire des repérages, répéter les scènes,

essayer les costumes, se maquiller.

Avant de tourner le film, *les acteurs*

ont lu le scénario, _____

_____

Après le tournage :

visionner les séquences, rejouer certaines scènes,

discuter avec le metteur en scène,

aller à Cannes, donner des interviews.

Après le tournage, *les acteurs vont visionner*

les séquences, _____

_____

7 Imaginez les raisons de leurs succès / de leurs échecs. Quels sont leurs projets ?

Ils ont réussi

Victoire de Louis Mourret au « Jeu des 1000 francs ».

Thierry Duval, champion français de saut en hauteur.

Ils ont échoué

Élection de Jean Charal aux législatives (voir p. 12).

Fusion SEPA / Trenette (voir p. 9).

LES RELATIFS
Les relatifs simples

1 Commentez les photos avec « qui », « que » et « où », selon le modèle, et continuez pour chaque photo.

Papa, Maman, Zouzou et Lulu en Picardie.

Papa et Maman
Voyage de Noces - 1946

Lulu, Zouzou et moi
Deauville 1950
(Photo : Tante Mimi !)

1. L'homme *qui filme est mon père.*

L'oiseau *que mon père filme est une pie.*

La rivière *où se baigne mon frère est la Grivelle.*

Le jour *où j'ai pris cette photo, il faisait très chaud.*

2. L'homme _____

La tour _____

Le pays _____

Le jour _____

3. Le garçon _____

L'ombre _____

La ville _____

Le jour _____

2 Faites des phrases avec « dont », selon le modèle.

1. Maman rêve d'une maison comme « Maupertuis » : c'est une maison *dont elle rêve.*

2. Papa se méfie de la rivière : c'est une rivière _____

3. Zouzou est fière de son collier de fleurs : c'est un collier _____

4. Nous parlons encore de nos vacances à Deauville : ce sont des vacances _____

3 Proposez des images pour décrire le bonheur, la nostalgie, l'amitié, selon le modèle.

Le bonheur, c'est un enfant qui rit, un parfum qu'on respire, une journée où le soleil brille…

Les relatifs composés

4 Complétez avec les relatives, selon la forme et le sens, et continuez.

avec lequel j'écris – dans lequel je suis assis – dont je garde les enfants – auquel je dois de l'argent

1. Le fauteuil *dans lequel je suis assis* est en cuir.

2. La personne _____ est infirmière.

3. Le stylo _____ est un « Mont Bleu ».

4. L'ami _____ est archevêque.

5. _____

5 1. Complétez la publicité avec « qui », « que », « dont », « où », « le(s)quel(s) », « laquelle ».
2. Imaginez une publicité pour une voiture, un vêtement, etc., sur le même modèle.

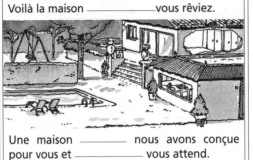

Des matériaux _____ la noblesse frappe le regard.

Une cuisine dans _____ vous aimerez « recevoir ».

Un jardin _____ les enfants peuvent jouer.

Voilà la maison _____ vous rêviez.

Une maison _____ nous avons conçue pour vous et _____ vous attend.

Des placards dans _____ vous rangerez absolument tout.

Une piscine au bord de _____ vous aimerez rêver.

Un prix _____ vous surprendra.

6 Complétez avec « (ce) qui », « que », « dont », « où », « lequel », « auxquelles », « auxquels ».

Le bruit

Parmi les nuisances[1] quotidiennes, le bruit est une des choses que nous supportons le moins. Les voitures _____ passent nuit et jour sous nos fenêtres, les freins du bus _____ grincent[2] de façon lugubre[3], les marteaux-piqueurs _____ on ne peut jamais échapper, même en été, les mobylettes infernales _____ on n'avait pas pensé en choisissant ce petit village de vacances, sans parler des plages _____ résonnent les moteurs des canots pneumatiques et les sonneries des téléphones portables. D'après les chercheurs, _____ rend fou, ce sont les basses fréquences _____ l'on ne peut pas supprimer aussi facilement que les sons aigus. C'est un problème sur _____ se sont penchés des chercheurs anglais et japonais et pour _____ il existe une solution miracle : créer des ondes en « opposition de phase » pour neutraliser le bruit. Il s'agit malheureusement d'une invention _____ les applications domestiques ne sont pas encore au point[4].

1. Nuisance : ce qui gêne. – **2.** Grincer : faire un bruit aigu. – **3.** Lugubre : triste. – **4.** Être au point : être terminé.

7 En utilisant des relatifs simples et composés, décrivez le cadre de vie :

d'un prince oriental

Les assiettes dans lesquelles il mange sont en argent...

d'un navigateur solitaire

Les assiettes ...

QUELQUES PRÉPOSITIONS
Prépositions de lieu

1 Complétez avec « sur », « sous » et « dans ».

L'homme regarde _____ son écran ce qu'il y a _____ la valise.

Il y a beaucoup d'étiquettes _____ la valise noire.

Les voyageurs passent _____ un porche de contrôle.

L'attaché-case est _____ le sac.

Les bagages défilent _____ un tapis roulant.

2 Complétez avec « dans », « sur », « sous », « au-dessus », « au-dessous », « entre » et « parmi ».

Les voyageurs sont montés _____ une navette qui les a emmenés _____ la piste d'atterrissage, puis ils se sont installés _____ l'avion. Je voulais mettre mon sac _____ le coffre à bagages qui se trouve _____ de nos sièges mais, comme il était déjà plein, je l'ai mis par terre, _____ mon siège. L'hôtesse de l'air nous explique qu'en cas d'urgence un masque et un gilet de sauvetage apparaîtront _____ de nos têtes (_____ les voyageurs, certains ont l'air un peu anxieux). Puis elle nous apporte une boisson _____ un plateau. Je regarde par le hublot : nous volons très haut _____ des nuages et le soleil brille. (J'imagine les villes pluvieuses _____ de nous). De temps en temps, on voit une rivière briller _____ deux montagnes et on aperçoit de petites maisons perdues _____ les rochers bleus.

3 Utiliser un maximum de prépositions de lieu pour décrire :

votre arrivée à l'aéroport (passage devant les contrôles, bagages, etc.),

votre installation à l'hôtel (description du hall, de la chambre, etc.),

votre première promenade dans la ville (les gens, les immeubles, vos impressions).

4 En utilisant « dans », « sur », « sous », etc., placez un vélo, une veste, un sac, un parapluie, des assiettes, des livres, des clés, une lampe, des pantoufles, des jouets...

1. dans un appartement désordonné – **2.** dans un appartement ordonné.

GPF pp. 8, 42, 44, 88

5 **1. Complétez avec les prépositions de lieu :**
«à», «de», «chez», «en», «au(x)».

2. Clémentine passe les vacances en Angleterre. Elle écrit à Benoît.

Chère Clémentine,

Me voilà *aux* États-Unis, —————— San Francisco.
J'habite —————— David et Jane Grover. Jane est vendeuse —————— « Max and Tracy » (c'est un grand magasin de vêtements) et David est pédiatre —————— l'hôpital de la ville. David est anglais, il est —————— Bristol.
Jane est canadienne, elle est ——————Ottawa. Leur fils de
vingt-cinq ans, Bob, habite —————— Denver, il est
ingénieur —————— Talbot, le fabricant de voitures de
course.

Je vais passer quelques jours —————— Mexique avant
de rentrer définitivement —————— France,
à la fin du mois.

Je t'embrasse.   Benoît

6 **Cachez les cinq coffres d'un trésor dans le paysage, puis situez les cachettes en utilisant «devant» / «derrière», «sur» / «sous», «dessus» / «dessous», «entre» / «parmi».**

Le premier coffre se trouve sous un arbre, derrière l'église. Le deuxième —————————————————

7 **Mme Dax a peur des cambrioleurs[1]. Avant de partir en week-end, elle cache ses bijoux et son argent chaque fois dans un endroit différent :**

une fois ————————————————————————————

une autre fois ————————————————————————

ou encore ——————————————————————————

1. Cambrioleurs : ils volent les objets de valeur dans les appartements.

Prépositions de temps

8 Répondez en réutilisant « depuis », « en », « il y a » et « dans ».

1. Le festival de Cannes existe depuis combien de temps ? (1946)

Il existe depuis 1946, depuis cinquante ans.

2. La tour Eiffel a été construite en combien de temps ? *(1887-1889)*

_____

3. La Révolution française a eu lieu il y a combien de temps ? *(1789)*

_____

4. En France, les grandes vacances commenceront dans combien de temps ? *(début juillet)*

_____

9 Donnez des informations sur votre pays : durée de réalisation d'un ouvrage célèbre, durée d'existence d'une institution / d'une marque connue, débuts des prochaines fêtes...

10 Complétez en utilisant « depuis », « pour », « en », « dans » et « il y a ».

Paul : Vous êtes en France *depuis combien de temps* ?

John : _____ trois mois : je suis arrivé en janvier dernier.

Paul : Et vous êtes ici _____ ?

John : _____ deux ou trois semaines encore, ça dépend.

Paul : Ça dépend de quoi ?

John : De l'argent qui me reste. Je dépenserai peut-être tout _____ deux semaines, ou _____ trois semaines, je ne sais pas.

Paul : Alors, _____ quatre semaines, maximum, vous rentrerez chez vous ?

John : Non, j'irai d'abord en Espagne, voir des amis que je n'ai plus vus _____ des années.

Paul : Vous connaissez l'Espagne ?

John : J'y suis allé une fois _____ quinze ans.

11 Complétez le texte, puis donnez des informations sur le système scolaire dans votre pays.

L'école

En France, l'école est obligatoire *de* 6 ans *à* 16 ans, mais la plupart des enfants vont _____ école maternelle à partir de 3 ans. Vers 6 ans, ils entrent _____ école primaire _____ une durée de cinq ans. Ils travaillent toutes les matières avec un maître ou une maîtresse, _____ 8 heures et demie du matin _____ 4 heures et demie de l'après-midi. De midi à 13 heures, beaucoup d'enfants déjeunent _____ cantine mais certains déjeunent _____ eux. Les enfants travaillent tous les jours sauf _____ mercredi, _____ samedi après-midi et _____ dimanche. Vers 12 ans, les enfants entrent _____ lycée ou _____ collège. Ils y restent au minimum _____ 16 ans, mais la plupart y restent _____ baccalauréat qui est le diplôme de fin d'études secondaires.

BILAN N° 6

1 Complétez avec des verbes au présent, au futur proche ou au passé composé, avec des pronoms et des négations si nécessaire *(30 points)*.

1. Dans le métro, il y a des gens qui ———— les journaux ou qui ———— des calculs, il ————

autres qui ———— les langues étrangères et ———— beaucoup qui ———— rien.

2. Ma sœur ———— beaucoup de courrier du Danemark : elle ———— plus de deux ans

à Copenhague et elle ———— des contacts avec tous ses amis. Ils ———— régulièrement des

nouvelles et, de temps en temps, ils ———— la voir à Paris.

3. Demain, c'est mon anniversaire : maman ———— un beau gâteau au chocolat, je ————

six bougies et je ———— beaucoup de cadeaux. Le soir, je ———— plus tard que d'habitude parce

que nous ———— au cinéma.

4. Hier soir, je ———— chez moi toute la soirée : ———— une longue lettre à mon amie Michèle,

je ———— des nouvelles de sa famille et je ———— des photos récentes de mon petit garçon.

5. Samedi dernier, nous ———— une excellente soirée : d'abord nous ———— au théâtre, puis

nous ———— dans un bon petit restaurant, et enfin nous nous ———— le long de la Seine. Nous

nous ———— à trois heures du matin et nous nous ———— dimanche à onze heures.

6. Agnès a l'air d'un garçon : elle ———— chez le coiffeur hier et il ———— les cheveux très court.

Quand elle ———— dans mon bureau, je ne ———— reconnue.

2 Complétez avec les relatifs et les prépositions manquants *(10 points)*.

Chère Christine, Cher François,

Nous sommes en vacances ———— ce petit village de Bretagne ———— nous vous

avons si souvent parlé. Quel plaisir de retrouver la petite église de style roman ———— la

place du vieux marché et le château abandonné ———— la tour est encore debout et

les enfants adorent jouer à cache-cache. Sans parler de la rivière dans ———— nous nous

baignons tous les après-midi. Nous sommes ici ———— quatre jours seulement, mais nous

avons l'impression d'y être ———— toujours : nous avons découvert Liannec ————

huit ans (l'année ———— Julien est né) et nous connaissons bien maintenant tout le village.

Avez-vous toujours l'intention de venir nous voir ? Nous vous attendons avec impatience.

Affectueusement,

Juliette et Bernard

L'IMPARFAIT

1 Mettez à l'imparfait en complétant librement.

Maintenant

Il pèse 70 kg.
Il porte du 48.
Il consomme
2 000 calories par jour.
Il boit de l'eau.
Il mange des fruits.
Il monte chez lui à pied.
Il fait du sport.
Il joue au volley-ball.

Avant

Il pesait 105 kg

_____

_____

_____

_____

_____

_____

2 Décrivez le mode de vie précédent à l'imparfait et continuez.

Une vie différente

Maintenant :

On vit surtout dans les villes.

Les femmes travaillent à l'extérieur

Les petits enfants vont à la crèche.

Les jeunes vont à l'école.

Nous pratiquons plus de sport.

Nous nous déplaçons beaucoup.

On déjeune souvent debout.

On travaille 39 h par semaine.

On est encore jeunes à 60 ans.

_____

_____

Avant :

On vivait surtout à la campagne,

_____

_____

_____

_____

_____

_____

_____

_____

_____

3 Décrivez au passé :

1. le littoral méditerranéen, avant l'arrivée du tourisme,

2. les repas avant la mode des fast-foods et des régimes.

4 Pensez-vous comme dans la chanson « Les Feuilles mortes » que :

« en ce temps-là la vie était plus belle et le soleil plus brûlant qu'aujourd'hui » ?

5 Mettez les verbes à l'imparfait.

faire – avoir – manger – se servir – s'essuyer – placer – partager – découper – falloir – éclater – présenter – craindre – distribuer

La vie quotidienne au XIVᵉ siècle

Au XIVᵉ siècle, les seigneurs *faisaient* souvent de grands banquets dans leurs châteaux. À cette époque-là, il n'y _____ pas d'assiettes individuelles. Les invités _____ dans des plats prévus pour plusieurs personnes. Ils _____ avec les doigts puis ils _____ sur un morceau de pain. On _____ le pain au début du repas entre deux convives, puis on le _____ en signe de civilité (d'où l'origine des mots « compagnon[1] » et « copain[1] »). Les cuisiniers _____ toute la nourriture dans les cuisines : il _____ éviter de laisser sur la table des objets dangereux, car les rixes _____ très facilement. De même les serveurs _____ toujours les plats face aux convives qui _____ des coups de couteau dans le dos. À la fin du repas, on _____ 20 à 30 % du banquet aux pauvres.

1. De *co* : « avec » et *panis* : « pain ».

6 À partir des mosaïques, imaginez la vie des femmes à Piazza Armerina, en Sicile, au IVᵉ siècle.

7 Reconstituez le poème de Raymond Lichet, « Agénor le Brontosore », avec les verbes ci-dessous et imaginez une suite.

se chauffer – avoir – marcher – manger – vivre

Agenor le Brontosore

Et son ami Dinosaure

_____ il y a cent mille ans

Ils _____ pour leur dessert

Souvent des forêts entières

Et assis sur leur derrière

Ils _____ aux volcans

En ce temps-là, quel mystère

Les oiseaux _____ des dents

Les poissons _____ par terre

Mais il n'y _____ d'enfants.

8 Imaginez la vie quotidienne : 1. des Indiens d'Amérique, 2. des cow-boys, 3. des chercheurs d'or à l'époque de la conquête de l'Ouest.

9 Mettez à l'imparfait le récit de Claus Oberhammer, chef des ventes chez Citroën-Autriche.

J'ai douze ans et les voitures déjà me passionnent. Dans la rue, j'observe tous les modèles. Je connais toutes les marques. Le Salon de l'automobile représente pour moi un grand événement. Dès qu'il ouvre ses portes, je m'y précipite, j'y vois des voitures puissantes et luxueuses qui me fascinent. Dans mes rêves, je crée les plus belles voitures, je les possède, je les conduis : je suis pilote de course, je deviens un grand champion, je gagne tous les trophées. Je ne pense ni à l'argent ni à la gloire. J'aime les voitures pour elles-mêmes. J'en suis fou.

J'avais douze ans et les voitures, déjà, me passionnaient. _____

_____

_____

10 Racontez (ou imaginez) une passion d'enfance pour un animal, des objets de collection, un sport, un chanteur, des livres, une personne, etc.

11 Maintenant, Jean vit à Paris. Avant, il vivait à Avignon. Décrivez et comparez.

Maintenant, je vais au bureau en voiture _____

_____

Avant, j'allais au bureau à pied, _____

_____

12 Décrivez leur vie actuelle et leurs vies précédentes :

Mme Macard	ministre/journaliste
M. Rougon	clochard/milliardaire
Arsène Itolf	rebelle/chef d'État

13 Décrivez un ami d'enfance, un ancien professeur, etc., et les sentiments qu'ils vous inspiraient sur le modèle d'*Un cirque passe* (Patrick Modiano, Gallimard, 1992).

Grabley

Il avait un point commun avec mon père : l'un et l'autre portaient des costumes, des cravates et des chaussures comme tout le monde. Ils parlaient français sans accent, fumaient des cigarettes, buvaient des expressos et mangeaient des huîtres. Mais, en leur compagnie, un doute vous prenait et vous aviez envie de les toucher, comme on palpe une étoffe, pour vous assurer qu'ils existaient vraiment.

_____
_____
_____
_____
_____
_____
_____
_____
_____
_____

14 Décrivez :

un homme ou une femme célèbre de l'histoire de votre pays,

votre maison d'enfance, vos jeux et vos rêves d'enfant,

votre premier jour d'école : vos camarades, vos impressions.

15 Une salle de cinéma dans les années 50. Décrivez. (fumer, parler, manger, boire, applaudir, jeter des tomates, entrer, sortir, dormir...)

La salle était pleine, il y avait des gens debout. _____

_____

_____

16 Décrivez au passé la gare de l'exercice 5 p. 83, la scène de tournage de l'exercice 4 p. 97.

17 Le commissaire Rocher enquête sur un crime. Donnez les alibis des suspects.

Commissaire Rocher : Que faisiez-vous hier à 21 heures précises ?

Pipo : *Je jouais au bridge avec ma mère.*

Fred : _____

_____

Toto : _____

_____

_____

Momo : _____

_____

Dédé : _____

_____

Bella : _____

_____

Al : _____

18 Complétez en faisant des suggestions avec « si » + imparfait et continuez.

Rencontre imprévue

Paul : Susan ! C'est toi ?

Susan : Paul, qu'est-ce que tu deviens ?

Paul : Si *nous bavardions un peu* : tu as le temps ?

Susan : Bien sûr : si _____ un café ?

Paul : Bonne idée : si _____ à côté, au « Canard déplumé » ? Mais dis-moi : qu'est-ce que tu fais après ?

Susan : Je pensais me promener sur les Champs-Élysées.

Paul : Toute seule ? Si _____ avec moi écouter du jazz chez Michel ?

Susan : D'accord ! Et après : si _____ ?

19 Faites des suggestions avec « si » + imparfait selon le modèle.

Un chien perdu

– *Si nous l'adoptions ?*

– Si _____

_____ la SPA[1] ?

– _____ son collier ?

tranquille ?

– _____ la rage ?

– _____ la police ?

– _____ ?

_____
1. SPA : Société protectrice des animaux.

LE PASSÉ COMPOSÉ ET L'IMPARFAIT

1 Faites des phrases selon le modèle, et continuez.

1. acheter le journal *La Terre/L'Univers*.

2. boire son café sucré/sans sucre

3. partir en vacances à la mer/à la montagne

4. prendre des somnifères/du lait chaud

5. faire la cuisine au beurre/à l'huile d'olive

6. _____

1. Avant, *j'achetais toujours le journal « La Terre ».*
Un jour, j'ai acheté le journal L'Univers.
Maintenant, *j'achète toujours « L'Univers ».*

3. Avant, _____
Un jour, _____
Maintenant, _____

5. _____

2. Avant, _____
Un jour, _____
Maintenant, _____

4. _____
_____
_____

6. _____

2 D'après l'histoire de Suzanne, racontez l'expérience de Jacques et de Sophie avec des verbes au passé.

Suzanne (professeur/« taxi de nuit »)

Avant, j'étais professeur de lycée. J'avais des classes difficiles, j'étais toujours fatiguée. J'étais insomniaque et je n'arrivais pas à récupérer. C'était infernal. Je n'en pouvais plus. Un jour, j'en ai eu assez. J'ai quitté mon travail. Je suis devenue « taxi de nuit ». J'ai rencontré Lulu. Nous nous sommes mariés. Maintenant, nous sommes tous les deux « taxis de nuit ». Nous sommes heureux.

Jacques et Sophie (chômeurs/agriculteurs)

_____
_____

3 Sur le modèle précédent, racontez un événement ou des événements qui ont entraîné un changement :

dans votre vie – dans votre pays – dans le monde.

4 Faites des phrases selon le modèle avec des verbes à l'imparfait et au passé composé.

1. entrer/sortir   (il n'y a personne/il y a 100 personnes)

2. partir/revenir   (les enfants jouent/ils se disputent)

3. arriver/partir   (il pleut/il fait beau)

1. *Quand je suis entré(e) dans la salle, il n'y avait personne.*
Quand je suis sorti(e) de la salle, il y avait au moins 100 personnes.

2. _____

3. _____

GPF pp. 164, 168, 172, 176, 196

5 Complétez les légendes avec des verbes à l'imparfait ou au passé composé.

s'aimer – vivre – se séparer – garder

> **La Lune et le Soleil**
>
> Il y a longtemps, le Soleil et la Lune _____ et ils _____ ensemble. Un jour, ils _____ . C'est la Lune qui _____ les étoiles.

être – se blesser – couler – devenir

> **Les roses rouges**
>
> Avant, toutes les roses _____ blanches. Un jour, Vénus _____ en portant secours à Adonis, son amant. Le sang _____ sur les roses de son jardin. Elles _____ rouges, couleur de la passion.

6 Imaginez une légende pour expliquer la présence des perles dans les huîtres, la beauté des chats, les changements de saison, etc.

7 Commentez l'image de Sempé (© Denoël) avec des verbes à l'imparfait ou au passé composé.

Avant, l'hôtel Bellevue _____

8 Complétez avec des verbes au passé composé ou à l'imparfait, et continuez.

1. Je dormais profondément,

quand *le téléphone a sonné.*

2. Marilyn Monroe avait 36 ans

quand elle _____

3. Christophe Colomb naviguait depuis 356 jours

quand il _____

4. Le voleur est entré

pendant que les voisins _____

5. Kennedy visitait Dallas

quand il _____

6. J'ai enregistré le match

pendant que tu _____

7. _____

_____

8. _____

_____

9 Hier, c'était l'anniversaire de Rémi. Décrivez la situation quand les parents sont entrés dans la pièce. Imaginez leurs réactions et leurs gestes.

1. Quand les parents sont entrés :

Rémi _____

Adrien _____

Guillaume _____

Marc _____

Estelle _____

Le chat _____

Le bébé _____

Lola _____

La baby-sitter _____

Le chien _____

2. Alors les parents sont intervenus :

_____

_____

10 Sur le modèle précédent, décrivez au passé :

un appartement en désordre / l'intervention de la femme de ménage,

une promenade à vélo / une chute.

11 Imaginez un scénario sur la vie de M. Rougon et sur celle d'Arsène Itolf (exercice 12, p. 105).

GPF pp. 164, 168, 172, 176, 196

12 Imaginez la suite du récit de Jean et décrivez d'autres rencontres au passé.

Rencontres inattendues

Jean et Dolores

J'ai rencontré Dolores, à la sortie du métro. C'était le soir. Il pleuvait. Elle marchait devant moi. Elle semblait triste. Tout à coup, elle a glissé. _____

_____

_____

_____

Paul et Catherine

_____

_____

_____

_____

_____

_____

13 Complétez les réponses de Marie et répondez librement à votre tour.

Les vies antérieures

Marie :

J'*ai eu* au moins trois vies avant celle-ci.

J'_____ soldat.

J'_____ moine.

J'_____ papillon.

Quand j'étais soldat, _____

_____

Vous :

_____

_____

_____

_____

_____

_____

14 Complétez avec des verbes au passé composé et à l'imparfait.

être – faire – avoir – rester – durer – allumer – falloir

Une panne

J'*étais* au supermarché. Je _____ des courses. Il y _____ beaucoup de monde. Il _____ 8 heures du soir. Tout à coup, il y _____ une panne d'électricité. Les gens _____ surpris au début, mais ils _____ calmes. La panne _____ presque dix minutes. Un employé _____ des bougies. Mais les caisses _____ bloquées et il _____ attendre encore une demi-heure avant de pouvoir sortir.

15 Racontez au passé.

1. Vous êtes au cinéma. Il y a une panne d'électricité..

2. Vous êtes dans l'ascenseur avec une autre personne. L'ascenseur s'arrête entre deux étages...

GPF pp. 164, 168, 172, 176, 196

16 **Mettez le texte au passé (passé composé ou imparfait).**

Je vais au restaurant avec un groupe d'amis et je paye avec ma carte bleue. Quelques jours plus tard, quand je veux retirer de l'argent, le distributeur de billets refuse mon code. Je recommence et, à ma grande surprise, le distributeur avale ma carte. J'entre furieux dans l'agence et j'explique la situation. Quand je donne mon nom, l'employée me regarde étonnée et même un peu soupçonneuse. Je comprends sa surprise au moment où elle me montre la carte : elle porte le nom d'un autre !! C'est une carte de crédit identique à la mienne, mais ce n'est pas la mienne et ça fait plus d'une semaine que je l'utilise. C'est une erreur du serveur du restaurant. Un autre homme possède donc ma carte. J'espère seulement que c'est quelqu'un de raisonnable, comme moi, et que je ne suis pas ruiné. Ce qui est sûr, en tout cas, c'est qu'il est aussi distrait que moi.

Il y a quelque temps, je suis allé au restaurant avec un groupe d'amis —————————

—————————————————————————————————————

17 **Racontez l'histoire du peintre prisonnier au passé.**

Un peintre était prisonnier d'un tyran. —————————

18 **1. Lisez et observez le passé composé et l'imparfait dans le texte de Sempé (© éd. Denoël, 1987).**

2. Imaginez un récit sur le même modèle

– Hier, je suis allée au marché. J'ai acheté une laitue magnifique. Le marchand m'a dit: "Hein, qu'elle est belle cette laitue!" Rentrée chez moi, après l'avoir passée sous l'eau, j'ai mis la laitue toute luisante sur le rebord de la fenêtre. Ma voisine me dit : "Qu'elle est belle cette laitue!" Mon mari est rentré, il a regardé la laitue qui brillait au soleil, et il m'a dit : "Qu'est-ce qu'elle est belle cette laitue ! Vraiment c'est une belle laitue!" et il m'a embrassée, chose qui n'arrive pas souvent. On a pris un verre en regardant la télé. De la publicité : une femme allait au marché, achetait une laitue, le vendeur lui disait que c'était une laitue splendide. Sa voisine lui disait que c'était une belle laitue. Son mari arrivait, s'extasiait sur la laitue, et du coup l'embrassait. Alors, je ne sais pas trop pourquoi, j'ai éclaté en sanglots.

Hier, j'ai descendu l'escalier à toute vitesse, je _____

_____

_____

_____

_____

Le soir, au cinéma, j'ai vu un court métrage : une femme descendait des escaliers à toute vitesse, _____

_____

_____

_____

_____

_____

_____

Alors, j'ai éclaté de rire.

19 **Mettez au passé composé ou à l'imparfait, selon le modèle.**

Je me lève à 5 heures pour aller à l'aéroport. Je prends une douche et je bois un café. Quand je sors dans la rue, il fait encore nuit et il pleut. J'appelle un taxi. Le chauffeur semble très nerveux. Il parle tout seul et il fume sans interruption. Je commence à tousser mais il me jette un tel regard dans le rétroviseur que je m'arrête tout de suite. Quand je veux ouvrir la vitre, il se retourne et il me dit qu'il a la grippe et que je dois rester tranquille. Puis il se met à rouler de plus en plus vite. Il brûle les feux rouges et il insulte toutes les voitures que nous croisons ou que nous doublons. Je lui dis de ralentir, mais il me regarde d'un air si féroce que j'abandonne et que je me cramponne au fond de mon siège. Je commence à chercher dans ma mémoire quelques bribes[1] de prières et je ferme les yeux pour ne pas voir la route qui défile à toute allure[2]. Nous arrivons en quelques minutes à l'aéroport. Je sors du taxi. Je paie en vitesse, sans regarder le chauffeur. Mes jambes tremblent et me portent difficilement. J'ai les mains glacées. Je me dirige directement vers le bar où je prends deux cognacs pour me détendre.

_____

1. Bribes : fragments. – **2.** À toute allure : très vite.

Je me suis levé(e) à cinq heures pour aller à l'aéroport _____

20 **Racontez une peur, un cauchemar, un mauvais souvenir, etc.**

LE PLUS-QUE-PARFAIT

1 **Complétez les phrases avec des verbes au plus-que-parfait, selon le modèle.**

1. travailler trop / être fatigué

François *était fatigué parce qu'il avait trop travaillé.*

2. perdre sa poupée / pleurer

La petite fille _____

3. gagner 10 000 F à la loterie / être content

La dame _____

4. boire trop de café / ne pas pouvoir dormir

Brigitte _____

2 **Complétez avec des phrases au plus-que-parfait, et continuez.**

1. Pendant que Paul se douchait, Marie a préparé le petit déjeuner

Quand il est sorti de la douche, elle *avait préparé le petit déjeuner.*

2. Pendant que Clara faisait la vaisselle, Simon a rangé ses jouets.

Quand elle est entrée dans sa chambre, il _____

3. Pendant que je parlais à la voisine, le chien a mangé toutes les saucisses.

Quand je suis rentrée, il _____

4. Pendant que le train roulait, j'ai fait tous mes exercices de grammaire.

Quand nous sommes arrivés, j' _____

5. Pendant que je faisais les courses, _____

Quand je suis rentrée, elle _____

3 **Imaginez des justifications avec des verbes au plus-que-parfait, et continuez.**

1. Faire cuire 2 kg de pâtes
   acheter un saumon entier
   faire un gros gâteau au chocolat
   Hier soir, il n'y avait pas assez à manger,
   pourtant j'avais fait cuire _____

   _____

   _____

2. Réviser ses leçons
   travailler tout le week-end
   se coucher tôt
   Mon fils a raté son examen,
   pourtant _____

   _____

   _____

3. La soirée a mal fini.
   Tout le monde s'est disputé,
   pourtant tout avait bien commencé :

   _____

   _____

4. Paul m'a quittée.
   Il est parti avec une autre,
   pourtant _____

   _____

   _____

GPF pp. 164, 168, 172, 176, 196, 204, 218

Le plus-que-parfait, l'imparfait et le passé composé

4 Racontez en utilisant le passé composé, l'imparfait et le plus-que-parfait.

Le sens du devoir

C'était un dimanche d'été au bord du lac. Il y avait beaucoup de monde… _____

LE PASSIF

1 Décrivez les aménagements des Champs-Élysées en 1994 en utilisant des phrases actives puis passives, selon le modèle.

1. On a supprimé les contre-allées. *Les contre-allées ont été supprimées.*

2. On a creusé un parking souterrain. _____

3. On a planté deux cent vingt-huit platanes. _____

4. On a rehaussé et élargi les trottoirs. _____

5. On a remplacé le ciment gris par du granit bleu. _____

6. On a installé de nouveaux bancs. _____

7. Jean-Michel Wilmotte a redessiné le mobilier urbain. _____

8. Norman Foster a réalisé les abribus. _____

2 Comparez les travaux des années 60 et des années 90.

planter/arracher – élargir/réduire – réinstaller/supprimer – supprimer/créer

En 1994 :

des arbres *ont été plantés.*

les trottoirs _____

des bancs _____

les contre-allées _____

Dans les années 60 :

ils *avaient été arrachés.*

ils _____

ils _____

elles _____

3 Décrivez, sur les modèles précédents, les transformations subies par la petite place.

4 Y a-t-il, dans votre pays, des exemples semblables de transformation de rues, de places, etc. ? Que pensez-vous des « retours au passé », comme c'est le cas pour les Champs-Élysées ?

5 Rédigez des articles de journaux, en vous inspirant des éléments donnés, selon le modèle.

1. Une tornade

déracine des arbres

renverse des voitures

arrache les toits

ravage les cultures

Une tornade dévastatrice

Des centaines d'arbres ont été déracinés,

_____

_____

_____

2. Un livre

texte : Anna Schulz

illustrateur : Greg Ravel

traduction : Hélène Soulières

éditeur : POUF

imprimeurs : Bouvet et Pécuchard

Un livre splendide

Il a été écrit par Anna Schulz,

_____

_____

_____

_____

3. Une maison

architecte hongrois

ouvriers polonais

décorateur italien

photographes de tous les pays

Une belle maison

Elle a été dessinée par un architecte hongrois,

_____

_____

_____

6 Rédigez de petits textes au passif pour présenter :

des livres de votre bibliothèque
des films que vous avez vus

des chansons que vous aimez
des monuments célèbres

7 Complétez avec les verbes manquants à la forme passive.

voler – interroger – voir – diffuser – fracturer – relever

Vol de nuit

Aucune nouvelle des trois statuettes inca qui _____ la nuit dernière au Musée national. Le gardien de nuit _____ toute la journée par la police. Deux suspects _____ aux alentours du musée vers 18 heures. Leurs portraits-robots _____ dans la presse. Le vol reste mystérieux : les vitrines n'_____ et aucune empreinte suspecte n'_____ .

8 Imaginez la suite en posant des questions et en répondant négativement.

— Est-ce que le commissaire Rocher a été chargé de l'enquête ?

— Non, il n'a pas été chargé de l'enquête.

L'INFINITIF PASSÉ

1 Faites des phrases avec un infinitif passé. Faites l'élision si c'est nécessaire.

1. trouver une place de parking / tourner une demi-heure

Nous avons finalement trouvé une place après avoir tourné une demi-heure.

2. réussir le permis / rater trois fois le code

Ma sœur _____

3. interrompre la grève / obtenir une augmentation des salaires

Les fonctionnaires _____

4. voir l'exposition Cézanne / faire la queue deux heures

Mes amis _____

2 Décrivez l'acteur en utilisant « après » + infinitif passé.

L'acteur était méconnaissable après avoir mis une perruque, après _____

_____

_____

_____

_____

3 Donnez une recette de cuisine en utilisant « après » + infinitif passé.

Après avoir mis de l'huile dans une casserole, faites revenir 500 g de gambas, après _____

4 Complétez le texte avec des verbes à l'infinitif passé et à la forme passive.

quitter – trouver – s'embarquer – être découvert – refuser – être examiné – être averti – vivre

Retrouvés

Enfin du nouveau sur les trois adolescents qui avaient disparu la semaine dernière après _____ leur lycée en fin d'après-midi. Rappelons que les parents des jeunes gens avaient alerté la police après _____ une lettre annonçant leur intention de se rendre en Isteria pour s'engager dans la lutte armée. Nous savons aujourd'hui qu'après _____ clandestinement sur un bateau de marchandises, les trois garçons _____ dans la soute par le commandant qui les a immédiatement remis aux autorités portuaires. Après _____ de parler, les trois jeunes gens ont fini par révéler leur identité. Ils seront rapatriés en France après _____ par un médecin et un psychologue. La famille des trois jeunes gens _____ par un appel du commissariat, après _____ un véritable enfer.

BILAN N° 7

1 Complétez avec les éléments manquants et faites l'élision si nécessaire *(30 points).*

1. Quand je _____ enfant, il y _____ dans mon village une vieille femme

qui _____ seule dans une tour. Tout le monde _____ que ce _____

une sorcière, et nous _____ peur de la voir quand la nuit _____ .

2. En 1985, je _____ mes études, puis je _____ aux États-Unis pour

suivre un stage de marketing. À mon retour en France, je _____ du travail dans

une grande compagnie pétrolière, _____ de la chance !

3. Je ne sais pas si je reconnaîtrai Stefania quand je la reverrai ; ça fait plus de dix ans que

_____ . Ce _____ dans les années 80 : à cette époque-là, elle

_____ à l'université à moto, elle _____ des pantalons et des bottes de

cuir noir et ce _____ pas une femme d'affaires.

4. Quand je _____ petit, ma grand-mère _____ quelques mots de pro-

vençal et je _____ jamais oubliés.

5. – Tu as retrouvé tes lunettes et tes clés ? Où est-ce que tu _____ ? – Tu ne

devineras jamais : je _____ mes lunettes dans le frigo et je _____ mes

clés sur la porte : c'est la voisine qui _____ et qui _____ .

6. Robinson Crusoé a quitté son île après _____ vingt-huit ans, deux mois et dix-

neuf jours. Il est rentré en Angleterre avec son compagnon Vendredi qu'il _____

sur l'île et à qui il _____ à parler anglais.

7. Nous avons dû vendre la maison qui _____ par mon arrière-grand-père au

siècle dernier et qui _____ par ma grand-mère qui _____ une déco-

ratrice Art nouveau très connue en France, dans les années 20.

2 Complétez avec des verbes au passé composé, à l'imparfait ou au plus-que-parfait en utilisant des pronoms, si nécessaire *(10 points).*

Hier, nous _____ à l'aéroport de Chios à 11 heures. Quand nous _____

de l'avion, il _____ plus de trente degrés. Giorgos nous _____ devant

la sortie. Il _____ souriant et bronzé. Nous _____ heureux de le revoir.

Au moment de retirer nos bagages, nous nous sommes rendu compte que la compagnie

aérienne _____ à Athènes. Pendant un petit moment, nous _____

contrariés, mais nous _____ si heureux d'être en vacances que notre bonne

humeur _____

GPF p. 214

LE FUTUR SIMPLE

1 **1. Décrivez la vie de Louis au présent, puis au futur simple, selon le modèle. 2. Décrivez une personne de votre entourage dans vingt ans (physique, activités, etc.).**

Aujourd'hui,

Louis a huit ans.

Il va à l'école.

Il est amusant.

Il lit *Boule et Bill*.

_____

_____

Dans 10 ans,

Louis _____

_____

_____

_____

_____

2 **Mettez les verbes au futur simple, selon le modèle.**

Actuellement, les Français utilisent le « franc », bientôt ils *utiliseront* l'euro-franc. Si vous gagnez 11 000 francs par mois, vous _____ bientôt 1 680 euro-francs. Si vous payez 2 500 francs de loyer, vous _____ 382 Euro. Le café, qui coûte environ 7 francs au bar, _____ environ un euro-franc.

3 **Paul a rendez-vous au café avec une inconnue. Ils se décrivent. Continuez.**

avoir un foulard rose
porter une robe bleue
lire *L'Étranger*

avoir *Le Monde* sous le bras

_____

_____

Elle : *J'aurai un foulard rose,* _____

_____

Lui : _____

_____

_____

4 **Mettez le poème au futur simple selon le modèle, et continuez librement.**

Une ombre
Je fais ce que tu veux,
Je vais là où tu vas,
J'aime ce que tu aimes,
Je crois ce que tu crois,
Je pleure quand tu pleures,
Et je ris quand tu ris,
Je fuis ce que tu fuis,
Et je meurs quand tu meurs.

Une ombre
Je ferai ce que tu voudras,
_____
_____
_____
_____
_____
_____
_____

5 **Ce poème pourrait-il illustrer votre conception de l'amour ? Ou le contraire…**

6 Complétez en mettant les verbes au futur simple et commentez.

Un futur simple ?

Avec la sophistication de plus en plus grande des machines, rien ne sera bientôt plus comme avant.

En 1960, *on mettait* plus de douze heures pour traverser la France en train,

bientôt, on ——————— moins de deux heures.

Jusqu'à présent, *on ne pouvait pas* habiter trop loin de son lieu de travail,

bientôt on ——————— vivre à l'étranger et travailler en France.

En 1980, *il y avait* deux millions d'ordinateurs de bureau dans le monde,

en l'an 2000, il ——————— un milliard de micro-ordinateurs.

Il fallait jusqu'à présent se déplacer et occuper un bureau dans une entreprise,

bientôt, il ——————— seulement connecter sa machine à d'autres machines...

Les premiers robots (machines à laver, etc.) *ont libéré* l'homme des contraintes domestiques,

les robots de demain le ——————— des contraintes sociales.

Quand on était malade, *on parlait* à son médecin, bientôt, sans faire la queue, ni avoir de passe-droit,

on ——————— aux plus grands spécialistes.

Acheter ou louer un appartement était épuisant, *on en voyait* quelques-uns et *on les visitait* en vitesse,

bientôt, on ——————— des dizaines sur son écran et on ——————— tranquillement, sans se fatiguer,

dans une réalité virtuelle.

7 Transformez au futur simple et commentez.

« Demain tous nomades »

Les autoroutes de l'information dopent le travail à domicile. [...] Les nouveaux outils « *effacent le périmètre de l'entreprise* ». On peut être vendeur ou comptable sans être physiquement présent dans les locaux de son employeur. L'entreprise, ravie de diminuer ses frais généraux, utilise de plus en plus de collaborateurs extérieurs. [...] Délégués, consultants, vacataires, intérimaires, free-lances, consultants, attachés commerciaux se multiplient.

Patrick Fauconnier, *Le Nouvel Observateur,* juillet 1995.

Les autoroutes de l'information doperont

_____
_____
_____
_____
_____
_____

Réalité virtuelle, drogues réelles

On assiste au surgissement des drogues électroniques. Des mini-disques laser contiennent des programmes stimulant certaines parties du cerveau. Ces programmes font apparaître des formes, des couleurs, des sensations, des émotions semblables à celles des drogues puissantes. Des centaines de milliers de jeunes peuvent être intoxiqués.

Joël de Rosnay, interviewé dans Paris-Match, mai 1995.

On assistera au surgissement _____

_____

8 Faites des dialogues selon le modèle en variant les compléments de temps et en utilisant un pronom complément, si nécessaire.

1. être en vacances
avoir son billet
faire sa valise

– Tu es déjà en vacances ?
– Non, *je serai* en vacances après-demain.
– Tu as ton billet d'avion ?
– Non, *je l'aurai* seulement demain.
– Tu fais ta valise maintenant ?
– Non, _____ au dernier moment.

2. être dans son nouvel appartement
avoir les clés
faire les paquets

– _____
– _____

3. passer son examen
réviser ses leçons
dire au revoir au professeur

– _____
– _____

9 1. Mettez au futur simple les « 10 commandements du bon conducteur » et continuez.
2. Imaginez les « 10 commandements » du bon employé, du bon directeur, etc.

1. Ne pas boire d'alcool

2. Mettre sa ceinture de sécurité

3. Respecter les priorités

4. Ne pas faire d'excès de vitesse

5. Faire contrôler son véhicule

6. Ne pas se garer sur les passages protégés

7. Utiliser de l'essence sans plomb

8. _____

9. _____

10. _____

Tu ne boiras pas d'alcool.

_____

_____

_____

_____

_____

_____

_____

_____

_____

10 Mettez le texte au futur proche selon le modèle, et imaginez une suite.

Un jour tu verras, on ne se rencontrera… pas.

J'habite au 22
Tu habites au 23
Je vais au lycée Henri-II,
Tu vas au lycée Henri-III,
Je prends le bus à la Madeleine,
Tu prends le bus à l'Opéra,
Je fais mes courses chez Félix,
Tu fais tes courses chez Nicolas,
Mais un jour tu verras, on déménagera…

Tu habiteras au 22.
*J'*_____

_____

_____

_____

_____

_____

LE FUTUR ANTÉRIEUR

1 Faites des phrases au futur simple et au futur antérieur, en utilisant un pronom complément, si nécessaire.

1. faire ses devoirs/ranger sa chambre//regarder la télé

Tu *regarderas la télé seulement quand tu auras fait tes devoirs et que* _____

2. gagner assez d'argent/passer le permis//s'acheter une voiture

Ma fille _____

3. mettre le couvert/allumer les bougies//apporter la carte

Le serveur _____

4. lire le contrat/consulter un avocat//signer le contrat

Paul _____

5. peser la lettre/timbrer la lettre//poster la lettre

Je _____

2 Faites des phrases au futur simple ou au futur antérieur.

1. arriver/commencer la réunion   **2.** aller au bord de la mer/manger des huîtres
3. dîner/aller au cinéma   **4.** se reposer/visiter la ville

1. *Quand tous les employés seront arrivés, nous commencerons la réunion.*

2. _____

3. _____

4. _____

3 Construisez un scénario au futur antérieur, selon le modèle, et imaginez d'autres « destins ».

Patrick : écrivain – écrit plusieurs best-sellers – fait le tour du monde – épouse Nadine – perd ses cheveux – vend son appartement parisien – s'achète une ferme – se retire à la campagne

J'imagine Patrick à quarante ans, il aura écrit plusieurs best-sellers _____

_____

4 Imaginez une suite au poème d'Henri Michaux (fragments de « L'époque des illuminés » in *Qui je fus* recueilli dans *L'Espace du dedans,* © Gallimard).

enterrer – regarder – faire taire – passer

L'époque des illuminés

[...] Quand les autos *seront enterrées* pour toujours sur les bords de la route.

Quand ce qui est incroyable _____ comme une vérité de l'ordre de « 2 et 2 font 4 ».

Quand les animaux _____ les hommes [...] par leur jacasserie[1] mieux comprise et inégalable. [...]

Quand _____ la grande éponge[2], eh bien ! sans doute que je n'y serai plus, c'est pourquoi j'y prends plaisir maintenant et si j'arrête cette énumération, vous pouvez la continuer. [...]

---

1. Jacasserie : cris d'animaux. – **2.** Passer l'éponge : pardonner, oublier.

LE CONDITIONNEL
L'expression de la politesse, du désir, des conseils

1 **Demandez un service avec « vouloir » au conditionnel et « pouvoir » au conditionnel (ou à l'indicatif), et continuez.**

1. parler à Mme Bréa

2. voir M. Renaud

3. déposer de l'argent

4. faire suivre son courrier

rappeler plus tard

attendre quelques minutes

remplir un formulaire

laisser son adresse

1. – *Je voudrais parler à Mme Bréa.*
   – *Est-ce que vous pourriez rappeler plus tard ? (Est-ce que vous pouvez rappeler plus tard ?)*

2 **Exprimez des désirs avec « vouloir » (+ nom) et « aimer »/« vouloir » (+ verbe) au conditionnel.**

une jolie coupe de cheveux / garder sa frange

un beau volume / rester naturelle

une permanente / être peu frisée

une nouvelle tête / garder son style

Je *voudrais* une jolie coupe de cheveux, mais *j'aimerais (je voudrais)* garder ma frange.

3 **Créez de petits dialogues avec « vouloir » à l'indicatif ou au conditionnel, et continuez.**

1. un dessert / une glace ou une tarte

3. un café / un café noir ou un café au lait

2. un bonbon / un caramel ou un bonbon à l'anis

4. de l'eau / de l'eau gazeuse ou de l'eau plate

Vous proposez

1. – *Voulez-vous un dessert ?*
   – *Vous voulez une glace ou une tarte ?*

Vous acceptez et vous précisez

   – *Je veux bien, merci.*
   – *Je voudrais une tarte.*

4 **Donnez des conseils avec « devoir » au conditionnel :**

   – à des touristes qui viennent visiter notre ville : *Vous devriez acheter le Guide Bleu...*

   – à une amie qui est déprimée.

Le conditionnel présent et passé

GPF p. 220

5 Ils imaginent une autre réalité. Mettez au conditionnel et continuez.

1. L'enfant unique

J'ai un grand frère. Je joue avec lui.
On fait des cabanes. On va pêcher dans la rivière.
On se dispute mais on s'aime bien.

J'aurais un grand frère _____

_____

2. Roméo à Juliette

Nos familles se sont réconciliées. Je peux vivre avec toi.
Nous n'avons plus besoin de nous cacher. Nous sommes
enfin ensemble.

_____

_____

3. Imaginez les rêves de l'employé fatigué, de l'inconnu qui rêve de gloire, etc.

6 Continuez la description de situations imaginaires au conditionnel passé, selon le modèle.

Nous serions épuisés mais heureux : nous aurions pris l'Orient Express, nous serions montés sur la Grande Muraille.
Nous aurions dansé le tango à Valparaiso. *Nous aurions descendu l'Amazone en pirogue.* _____

_____

7 Sur le modèle de la publicité, imaginez d'autres situations « catastrophiques ».

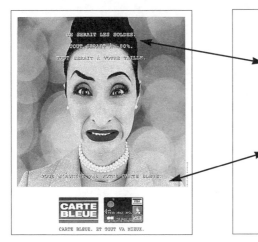

CE SERAIT LES SOLDES
TOUT SERAIT À – 80%
TOUT SERAIT À VOTRE TAILLE
VOUS N'AURIEZ PAS
VOTRE CARTE BLEUE

1. été / bord de mer / eau à 29° / pas de maillot

Ce serait l'été _____

2. 4 heures du matin / pas dormi / tapé 200 pages sur votre
ordinateur / fait une mauvaise manœuvre / tout effacé

Il serait 4 heures du matin, vous n'auriez pas dormi.

8 Imaginez d'autres situations terribles en utilisant des verbes au conditionnel.

*Je traverserais la Toscane. Je serais mort de faim. Ce serait un dimanche. Seul un restaurant chinois serait
ouvert.* _____

9 Joëlle n'a pas été embauchée. Exprimez ses regrets, selon le modèle, et continuez.

J'aurais dû m'habiller différemment.
J'aurais dû parler _____

Je n'aurais pas dû me présenter en jeans.
Je n'aurais pas dû _____

LES HYPOTHÈSES
L'hypothèse sur le futur

1 Imaginez plusieurs « destins » possibles pour les personnages, selon le modèle.

> **1. Un journaliste fait un reportage sur le monde de la drogue.**
>
> Il reçoit le prix Pulitzer.
>
> Il est tué par les trafiquants.
>
> Il entre à son tour dans le réseau.

– À mon avis, *si ce journaliste fait un reportage sur la drogue, il recevra le prix Pulitzer.*

– Selon moi, _____

– Moi, je pense _____

> **2. Un homme politique engage une réforme de l'enseignement.**
>
> Il y a des manifestations pendant des mois.
>
> Il doit démissionner tout de suite.
>
> Il perd les élections législatives.

– À mon avis, _____

> **3. Un étudiant part en voyage dans un pays étranger.**
>
> Il devient parfaitement bilingue.
>
> Il tombe amoureux.
>
> Il se fait tout voler.

– À mon avis, _____

2 Que ferez vous si... Imaginez.

1. partir en voyage	(Inde/Corse/Pérou, ou...)
2. inviter un(e) ami(e)	(Charles/Astrid/Bruno, ou...)
3. repeindre sa chambre	(en bleu, en blanc, en ocre, ou...)
4. mettre un poster	(Jovanotti, Sharon Stone, Brad Pitt, ou...)

1. *Si je pars en voyage, je partirai au Tibet.*   **2.** _____

3. _____   **4.** _____

3 Transformez.

1. Sans ton manteau, tu prendras froid. – Tu *prendras froid, si tu* _____

2. Sans visa, nous ne pourrons pas partir. – Nous _____

3. Avec votre badge, vous pourrez entrer. – Vous _____

4. Sans entraînement, il échouera. – Il _____

4 Développez chaque scénario en faisant une hypothèse, selon le modèle.

1. *Si Indiana recule, il tombera dans le vide. S'il* _____

_____

_____

5 Imaginez les chaînons manquants.

Si tu n'étudies pas tes leçons, _____

_____ tu ne seras pas piquée par les moustiques.

6 Lisez l'article sur l'emploi (*Ça m'intéresse*, mars 1996) et faites des hypothèses.

> ### Une piste pour sortir de la crise ?
>
> Relancer la consommation, c'est relancer l'emploi. Et *vice versa*. [...] L'idée de la réduction du temps de travail revient en force. Certains économistes estiment même que le passage généralisé à la semaine de 32 heures supprimerait 1,5 à 2 millions de chômeurs en deux ou trois ans, surtout dans le secteur de l'industrie, où les postes sont plus faciles à fractionner. Avec un développement des revenus modestes, la répartition des achats pourrait redevenir ce qu'elle était dans les années 60 : une forte proportion du budget serait consacrée aux besoins élémentaires : nourriture, habillement, logement. Les consommateurs disposant de moins d'argent, mais de plus de temps, n'auraient pas les mêmes loisirs : adieu beaux voyages, voici le temps du bricolage, du jardinage, du sport, de la couture ! La fin du « vite prêt » et du « jetable ». Qui sait ?

Si on réduit le temps de travail, on diminuera le nombre de chômeurs. Si le chômage diminue, ce sera surtout dans le secteur de l'industrie. _____

L'hypothèse sur le présent

7 Faites des hypothèses au conditionnel selon le modèle, puis continuez librement.

1. Martine travaille loin de chez elle.

passer moins de temps dans les transports/

rentrer plus tôt le soir/déjeuner chez elle à midi/

être moins stressée

Si elle travaillait plus près _____

_____

2. Jean-Paul ne parle pas bien anglais.

partir en mission à l'étranger

avoir une promotion

gagner plus d'argent

_____

_____

3. Vous êtes amoureux(se) d'un(e) inconnu(e).

lui téléphoner

lui écrire des poèmes

lui envoyer un message radiophonique

_____

_____

4. Vous êtes recherché(e) par la police.

changer de pays

modifier son physique

se faire faire de faux papiers

_____

_____

5. Éva n'est pas propriétaire de son logement.

6. Jacques a peu de temps libre.

8 Complétez les paroles de la chanson « L'hymne à l'amour » d'Édith Piaf. Et imaginez d'autres rimes...

Je *ferais* le tour du monde,   *(faire)*

je me _____ teindre en blonde   *(faire)*

si tu me le _____   *(demander)*

j'_____ décrocher la lune   *(aller)*

j'_____ voler la fortune   *(aller)*

si tu me le _____   *(demander)*

On peut bien rire de moi,

je _____ n'importe quoi   *(faire)*

Si tu me le _____   *(demander)*

9 Complétez les phrases, selon le modèle.

refuser/accepter – répondre/porter plainte – rester/partir

1. Si on me demandait de l'argent pour soutenir un parti politique, *je refuserais*, mais si _____

2. Si on m'écrivait une lettre d'amour, je _____, mais si _____

3. Si on m'offrait un poste à Plouc-sur-Oie, je _____, mais si _____

10 Quelles seraient vos conditions pour vivre à l'étranger ?

_____

11 Imaginez des situations avec des verbes au conditionnel, selon le modèle.

1. Vous êtes invité(e) à un bal masqué / chez le Premier ministre. Quels vêtements portez-vous ?

Si j'étais invité(e) à un bal masqué, je _____

mais si j'étais invité(e) chez le Premier ministre _____

2. Vous tournez un film policier / un film comique. Quels acteurs choisissez-vous ?

Si _____

mais si _____

3. Vous allez à la mer / à la montagne. Dans quels pays ? Dans quelle région ?

Si _____

mais si _____

12 Que feraient ces personnages célèbres, s'ils vivaient aujourd'hui ? Exprimez différentes opinions, selon le modèle.

1. Galilée : chercheur en astrophysique / instituteur passionnant / pauvre SDF[1]

– Je pense *que si Galilée vivait aujourd'hui, il serait chercheur en astrophysique.*

– Moi, je crois plutôt *que s'il vivait aujourd'hui, ce serait un instituteur passionnant.*

– Et moi, je pense _____

_____
1. SDF : sans domicile fixe.

2. Jeanne d'Arc : ministre de la Défense / journaliste / sportive de haut niveau

– Je pense _____

– Moi, je pense plutôt _____

– Et moi, je crois _____

3. Attila (roi des Huns) : président de la République / homme d'affaires corrompu / mauvais acteur de cinéma

– _____

– _____

– _____

4. Christophe Colomb : navigateur / grand photographe / GO au Club Med[1]

– _____

– _____

– _____

_____
1. GO : « Gentil Organisateur », animateur au Club Méditerranée (vacances organisées).

13 Comment réaménageriez-vous les transports en train, en avion :

pour mieux se reposer ? – pour mieux travailler ? – pour mieux voyager avec des enfants ?

14 Complétez librement et continuez.

1. *Si j'étais très riche,* j'arrêterais de travailler.

2. _____ , je t'en donnerais la moitié.

3. _____ , je diminuerais les impôts.

4. Si j'avais plus de temps, *je lirais et j'irais au théâtre.*

5. Si on me confiait un secret, _____

6. Si je trouvais un portefeuille, _____

7. _____

15 Imaginez : vous avez plus d'argent, plus de temps libre, vous changez de profession, de ville, de pays...

16 Françoise Dolto était favorable à la majorité légale à quinze ans. Lisez et répondez aux questions.

La majorité à quinze ans ?

La majorité légale devrait être à quinze ans, tout simplement. [...]

Si les parents acceptaient, à la demande de l'enfant, l'émancipation, ils seraient en droit de ne plus donner un sou à leur enfant et de le laisser se clochardiser complètement. S'ils le faisaient, cela prouverait qu'ils le laissaient à l'abandon déjà auparavant. Si, au contraire, ils se sentaient responsables de leurs enfants, ce n'est pas parce que leur enfant aurait le statut d'émancipé qu'ils ne l'aideraient plus. Il ne serait pas interdit qu'ils aident leur enfant, mais ce ne serait plus obligatoire.

Françoise Dolto, *La Cause des adolescents*, Robert Laffont, 1988.

– Quels seraient, à votre avis, les avantages et les inconvénients de la majorité à quinze ans ? - Les adolescents ne seraient-ils pas trop sollicités par les partis politiques ? - N'auraient-ils pas trop de responsabilités pour leur âge ?
– Auriez-vous aimé être majeur à quinze ans, et pourquoi ?

17 Imaginez les avantages et les inconvénients de ces hypothèses :

Si les machines remplaçaient les professeurs. – Si tous les hommes parlaient une seule langue.

18 Lisez cet extrait de *Recensement* de Béatrix Beck (© Grasset, 1991) et commentez-le.

Taddeo, sept ans, est anglais. Il est né en France. Il bavarde avec Branden, la cuisinière irlandaise.

« Un garçon du cours dit que, puisque je suis né à Paris, je suis français.
– Alors si tu étais né dans une écurie, tu serais un cheval ? »
Taddeo éclata de rire :
« Si j'étais né dans une cage, je serais un oiseau.
– Si tu étais né dans une porcherie, tu serais un cochon.
– Si j'étais né dans une niche, je serais un chien.
– Si tu étais né dans une étable, tu serais un jésus. »
Branden s'amusait autant que lui à ses dérives[1].

---

1. Dérives : ici, imaginations.

L'hypothèse sur le passé

19 Transformez selon le modèle.

1. L'été dernier, je ne suis pas parti en vacances. *Si j'étais parti, je serais allé en Turquie.*

2. Samedi dernier, nous ne sommes pas sortis. Si _____

3. Hier, je n'ai pas fait la cuisine. Si _____

20 Transformez avec une hypothèse et continuez librement.

1. Le mois dernier, un distributeur a avalé la carte de paiement de Mathieu. Il est entré dans la banque. Il est tombé amoureux de la caissière. Il l'a épousée hier.

Si le distributeur _____

2. Hier, Magali a pris le métro au lieu du bus. Elle a croisé un vendeur de billets de Loterie. Elle a acheté un billet de Loterie. Elle a gagné 200 millions de francs.

Si _____

3. La semaine dernière _____

21 Commentez cette publicité de 1911 pour les engrais chimiques.

Leur champ est un désert, ils n'ont ni fruits, ni blé, ils sont maigres et pauvres. Si _____

22 Aujourd'hui, beaucoup de sources sont polluées par les engrais, les pesticides, etc. Imaginez.

Si les paysans _____

23 Certains sociologues pensent que la violence a augmenté parce qu'on a construit des cités ghettos, parce que les parents ne se sont pas occupés de leurs enfants, parce que les maîtres ont perdu de leur prestige...

Si _____

24 Tintin visite une fabrique de conserves dirigée par la mafia (Hergé, *Tintin en Amérique*, © Hergé/Moulinsart, 1996). Lisez et complétez les hypothèses.

Si la direction n'avait pas baissé le prix de rachat des chiens et des chats, les employés _____

S'ils _____, les machines ne se seraient pas arrêtées. Si les machines _____, Tintin

_____. Si Tintin _____, le directeur de l'usine _____

5 000 dollars. Si Tintin avait été plus méfiant, _____. Si les consommateurs savaient ce qu'il y a

dans les conserves, _____.

LE DISCOURS INDIRECT
PRÉSENT ET PASSÉ

1 La mère de Laurent informe son mari du contenu de la lettre de leur fils. Mettez au discours indirect présent, selon le modèle.

Chère maman, cher papa,

Je viendrai à Noël et je resterai une semaine. Est-ce que je peux amener une amie ? Elle est très gentille. Elle s'appelle Sylvie. Elle travaille dans mon entreprise. Est-ce que maman peut lui préparer une chambre ? Sylvie viendra sûrement avec sa petite fille de quatre ans, Melissa (un adorable petit diable). Ne préparez rien pour le repas de Noël, nous apporterons tout. Autre chose, qu'est-ce que Marie aimerait comme cadeau ? Que lit-elle en ce moment ? Qu'est-ce qu'elle écoute ? Comment va papa ? Est-ce que sa bronchite est finie ? J'ai hâte de vous voir. Téléphonez-moi, le soir tard. Je vous embrasse, Laurent.

Laurent nous écrit :
Il dit qu'il viendra à Noël et _____

_____

_____

_____

_____

_____

_____

2 La mère de Laurent donne des nouvelles aux voisins. Utilisez le discours indirect passé.

Laurent nous a écrit, il a dit qu'il viendrait à Noël et _____

_____

3 Transformez le texte de la carte postale en message sur le répondeur téléphonique, selon le modèle.

Chère Stella,
Comment vas-tu ? Tout se passe bien ?
Tu es bien installée ?
Est-ce qu'il ne te manque rien ?
Tu as fait un bon voyage ?
Tu as eu des nouvelles de René ?
N'hésite pas à appeler au 44 55 66 77
si tu as des problèmes.
À bientôt.   Marc

Stella, c'est Marc, *j'appelais pour savoir comment tu allais, si tout* _____

_____

_____

_____

_____

_____

4 Imaginez un message pour confirmer un rendez-vous, annoncer votre arrivée, etc.

J'appelais pour dire que _____

_____

5 Rapportez des discours.

1. Le président de la République a fait une déclaration à la télévision. Jean ne l'a pas entendue. Transmettez les informations au discours indirect.

2. Des témoins ont vu des OVNI[1]. Des policiers ont enregistré leurs témoignages. Imaginez.

---

1. OVNI : Objets volants non identifiés.

6 Un accident a eu lieu dans la rue. Trois témoins racontent. Transformez selon le modèle et imaginez le troisième témoignage.

Témoin n° 1 : Jules Petit

Jules Petit a dit qu'il avait vu _____

J'ai vu un camion brûler un feu rouge.

_____

J'ai entendu une femme crier.

_____

J'ai couru et je l'ai vue allongée par terre.

_____

Témoin n° 2 : Marcel Mourret

Marcel Mourret a dit _____

J'ai vu un gros camion arrêté au feu.

_____

Une vieille dame a traversé la rue.

_____

Un jeune homme est arrivé en patins à roulettes.

_____

Il a renversé la vieille dame.

_____

Le camionneur est descendu pour voir.

_____

Le jeune homme s'est enfui.

_____

Témoin n° 3 : Mélodie Duvan

_____

_____

7 Un vol a eu lieu dans une banque. Imaginez différents témoignages.

8 Brigitte Bardot répond à une interview pour le journal *Le Lampadaire* (Mohammed El Kaddioui, octobre 1995). Rapportez le contenu de l'interview.

En France comme à l'étranger, tout le monde sait que Brigitte Bardot aime les animaux. Ce que tout le monde ne sait pas, c'est que cette passion faisait brûler le cœur de la star bien avant celle du cinéma.

L'amie des animaux

Le Lampadaire : Madame, pourquoi ce combat ?

Brigitte Bardot : J'ai toujours aimé les animaux. Je me sens plus proche d'eux que de la société humaine.

Lorsque j'ai pris conscience vers l'âge de 14 ans de leur martyre quotidien, j'ai décidé de tout faire pour devenir assez riche et puissante pour pouvoir les sauver.

LL : Seriez-vous prête à rejouer au cinéma pour un film qui défendrait votre cause ?

BB : Non, le cinéma a été le tremplin de mon combat actuel. Il m'a permis d'avoir un nom mondialement connu, ce qui m'aide actuellement.

Mais pour moi, la page est définitivement tournée.

LL : Estimez-vous que la législation est suffisamment répressive pour les personnes qui maltraitent les animaux ?

BB : Non, oh non ! [...] Il y a beaucoup à faire dans ce domaine, comme dans d'autres, hélas !

LL : Avez-vous des propositions à faire à ce sujet ?

BB : La première des choses à faire est de reconnaître à l'animal son statut d'être sensible dans le code pénal, alors qu'il est toujours assimilé à un « objet pouvant se mouvoir par lui-même », ce qui est tout à fait révoltant. Qui peut encourir de lourdes peines en coupant un objet en rondelles ? Ou en laissant un objet mourir de faim ? Quand on aura changé cette loi stupide et rétrograde, on aura déjà progressé.

9 Utilisez les verbes ci-dessous au passé et complétez les phrases.

vouloir – penser/croire – espérer – ignorer/savoir

Cathy : Ann n'est pas là, je suis désolée.

Vincent : Dommage, je *voulais lui offrir* ces fleurs.

Cathy : Elle est à Londres chez ses parents.

Vincent : Tiens ! Je _____ en France.

Cathy : Non, Ann est anglaise.

Vincent : Ah bon ? Je _____ bretonne...

Cathy : Aujourd'hui, c'est un grand jour : Ann danse à Covent Garden.

Vincent : Oh ! je _____ danseuse.

Cathy : Mais Ann revient demain soir, avec son mari.

Vincent : Elle est mariée ! Je _____ célibataire.

Cathy : Non, non ! Elle est mariée et elle a trois beaux enfants.

Vincent : Quelle déception ! Moi qui _____ épouser !

10 Une femme a été étranglée dans un appartement. Le commissaire Rocher a observé les indices.

deux assiettes et des couverts dans l'évier
du désordre, une plante et des chaises renversées
le fil du téléphone est coupé

deux verres et une bouteille de gin
un bouton de veste d'homme
des empreintes de semelles dans le jardin

Il a supposé que deux personnes avaient dîné là. _____

11 Continuez la lettre de protestation à l'agence de locations « Holyday Arnax ».

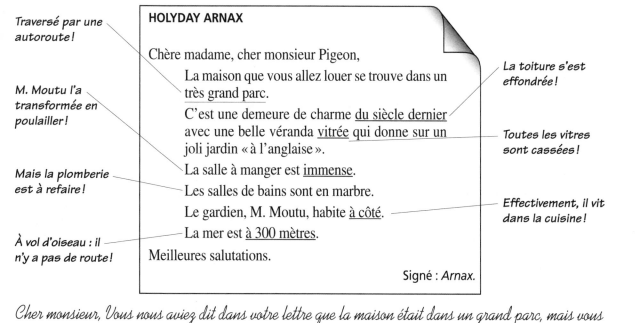

Traversé par une autoroute !

M. Moutu l'a transformée en poulailler !

Mais la plomberie est à refaire !

À vol d'oiseau : il n'y a pas de route !

HOLYDAY ARNAX

Chère madame, cher monsieur Pigeon,

La maison que vous allez louer se trouve dans un très grand parc.

C'est une demeure de charme du siècle dernier avec une belle véranda vitrée qui donne sur un joli jardin « à l'anglaise ».

La salle à manger est immense.

Les salles de bains sont en marbre.

Le gardien, M. Moutu, habite à côté.

La mer est à 300 mètres.

Meilleures salutations.

Signé : *Arnax.*

La toiture s'est effondrée !

Toutes les vitres sont cassées !

Effectivement, il vit dans la cuisine !

Cher monsieur, Vous nous aviez dit dans votre lettre que la maison était dans un grand parc, mais vous n'aviez pas dit que le parc était traversé par une autoroute. _____

BILAN N° 8   (30 points)

1   **Complétez avec les éléments manquants *(30 points)*.**

1. Nous _____ la réunion seulement quand tout le monde _____ là.

2. Demain matin, quand Zoé _____ sa douche, elle _____ une tasse de chocolat et elle _____ à l'école avec Marion.

3. Si, demain soir, nous _____ un problème pour venir en métro, nous _____ un taxi.

4. Nous travaillons trop. Si on _____ moins, on _____ plus de temps pour bavarder, pour voir nos amis et on _____ moins stressés.

5. Tant qu'il _____ des inégalités sociales, il _____ des conflits.

6. La radio a annoncé qu'il _____ très beau le week-end prochain et qu'il _____ certainement beaucoup de monde sur les routes. Il _____ être très prudent quand nous _____ à la campagne.

7. – Je _____ huit tickets de métro, s'il vous plaît. – Si vous _____ un carnet entier, vous _____ des économies.

8. Paula est brésilienne ? Je croyais _____ italienne ! Jean m'a dit qu'elle _____ italien sans accent et qu'elle _____ parfaitement la littérature italienne.

9. Si je _____ que tu _____ déjà ces disques, je ne _____.

10. Tu as l'air fatigué : tu _____ médecin. Si je _____ toi, je _____ quelques jours de vacances.

11. Paul m'a déjà expliqué _____, mais je n'arrive pas à comprendre quelle est sa profession.

12. Si vous m'aviez averti, je _____ à l'aéroport.

2   **Complétez avec les temps et les modes manquants le texte « Vive le stress ? »**
(*10 points*).

Le sociologue italien, Francesco Alberoni, a remarqué, dans un article récent, qu'il y _____ deux types de personnes. Ceux qui font des milliers de choses et ceux qui ren-voient tout à plus tard : « *quand ils _____ le temps, quand la mauvaise période qu'ils traversent _____, quand ils _____ leur retraite. Et, de renvoi en renvoi, ils ne font rien aujourd'hui et ne _____ rien demain.* » Beaucoup de gens pensent que s'ils _____ plus de temps, ils _____ plus de choses, alors que, d'après le cher-cheur italien, notre créativité _____ plus pauvre si la vie active ne lui _____ pas de stimulations constantes. Alberoni soutient même que sans limite de temps, certaines idées ne _____ pas le jour.

LE GÉRONDIF

1 Que font les personnages ? Répondez en utilisant le gérondif.

(tricoter / regarder / lire / fumer)

(regarder / attendre le bus / lire / écouter)

(s'endormir / écouter / réfléchir / prendre des notes)

1. *Une dame tricote en regardant la télévision. Son mari* _____

2. _____

3. _____

(aboyer / poursuivre / courir / écraser)

(aller / manger un gâteau / manger une glace)

(manger / faire des mots croisés / boire / téléphoner)

4. _____

5. _____

6. _____

2 Une secrétaire débordée. Elle fait plusieurs choses en même temps. Imaginez.

_____

_____

3 Transformez en mettant au gérondif.

Il trouve une lettre d'elle quand il rentre chez lui.   *Il trouve une lettre d'elle en rentrant.* _____

Il pâlit quand il la lit.   _____

Il prend son revolver quand il sort.   _____

Mais il craque quand il la revoit.   _____

Ils s'embrassent quand ils se réconcilient.   _____

Ils achètent du champagne quand ils rentrent.   _____

4 Faites des phrases avec le gérondif, selon le modèle, et continuez.

1. crier/tomber

Il a crié en tombant du balcon.

2. prier/passer

_____

3. remercier le ciel/atterrir

_____

4. se faire mal/sauter de l'arbre

_____

5._____

_____

5 Faites des phrases en employant l'expression « passer du temps à » et le gérondif, selon le modèle.

toutes ses vacances – des heures – toutes ses nuits – leur temps

1. Francis *passe toutes ses nuits* à jouer au poker. *En jouant*, il espère devenir riche.

2. Les voisins _____ se disputer. _____ ils dérangent tout l'immeuble.

3. Valérie _____ réviser. _____ elle espère réussir ses examens.

4. Martine _____ s'occuper de son jardin. _____ elle se détend.

6 Lisez le texte et dites comment vous communiquez.

En passant

On communique de plus en plus en téléphonant, en envoyant des fax, en se servant d'un ordinateur, d'un répondeur téléphonique, etc. On se voit moins, on se parle moins. En utilisant les machines on devient de plus en plus rapides et efficaces, mais en gagnant un peu de temps, on perd la chaleur de la rencontre et l'émotion de la lecture.

7 Quelles sont vos façons de vous distraire ?

Je me distrais : *en marchant dans la campagne, en coupant du bois* _____

8 Votre petite entreprise veut se faire connaître de ses futurs clients. Comment ?

En envoyant un mailing, en créant un logo, _____

9 Comment le roi Henri VIII d'Angleterre s'est-il séparé de ses six épouses ? Répondez en utilisant des gérondifs, selon le modèle.

Catherine d'Aragon
1533. Le roi obtient l'annulation de leur mariage.

En 1533, le roi s'est séparé de Catherine d'Aragon en obtenant l'annulation de leur mariage.

Anne Boleyn
1536. Le roi la fait condamner à être décapitée.

En 1536, il s'est séparé _____

_____

Jeanne Seymour
1537. Elle met un enfant au monde et elle meurt.

En 1537, Jeanne Seymour est morte _____

_____

Anne de Clèves
1540. Le roi la répudie.

En 1540, Henri VIII s'est séparé _____

_____

Catherine Howard
1542. Le roi la fait condamner à mourir sur l'échafaud[1].

En 1542, le roi s'est séparé _____

_____

Catherine Parr
1547. Le roi meurt à son tour.

En 1547, il a quitté _____

_____

---

1. L'échafaud : la plate-forme où on exécutait les condamnés.

10 Comment peut-on devenir riche...

légalement ?

En publiant un best-seller, en _____

_____

illégalement ?

_____

_____

11 Comment sont-ils devenus célèbres ? Répondez selon le modèle.

1. Pasteur *est devenu célèbre en réalisant le vaccin contre la rage.* (rage)

2. Amundsen _____ (pôle Nord)

3. Verdi _____ (des opéras)

4. Neil Armstrong _____ (la Lune)

5. Goscinny et Uderzo _____ (Astérix)

GPF p. 148

Le gérondif et le participe présent

12 Imaginez des situations avec un gérondif ou un participe présent, selon le modèle.

Je me souviens de ma mère faisant la cuisine.

Je me souviens de ma mère en faisant la cuisine.

Je pense à Paul _____
_____

Je pense à Paul _____
_____

13 Complétez les phrases avec des participes présents ou des gérondifs.

1. Le gouvernement a proposé une loi *réduisant* les charges sociales. – **2.** Mme Nerval a surpris sa fille _____ _____ un jeune homme. – **3.** _____ ce tableau _____ une femme assise _____ un enfant dans ses bras, Gauguin a réalisé un chef-d'œuvre. – **4.** J'imagine Béatrice _____ le ménage _____ la radio...

14 Transformez selon le modèle en déplaçant le sujet.

1. Christophe Colomb croyait débarquer en Inde et il a débarqué en Amérique.

2. John sait qu'elle aime les roses et il lui en apporte souvent.

3. Ses parents connaissent son amour des chiens et ils lui en ont offert un.

4. Karl a la nationalité française. Il peut voter en France.

1. *Croyant débarquer en Inde, Christophe Colomb a débarqué en Amérique.*

2. _____

3. _____

4. _____

15 Composez des offres d'emploi, selon le modèle, et continuez.

Offrons poste intéressant à personne expérimentée *ayant* une maîtrise de gestion

Recherchons géologue _____ plusieurs années à l'étranger

Recherche guide _____ conduire et _____ allemand.

16 Répondez en utilisant des verbes au gérondif et des pronoms compléments.

frapper – enlever – arracher – pousser – montrer – dire

Au commissariat de police

Le policier : Comment avez-vous blessé votre agresseur ?

La jeune fille : *En le frappant* avec une lampe.

Le policier : Comment avez-vous pu voir son visage ?

La jeune fille : _____ sa cagoule.

Le policier : Comment avez-vous récupéré vos bijoux ?

La jeune fille : _____ des mains.

Le policier : Comment l'avez-vous fait partir ?

La jeune fille : _____ dans l'escalier.

Le policier : Comment allez-vous persuader les juges de votre légitime défense ?

La jeune fille : _____ mes blessures, _____ la vérité.

17 Décrivez le fonctionnement du moulin selon le modèle.

> Le vent souffle et fait tourner les ailes du moulin.

> Les ailes tournent et entraînent un axe vertical.

> L'axe descend et percute une meule.

En soufflant, le vent fait tourner _____

_____

_____

_____

18 Observez l'usage et l'omission de « en » devant les gérondifs, en langage littéraire, dans cet extrait de *Dans le labyrinthe* d'Alain Robbe-Grillet (Éditions de Minuit, 1959).

Dehors

Dehors, il pleut, dehors on marche sous la pluie *en courbant* la tête, *s'abritant* les yeux d'une main *tout en regardant* quand même devant soi, quelques mètres d'asphalte mouillé ; dehors il fait froid, le vent souffle entre les branches noires dénudées ; le vent souffle dans les feuilles, *entraînant* les rameaux entiers dans un balancement, dans un balancement, balancement, qui projette son ombre sur le crépi blanc des murs. Dehors il y a du soleil, il n'y a pas un arbre, ni un arbuste, pour donner de l'ombre, et l'on marche en plein soleil, *s'abritant* les yeux d'une main, *tout en regardant* devant soi, à quelques mètres seulement devant soi...

19 Continuez sur le modèle précédent.

Dehors il neige, les flocons tombent en hésitant, recouvrant peu à peu l'asphalte. _____

LE SUBJONCTIF
Les verbes objectifs et subjectifs

1 Faites suivre les réflexions et les sentiments de l'archéologue amateur par un indicatif ou un subjonctif.

être – avoir – s'agir – faire – devenir

Il pense que la statuette *a* plus de 5 000 ans.

Il croit que cette pièce _____ assez courante.

Il constate qu'il y _____ une inscription sur le socle.

Il suppose qu'il _____ un dialecte du sumérien.

Il craint que la statuette _____ moins de 2 000 ans.

Il aimerait que ce _____ une pièce très rare.

Il voudrait que sa découverte _____ progresser la science.

Il aimerait que son nom _____ célèbre.

2 Anne attend un enfant. Elle pense, elle espère, elle craint...

Anne et son mari, Mathieu, se ressemblent :

ils sont tous les deux petits,

ils ont les yeux noirs,

ils ont les cheveux châtains,

ils sont fonctionnaires,

ils ont bon caractère.

Anne pense que son enfant *sera petit*, mais elle *aimerait qu'il soit grand*, (comme son oncle Casimir).

Elle suppose qu'il *aura les yeux noirs*, mais _____ (comme sa tante Agathe).

Elle imagine qu'il _____, mais _____ (comme son arrière-grand-père).

Elle pense qu'il _____, mais _____ (comme son grand-oncle Jonathan).

Elle espère qu'il _____, mais _____ (comme son cousin Adolf).

Anne sait que ce sera un garçon, mais elle aurait aimé que _____

3 Qu'est-ce que vos parents souhaitaient ou redoutaient que vous fassiez comme métier ?

Ils souhaitaient que _____

Ils rêvaient que _____

Ils avaient peur que _____

Ils auraient voulu que _____

4 Complétez la description des comportements en utilisant des verbes au subjonctif.

être – attendre – se séparer – se marier – avoir – être

être – être – savoir – s'énerver – faire – boire

avoir – être – savoir – s'énerver – faire – boire

L'homme amoureux

Il aime que nous _____
toujours ensemble.

Il adore que je _____
à la sortie du bureau.

Il déteste que nous _____.

Il désire que nous _____
bientôt.

Il veut que nous _____
beaucoup d'enfants.

Il souhaite que ce _____
pour bientôt.

La femme tolérante

Elle accepte que vous _____
toujours raison.

Elle tolère que vous ne _____
pas d'accord.

Elle doute que vous _____
mentir.

Elle comprend que vous _____.

Elle suggère que vous _____
du yoga.

Elle propose que vous _____
un bon whisky.

être – obéir – faire – recevoir – aller – mettre

Le chef autoritaire

Il veut qu'on _____
toujours là.

Il exige qu'on lui _____.

Il ordonne qu'on _____
des rapports.

Il défend qu'on _____
des messages personnels.

Il interdit qu'on _____
au café.

Il refuse qu'on _____
de la musique.

5 Continuez le portrait de la « femme tolérante » avec les verbes suivants.

admettre – permettre – espérer – attendre – penser

Elle admet que vous ayez des défauts _____

6 Transformez les situations observées en sentiments ressentis par Hélène.

Hélène et John arrivent sur la plage.

John n'attend pas Hélène pour aller se baigner.

John part vers des rochers dangereux.

Il ne lui fait aucun signe amical de la main.

Il sort de l'eau au bout d'un moment.

Il va vers une autre jeune femme.

Mais très vite, il revient vers Hélène en souriant.

Hélène *est surprise que John ne l'attende pas...*

Hélène *est inquiète* _____

Hélène *est triste* _____

Hélène *est rassurée* _____

Hélène _____

Hélène _____

7 **Ma fille est traditionnelle. Mon fils est plus fantaisiste. Décrivez selon le modèle.**

adorer/détester – aimer/avoir horreur – être fier/avoir honte – être ravi/ne pas supporter

1. Mon fils adore que je fasse le clown.

Ma fille déteste que je fasse le clown.

2. Il aime que je mette des vêtements de couleur.

_____

3. Il est fier que je sois champion de body-building.

_____

4. Il est ravi qu'on me reconnaisse dans la rue.

_____

8 **Transformez selon le modèle.**

connaître cinq langues

ne pas savoir chanter

sortir tard le soir

conduire dans Paris

être nulle en histoire

suivre un cours de danse

se réjouir
regretter
craindre
avoir peur
avoir honte
avoir envie

Mme Dufour se réjouit *de connaître cinq langues.*

Mme Dufour se réjouit *que sa fille connaisse cinq langues.*

Elle regrette _____

_____

_____

_____

_____

_____

_____

9 **Juliette doit rencontrer le directeur du personnel pour un emploi. Imaginez ses réflexions et ses sentiments, selon le modèle.**

caractère du directeur / nature du travail / durée de son expérience / valeur de son CV[1] / salaire / etc.

Elle a peur de *dire des bêtises.*   Elle aimerait _____

Elle a peur que le directeur _____   Elle pense _____

Elle espère que _____   Elle souhaite _____

Elle suppose _____   Elle craint _____

_____

1. CV : curriculum vitae.

LE SUBJONCTIF Les verbes objectifs et subjectifs

GPF pp. 228, 230, 232, 236

10 1. **Ma femme et ma fille n'ont pas les mêmes passions. Opposez selon le modèle.**

Ma femme *adore* que nous *allions* à la montagne.　　Ma fille *déteste que nous allions à la montagne.*

Elle _____ que nous _____　　Elle _____

du ski de fond.　　_____

Elle _____ que les cols (ne) _____　　_____

fermés et que les pistes (ne) _____ impraticables.　　_____

Elle _____ que nous _____ un　　_____

châlet dans les Alpes.　　_____

Elle _____ que sa fille _____　　_____

plus de goût pour le sport.

2. **Ma fille aime rester à la maison.** Quand le week-end arrive, *elle aime dormir* _____

11 **Posez les questions et répondez en utilisant des verbes subjectifs.**

1. – *Pourquoi le bébé rit-il ?*　　2. – _____ ?　　3. – _____ ?

— *Il rit parce qu'il aime que son* _____

père _____　　_____

12 **Complétez le texte suivant avec des verbes au subjonctif présent.**

Libération

Hier, mon chef a voulu que j'*écrive* un article en dix minutes et que je _____ un

compte rendu sur le Salon du livre en moins d'un quart d'heure. Deux jours plus tôt, il avait exigé

que je _____ à New York enquêter dans les quartiers chauds et que je _____

_____ le jour même pour l'ouverture de l'exposition à la Cité des sciences. La semaine

prochaine, il demandera que je _____ le Concorde un dimanche à 3 heures du

matin et que je _____ un reportage en Tanzanie sur la migration des singes verts.

Mais il n'admettra jamais que je _____ quitter son merveilleux journal en cou-

rant et pour toujours.

Pamela Torr, ex-journaliste au *Matin du Nord*.

13 **Dans votre métier, qu'avez-vous aimé ou détesté qu'on vous fasse faire ? Que souhaitez-vous ou craignez-vous dans votre avenir professionnel ?**

Les constructions impersonnelles

14 Complétez avec « il faut » + infinitif, ou « il faut que » + subjonctif

> La mère : *Il faut faire* les lits et _____ vos chambres,
>
> _____ chercher le pain et _____ le chien,
>
> _____ vos leçons et _____ votre bain.

Maman : *Fanny, David : il faut que vous fassiez vos lits et que vous rangiez vos chambres.*

Maman : David, il _____ tu _____ chercher le pain et que tu _____ le chien.

Maman : Les enfants, _____ vous _____ vos leçons et que vous _____ votre bain.

Fanny et David : *Il faut que nous fassions nos lits et que nous rangions nos chambres ? !*

David : Il _____

Fanny et David : _____

15 Complétez avec « nous devons » + infinitif, ou « il faut que nous » + subjonctif.

Les danseuses

Nous devons faire des exercices à la barre.

Il faut que nous fassions des exercices à la barre.

Nous _____ nous entraîner tous les jours.

Il _____

Nous _____ faire le grand écart.

Il _____

_____ des muscles de fer.

_____ musiciennes. _____ le sens du rythme. _____ au maître de ballet. _____ une discipline de fer.

16 Avec « il faut que » + subjonctif, décrivez la vie :

d'un scientifique
lire des revues scientifiques
écrire des articles
faire des expériences

d'une infirmière, etc.
donner des médicaments
prendre la température
faire des piqûres

17 Imaginez des dialogues selon le modèle.

– Il faut que tu ailles **chez le dentiste** à quelle heure ? *– Il faut que j'y aille à 5 heures.*

– Il faut que nous fassions **combien d'exercices** ? – _____

GPF pp. 228, 230, 232, 236

Les constructions impersonnelles et négatives

18 Complétez les commentaires des passagers à l'aéroport.

COMPAGNIE	N° DE VOL	PROVENANCE	HEURE D'ARRIVÉE	PORTE	RETARD
	1203	Oslo	15 h 10		indéterminé

1. On ne sait rien sur la cause du retard !   – Il est inadmissible qu'*on ne sache rien !*

2. Le nom de la compagnie n'est pas indiqué.   – Il est étrange qu'il _____

3. Il y a peut-être des grèves ?   – Il est possible qu'il _____

4. Les avions sont souvent en retard.   – Il est fréquent qu'ils _____

5. Les gens veulent des informations !   – Il est normal qu'ils _____

19 Une amie a été hospitalisée. Complétez la lettre librement.

> Chère Florence,
>
> Nous sommes heureux que tu _____
>
> Il est probable que les enfants _____
>
> Il est important que ta famille _____
>
> Tout le monde ici espère que tu _____
>
> Nous t'embrassons très fort, en souhaitant _____
>
>   Dominique

20 Complétez librement.

Vous êtes fâché(e), ravi(e), content(e), désolé(e) que...

Vous trouvez qu'il est possible, probable, souhaitable, normal, inacceptable que...

21 Exprimez des opinions positives et négatives, selon le modèle.

De nombreux Français

croient que la politique de rigueur *est* efficace.

pensent que le gouvernement _____
des mesures utiles.

trouvent que les services sociaux _____
satisfaisants.

sont sûrs qu'il y _____ des solutions à la crise.

De nombreux Français

ne croient pas que la politique de rigueur soit efficace.

_____

_____

_____

_____

22 Exprimez vos opinions.

La crise est passagère. / La crise est durable

Les affaires vont reprendre. / Les affaires ne reprendront pas de sitôt.

Le chômage est inévitable. / Le chômage n'est pas une fatalité.

– Je crois que...

– Moi, je ne crois pas que...

– Moi, j'espère...

– Moi, je crains plutôt que...

Les conjonctions subjonctives

GPF p. 238

23 Transformez en utilisant la conjonction de but « pour que », selon le modèle.

1. Une bonne mayonnaise

Votre mayonnaise « prendra » mieux si vous utilisez de l'huile d'olive.

Elle aura plus de consistance si vous la battez énergiquement.

Elle sera plus savoureuse, si vous la saupoudrez de fines herbes.

Conseils à une ménagère

Pour que votre mayonnaise « prenne » mieux, utilisez _____

_____

_____

_____

2. Comment le séduire ?

Si vous savez l'écouter, il sera séduit,

il aura envie de vous revoir,

il ne pourra plus vivre sans vous.

Courrier du cœur

Pour qu'il soit séduit, sachez l'écouter.

_____ , sachez l'écouter.

_____ , sachez l'écouter.

3. Vos lèvres sont sèches, votre fils dort mal, votre fille ne lit pas assez, votre chien a le poil terne : imaginez des conseils avec « pour que » et « il faut que », selon le modèle.

Pour que vos lèvres soient moins sèches, il faut que vous mettiez du beurre de cacao. _____

24 Composez une publicité pour la Brio en utilisant « bien que », et continuez.

petite		tient la route
deux portes		nerveuse
cinq chevaux		confortable
légère		grand coffre
finitions de luxe		bon marché

1. *Bien que la Brio soit petite, elle a un grand coffre.*

2. *Bien qu'elle n'ait que* _____

3. _____

4. _____

5. _____

25 Remplacez « même si » par « bien que » + subjonctif, et continuez.

Même si mon appartement est petit, il est bien agencé. *Bien qu'il soit petit,* _____

Même si elle n'a pas de fenêtre, ma cuisine est agréable. _____

_____

_____

26 Transformez le tract en discours en utilisant « pour que »/ « afin que » + subjonctif, selon le modèle.

Nos objectifs sont clairs :

Nous nous battons

– notre rue redeviendra piétonne,

afin que notre rue redevienne piétonne, pour que nos

– nos enfants auront une nouvelle crèche,

enfants _____

– la construction des tours sera interrompue,

_____

– les rues seront mieux éclairées,

_____

– le quartier revivra.

_____

27 Transformez la lettre en utilisant des conjonctions subjonctives, selon le modèle.

même si = bien que — il me suffit de = pourvu que — sauf si = à moins que (ne)

Chère Cathy,

Bientôt les vacances ! *Même s'*il fait encore un peu froid, j'ai l'intention d'aller dans ma maison de campagne (*sauf s'*il y a de l'imprévu... comme toujours !). *Même si* je n'ai que dix jours de congé, j'ai des milliers de projets. La maison n'est pas encore meublée, mais tu me connais : *il me suffit* d'avoir un bon lit et une cafetière, c'est le bonheur. Je passerai toute la journée dehors (*sauf s'*il pleut) pour aménager le jardin et la cour. J'ai hâte d'être à Corrobert : *même si* je n'y passe qu'un mois par an, j'ai l'impression que ma vraie maison est là-bas, et pas à Paris. *Il me suffit* de voir mes pruniers pour être heureuse.

À bientôt !

Martine

Chère Martine,

Bientôt les vacances ! Bien qu'il fasse encore un peu froid _____

_____

_____

_____

_____

_____

_____

_____

_____

28 Réunissez par des flèches et transformez les verbes, selon le modèle.

Bien que ⟶ il n'en dit rien à personne, elle lui confie ses soucis.

Pour que ⟶ elle n'est ni très jolie, ni très riche, il l'aime à la folie.

De crainte que — il se met en colère, elle ne le contredit jamais.

À condition que — elle est la plus belle, il lui achète des bijoux.

Pourvu que — Il y a un rayon de soleil, elle chante.

Bien qu'elle ne soit ni très jolie, ni très riche, il l'aime à la folie.

_____

_____

_____

29 Imaginez un texte publicitaire, un programme électoral, etc., en utilisant un maximum de conjonctions subjonctives.

30 Donnez des instructions pour s'abonner à l'Opéra de Paris en utilisant des conjonctions subjonctives et des constructions impersonnelles.

1. D'abord, *il est utile que* vous *sachiez* qu'il y a deux opéras à Paris.
savoir

2. Pour prendre un abonnement, _____ vous _____ un for-mulaire par téléphone ou sur place.
demander

> pourvu que
> de peur que
> avant que

3. De toute façon, _____ vous _____ plusieurs dates et une fourchette[1] de prix, _____ il _____ plus de place à la date et au prix demandés.
indiquer/il y a

> il est utile que
> il faut que
> il vaut mieux que
> il est obligatoire que
> il est indispensable que

4. Le plus facile est de réserver par téléphone _____ vous _____ deux mois avant la date du spectacle.
faire

5. Dans ce cas, _____ vous _____ tout de suite le paie-ment par chèque et _____ vous _____ votre numé-ro de réservation au dos du chèque.
envoyer/inscrire

6. Vous pouvez aussi prendre des places au guichet, _____ ce _____ complet.
être

_____
1. Fourchette : ici, écart entre les prix.

31 Quelle salle préférez-vous ? Quelles places réserverez-vous pour votre prochain spectacle ? Composez vos réponses avec « bien que », « pour que », « à moins que »...

Palais Garnier

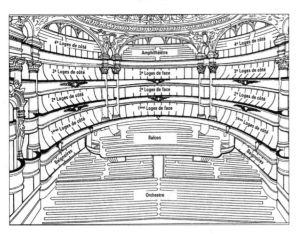

Opéra-Bastille

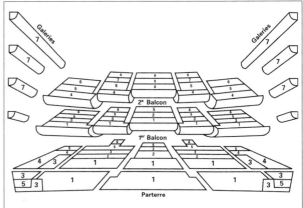

Tarifs

Catégories des places	1	2	3	4	5	6
Opéra	590	470	315	210	130	60
Ballet tarifs A	370	305	195	120	60	30
Concerts	230	200	150	100	80	45

Tarifs

Catégories des places	1	2	3	4	5	6	7
Opéra	590	505	420	315	210	145	60
Ballet tarifs A	370	315	265	215	160	110	50
Concerts	230	175	135	135	105	85	45

Le subjonctif passé

32 Jean et Cécile attendent des amis pour aller au théâtre. Complétez.

Jean : Ils sont en retard. J'ai peur qu'il *(ne) leur soit arrivé quelque chose.*

Cécile : Ils vont arriver. À moins _____ des problèmes avec leur baby-sitter.

Jean : Ils auraient téléphoné... Il est possible qu'ils _____ un embouteillage.

Cécile : Je commence à m'inquiéter : pourvu qu'ils _____ un accident !

Jean : Tu sais, je ne suis pas du tout sûr qu'ils _____ notre message...

33 Exprimez leurs désirs, leurs souhaits, avec des subjonctifs passés, et continuez.

1. Le chef de chantier aux ouvriers :

À la fin de la semaine je veux

abattre les cloisons   que vous *ayez abattu les cloisons*

installer la plomberie   que la plomberie *soit installée*

posez les chauffages   que vous _____

monter la cuisine   que la cuisine _____

2. Le directeur à la secrétaire :

À mon retour, _____

34 À partir du texte ci-dessous, exprimez des jugements sur des constructions du passé (aqueducs romains, digues de Hollande, canal de Suez, etc.).

> ### Le tunnel sous la Manche
>
> Les Européens se réjouissent que les Britanniques et les Français aient construit le tunnel sous la Manche. Ils apprécient que leur étroite collaboration ait permis l'exécution d'un projet aussi audacieux.
>
> Cependant, ils regrettent que les constructeurs n'aient pas su éviter les énormes dépassements du budget initial. Mais bien qu'on n'ait pas trouvé le moyen de rembourser cette dette, personne ne conteste[1] qu'une telle réalisation ait amélioré la communication entre les deux pays et qu'elle ait fait faire des progrès techniques décisifs dans ce type de grands travaux.

1. Contester : ne pas être d'accord.

Je trouve extraordinaire qu'on ait pu _____

35 Complétez avec des subjonctifs ou des indicatifs, selon le modèle.

Il est incroyable qu'en quelques années
des guerres cruelles *aient eu lieu,*
que le mur de Berlin _____
que les frontières de tant de pays _____
Il est certain que ces événements *ont surpris*
tout le monde.

Il semble que cette nuit
il ait plu très fort
qu'un violent orage _____
que la foudre _____
Il est probable que ces pluies _____

LES RELATIONS LOGIQUES
L'opposition et la cause

1 Complétez en employant « grâce à », « à cause de », « parce que » / « car », « comme » et « puisque ».

L'accident a eu lieu *à cause d'* un cycliste qui a brusquement changé de file.

_____ un bon réflexe du chauffeur de taxi, le cycliste n'a pas été renversé.

Quelqu'un a appelé une ambulance _____ l'accident semblait sérieux.

_____ toute la rue était bloquée, le policier a dévié la circulation.

Le bus n'a pas pu s'arrêter à l'arrêt habituel

_____ la circulation était déviée.

2 Complétez librement en utilisant « grâce à », « à cause de », « parce que » / « car », « comme » et « puisque ».

Chez le médecin

L'infirmière : Avez-vous pris rendez-vous ?

Le patient : Non, excusez-moi, mais _____ mes douleurs, je ne peux ni dormir ni travailler.

L'infirmière : _____ vous êtes là, je vais voir si le médecin peut vous recevoir, mais _____ il y a beaucoup de monde, ça va être difficile.

Le patient : Je me permets d'insister _____ j'ai vraiment très mal.

L'infirmière : Vous avez de la chance : vous pourrez voir le médecin tout de suite _____ une annulation de dernière minute.

3 Faites des phrases en utilisant « parce que », « comme » et « puisque ».

– Je ne peux pas expédier ce dossier à Lyon : la poste est en grève !

_____

– Une grève peut durer longtemps. Il faut trouver une autre solution.

_____

– On ne peut pas utiliser la poste : faisons appel à une compagnie privée...

_____

4 Reconstituez ces vers de Victor Hugo en utilisant le même mot qui exprime une cause évidente.

« Nous sommes tous les deux / voisins du ciel, Madame, / _____ vous êtes belle / Et _____ je suis vieux. »

La conséquence et le but

5 Commentez avec les expressions de conséquence, selon le modèle.

donc

c'est pourquoi

alors

Nous avons une grande maison près de la mer, nous pouvons donc inviter nos amis.

Nous allons à la plage tous les jours _____

_____

de sorte que

si bien que

à tel point que

_____   _____   _____

_____   _____   _____

6 Reliez les phrases avec l'expression de l'opposition qui convient.

tandis que ──────────► Jean est astronome. Ses parents voulaient qu'il soit chef cuisinier.

alors que ──────── Jean n'aime pas l'agitation des cuisines. Le calme du ciel le ravit.

en revanche   Il contemple les étoiles. Son père travaille jour et nuit.

pourtant   Les voyages sur terre ne l'intéressent pas. Il rêve d'aller dans l'espace.

mais   Les parents de Jean s'y sont habitués. Ils ne sont toujours pas d'accord.

Jean est astronome alors que ses parents voulaient qu'il soit chef cuisinier. _____

_____

7 Créez un texte à partir des phrases en utilisant des expressions de conséquence et d'opposition.

Paul et Cécile voudraient adopter un enfant.

Paul voudrait une fille,

Cécile n'a pas de préférence.

Ils ont entendu parler de trafic clandestin,

ils cherchent un organisme officiel.

Certains amis les encouragent,

d'autres pensent aux risques possibles.

Eux, ils sont impatients d'avoir leur enfant, ils en rêvent.

Ils savent que les démarches sont longues,

ils ne se découragent pas.

Tout le monde souhaite que leur projet se réalise.

Paul voudrait une fille, tandis que Cécile n'a pas de préférence. _____

_____

GPF pp. 238, 240, 242, 244

Documents à commenter

8 Commentez librement les documents en utilisant les conjonctions ci-dessous.

bien que – pour que – à condition que – sans que – malgré – mais – cependant – pourtant – tandis que – alors que

1. La publicité au service des idées ou les idées au service de la publicité ? Commentez cette campagne réalisée par l'agence Saatchi pour European Youth Against Racism.

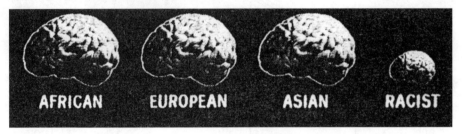

2. Que pensez-vous des textes des tee-shirts de la société « Broie du noir » sur l'université, sur l'entreprise, etc. ? Imaginez un tee-shirt sur un autre thème.

3. Que pensez-vous de ce dessin de Wolinski sur la pollution et l'industrie (*Le Nouvel Observateur*, oct. 1992) ? Les choses ont-elles changé depuis ?

BILAN N° 9

1 **Complétez avec les éléments manquants (20 points).**

1. Marcel Proust s'est soudain souvenu de son enfance _____ du thé et _____ une madeleine.

2. Toutes les personnes _____ partie de l'Union européenne doivent se présenter au guichet _____ le numéro 23.

3. Tu ne veux pas manger ta soupe ? Bon, _____ c'est comme ça, tu ne mangeras pas de gâteau. Tu le regretteras, _____ il est très bon.

4. _____ Paul ne savait pas qu'il y avait des perturbations dans le trafic aérien, je lui ai envoyé un télégramme pour qu'il _____ le train plutôt que l'avion.

5. _____ un peu petit, j'adore l'appartement de Carole. Pour moi, _____ un appartement _____ de la personnalité, la surface ne compte pas.

6. Stefano a raté le permis de conduire, _____ il conduit depuis l'âge de quatorze ans et bien qu'il _____ des cours de conduite.

7. Claude a pu être sauvé _____ l'intervention rapide du médecin. _____ il devra rester encore un mois à l'hôpital _____ il doit subir des examens.

8. En vacances, j'adore partir à l'aventure _____ mon mari aime préparer notre voyage _____ des guides et des Atlas. _____ qu'il y prend du plaisir, je le laisse faire.

2 **Complétez avec « bien que », « même si », « mais », « pour que », « à cause de », « grâce à » et « cependant », « toutefois », « malgré », « tout de même » (10 points).**

Version originale

Je ne vais voir que des films en version originale _____ la majorité des salles passent des films en version doublée. J'aime entendre la véritable voix des acteurs et, souvent, je comprends le sens des mots _____ aux gestes et aux expressions des visages, sans avoir besoin de lire les sous-titres. Je renonce souvent à regarder un film à la télévision _____ du doublage : je ne supporte pas la voix française de Marlon Brando. _____ le gros travail de synchronisation[1], je ne trouve pas cela naturel. Je reconnais, _____, que je ne connais que la version doublée de certains téléfilms comme « Colombo » et que je les apprécie _____ . Mais, quand j'ai le choix, je préfère une version sous-titrée, _____ la lecture des sous-titres soit parfois fastidieuse[2]. _____ mon plaisir soit complet, il faut que les Russes parlent russe, et que les Anglais parlent anglais. J'admets _____ que je me suis bien amusée un jour en entendant le Cyrano de Gérard Depardieu doublé en japonais. _____ ce fut bref…

---

1. Synchronisation : correspondance des sons et du mouvement des lèvres. – **2.** Fastidieux : fatigant et ennuyeux.

CORRIGÉS

« Être », « avoir » et les verbes en «-er »

p. 4 **1** Je m'appelle Jane Boone. Je suis anglaise. Je suis décoratrice. Je suis mariée. Je suis née à Plymouth. J'habite à Londres.

2 *Exemple :* Je m'appelle Bruce Brown. Je suis canadien. Je suis étudiant. Je suis célibataire. Je suis né à Toronto. J'habite à Ottawa.

p. 5 **3** **1.** — Vous êtes portugais ? Vous êtes photographe ? Vous êtes marié ? Vous êtes né à Lisbonne ? Vous habitez à Prague ? **2.** — Renata Grohe ? Vous êtes autrichienne ? Vous êtes professeur ? Vous êtes mariée ? Vous êtes née à Vienne ? Vous habitez à Salzbourg ?

4 Tu es marié ? Tu es né à Bologne ? Tu habites à Bologne ?

p. 6 **5** *Exemple :*

bas g : Le père est petit. Il a environ quarante ans. Il porte un costume et une cravate. Il porte un cartable et un parapluie noir.

bas d : La mère est grande. Elle a environ trente-cinq ans. Elle porte des chaussures à talons hauts et des bijoux. Elle a un bébé dans les bras.

d : Le chien est petit. Il a une tache noire sur l'oreille gauche. Il porte le journal. Il a un collier noir. Le bébé est très petit. Il a environ trois mois. Il porte un pyjama. Il a une poupée dans la main.

6 Le fils a les cheveux longs. La mère porte une robe à fleurs. Elle est blonde et elle a les cheveux frisés. Le père a une cravate noire. Il est chauve. Le vélo est cassé.

7 *Exemple :* La fille Rocher est petite comme son père. Elle est blonde comme sa mère. Elle a environ treize ans. Elle porte une mini-jupe rouge, une chemise à carreaux et des collants noirs.

8 Il présente… Il a… Il a… Il porte…/Il a… Il porte…/Il a… Il est… Il parle…

9 *Exemple :* Elle s'appelle Claire Chazal. Elle présente le journal télévisé de 20 h. Elle est blonde. Elle porte de jolis tailleurs. Elle parle très clairement.

p. 7 **10** *Exemple : g :* élégante — écologique.

d : des sièges en cuir — un pot catalytique.

La nouvelle XXL est sûre. Elle a un airbag de série. Elle est confortable. Elle a la climatisation. Elle est maniable. Elle a la direction assistée. Elle est élégante. Elle a des sièges en cuir, etc.

11 Elles sont sûres, elles ont un airbag de série, elles sont maniables, elles ont la direction assistée, elles sont confortables, elles ont la climatisation. Elles sont élégantes, elles ont des sièges en cuir, etc.

12 Vous avez… j'ai… mes enfants ont… mon mari a… j'ai… nous avons… Les cochons sont… ils ont… ils sont…

13 Les gens sont… Un animal a… un chien est… Les animaux sont… ils sont… ils ont… ils sont…

14 *Exemple :*

1. Je pense que les hommes et les animaux ont une bonne relation à la campagne, mais dans un appartement les animaux souffrent et ils sont mélancoliques. Dans les villes, il y a des psychiatres pour chiens et… ils ont des clients…

2. Je pense que les animaux sont des animaux et qu'il est ridicule de les traiter comme des personnes. Les problèmes des humains sont plus importants.

p. 8 **15** Dimitri est… Il est… Il a… Il est… Elle est… Elle a… Dimitri a… il est… elle est… elle est… Dimitri est… Il est… ils ont… Charlotte a… elle a… elle est… Dimitri a… Charlotte est… elle est… Ils sont… ils ont…

16 *Exemple :*

D : Excuse-moi Charlotte, je suis en retard.

C : Tu es toujours en retard ! Tu es insupportable !

D : Tu es fâchée ?

C : Oui : j'ai faim, j'ai soif, j'ai mal aux dents, j'ai un rendez-vous important à 2 heures et…

D : Et tu es ravissante !

C : Tu es bête !

D : Oh ! nous avons de la chance : il y a un bon restaurant juste à côté. Allez, dépêche-toi, on est pressés !

17 *Exemple :* Pour dormir, j'ai besoin d'être dans le noir et j'ai besoin d'être au calme. J'aime les matelas fermes et les petits oreillers. J'ai l'habitude de porter un pyjama. Je déteste les canapés-lits.

18 *Exemple :* Pour travailler, j'ai besoin de silence, j'ai besoin d'une bonne lumière et j'ai besoin de mon ordinateur. J'ai l'habitude de travailler tard la nuit. Je déteste être dérangé. J'aime faire de petites pauses. J'ai l'habitude de grignoter de temps en temps…

p. 9 **19** je reste… je termine… je déjeune… je mange… je dîne… je rentre…

20 Exemple : Je suis célibataire, j'ai moins de 25 ans, j'étudie le chinois, j'habite dans une ville, près de la mer, je paye plus de 3 000 francs de loyer.

21 il se lève… je me lève à…

il se lave… je me lave dans…

il se rince… je me rince avec…

il se sèche… je me sèche avec…

il s'habille… je m'habille en…

22 *Exemple :* Je me couche à dix heures, je me lève à 8 heures. Je me douche rapidement, je m'habille souvent en bleu…

23 *Exemple :* Je me couche et je pense à toi. Je me promène et je pense à toi.

Les pronoms sujets

p. 10 **1** Vous êtes lycéens. Vous étudiez l'anglais. Vous êtes en vacances à Londres. Vous visitez le British Museum. Vous mangez des *fish and chips*. Vous vous promenez au bord de la Tamise.

2 *Exemple :* On est (Nous sommes) de Rome. On étudie (nous étudions) le français. On est (Nous sommes) en vacances à Paris. On visite (nous visitons) le Louvre. On mange (nous mangeons) des steaks frites. On se promène (nous nous promenons) au bord de la Seine.

3 1. Tu es différente… tu as du charme… tu es légère… tu es profonde… tu marches… tu danses… tu joues…
2. Vous êtes différente… vous avez… vous êtes… vous êtes… vous marchez… vous dansez… vous jouez…

4 1. Vous nettoyez… vous sélectionnez… vous contrôlez… vous indiquez… vous tapez… vous appuyez… vous appuyez…
2. Tu nettoies… tu sélectionnes… tu contrôles… tu indiques… tu tapes… tu appuies… tu appuies…

5 *Exemple :* Pour regarder une cassette vidéo.
Tu allumes la télé. Tu branches le fil blanc sur la prise blanche et le fil jaune sur la prise jaune. Tu appuies sur « Aux » et sur « Play ».

p. 11 **6** 2. on passe… — 3. On déjeune… on dîne… — 4. on mange… on adore… — 5. nous préférons/on préfère… nous consommons/on consomme… — 6. on est… on ajoute… on a…

7 *Exemple :* Dans mon pays, on mange tard : on déjeune vers 14 h et on dîne vers 10 h du soir. En Espagne, on mange beaucoup de fruits de mer et de poisson. Dans ma famille, nous adorons la paella. C'est bien quand on a des invités : on ajoute des langoustines et des moules et on a un plat délicieux.

8 *Exemple :* nous nous préparons plusieurs semaines à l'avance. Nous essayons d'avoir des billets bon marché. Nous préférons partir en juillet. Nous aimons voyager mais sans prendre de risques inutiles.

9 En général, je me décide au dernier moment. Je préfère partir en dehors des périodes touristiques, en juin ou en septembre. Je n'aime pas beaucoup la chaleur. Je voyage de préférence en train ou en voiture. J'improvise souvent des promenades à partir de cartes postales.

Masculin/Féminin • Singulier/Pluriel

p. 12 **1** Elle est blonde. Elle est belle. Elle est sportive. Elle est actrice. *Exemple :* C'est un bon danseur. C'est une bonne danseuse. C'est un homme élégant. C'est une femme élégante.

2 pâle — mince — menteuse — heureuse — mignonne // vieille — sèche — gourmande — légère — blanche.

3 une Hongroise — une Chilienne — une Anglaise — une Danoise — une Turque — un Allemand — une Égyptienne — un Belge — une Grecque — un Polonais.

4 un Norvégien et une Norvégienne — un Chinois et une Chinoise — un Argentin et une Argentine.

p. 13 **5** une pluie froide — une musique nostalgique — une femme seule — une étrangère dans la nuit.

6 1. compétente et très intéressante, vous êtes une femme charmante, mais vous n'êtes pas très prudente, dit le président à la présidente.
2. et fier, mais tu es menteur, capricieux et tu n'es pas généreux, dit l'amoureuse à son amoureux.

7 C'est une jeune étudiante. Elle est mariée… avec un infirmier. Sa mère est une dessinatrice très célèbre. C'est la créatrice de la bouteille de Coco Lolo. Son père est acteur de théâtre. Il est également chanteur de variétés.

8 Profonde, sensible, amusante et intelligente, une actrice douée, une artiste complète !

p. 14 **9** 1. Perdue : petite chienne noire très gentille, joueuse. Tatouée. — 2. Professeur cherche employée de maison soigneuse, calme, expérimentée. — 3. Femme 40 ans. Médecin. Grande. Brune. Sportive. Curieuse de tout. Cherche homme même profil.

10 Fort — Amusant — Beau — Intelligent — Agréable — Naturel.

11 *Exemple :* Marie : Menteuse — Amicale — Rieuse — Insolente — Efficace.

12 2. un restaurant cher avec une vue magnifique. — 3. une petite place avec des bancs verts. — 4. une femme célèbre avec un beau sourire. — 5. une longue avenue avec de grands arbres.

13 *Exemple :* L'Opéra est un grand bâtiment avec une façade sculptée et un bel escalier intérieur.

p. 15 **14** 1. beaux… originaux… paresseux… orgueilleux… doux… agressifs… amicaux… possessifs. — 2. Vous êtes des Nordiques pudiques… matinaux… ponctuels… sportifs… expansifs… fous, rigoureux… sérieux.

15 1. Vous êtes une (des) Méridionale(s) très belle(s), très originale(s), un peu paresseuse(s), assez orgueilleuse(s), parfois très douce(s), parfois agressive(s). Vous êtes très amicale(s) mais vous êtes un peu possessive(s). — 2. Vous êtes une (des) Nordique(s) pudique(s), très matinale(s) et très ponctuelle(s), assez sportive(s), pas très expansive(s). Vous n'êtes pas folle(s), vous êtes rigoureuse(s), mais parfois vous êtes un peu trop sérieuse(s).

16 *Exemples :* 1. Dans mon pays on pense que les Français sont minces, cultivés et un peu prétentieux. On pense que les Italiens sont beaux et bruyants, que les Japonais sont disciplinés et travailleurs. — 2. On dit dans mon pays que les gens du Nord sont avares, que les gens du Centre sont tristes, que les gens du Sud sont paresseux, etc.

17 **2.** Les enfants écoutent des disques amusants et regardent des livres illustrés. — **3.** Les voisins possèdent des chevaux, des bateaux, des tableaux de Picasso et des châteaux. — **4.** Les mannequins portent des bijoux précieux sur des manteaux très originaux.

18 des lustres dorés, des tables en noyer, des chaises d'enfant et de grosses chaises rustiques, des lampes dorées et des lampes bleues, de belles armoires, des tableaux sombres et d'horribles tapis.

La négation et l'interrogation (1)

p. 16 **1** **2.** Ma petite fille est timide, elle n'est pas bavarde. — **3.** Averell Dalton est bête, il n'est pas intelligent. — **4.** Don Quichotte est maigre, il n'est pas gros. — **5.** *Exemple:* Le chien du voisin est gentil, il n'est pas méchant.

2 **2.** (Est-ce que) vous avez des enfants ?/Avez-vous… ?
— Oui, j'ai des enfants.

3. — (Est-ce que) vous fumez ?/ Fumez-vous ?
— Non, je ne fume pas.

4. — (Est-ce que) vous avez des allergies ?/Avez-vous… ?
— Oui, je suis allergique au pollen des fleurs.

5. — (Est-ce que) vous portez des lentilles de contact ?/Portez-vous… ?
— Oui, je porte des lentilles souples (rigides).

6. — (Est-ce que) vous avez des couronnes dentaires ?/Avez-vous… ?
— Oui, j'ai plusieurs couronnes dentaires.

3 **2.** Il ne regarde pas les… — **3.** Il ne parle pas aux… — **4.** Il n'aime pas danser. — **5.** *Exemple:* Elle adore l'opéra. Il déteste l'opéra.

4 *Exemple:* — (Est-ce que) vous aimez le ketchup ?/Aimez-vous… ?
— Non, je n'aime pas le ketchup. Et vous ? — Moi oui.

p. 17 **5** je n'ai pas les clés… je n'ai pas l'adresse de Boris, je n'ai pas de plan… je n'ai pas de pièces…, je n'ai pas de dictionnaire…, je n'ai pas de stylo…, je n'ai pas de tickets…, je n'ai pas de bonbons…

6 **2.** J'ai le permis… mais je n'ai pas de voiture — **3.** J'ai un chéquier, mais je n'ai pas de carte… — **4.** J'ai les clés de… mais je n'ai pas les clés de…

7 **2.** — Oui, j'ai une voiture électrique./ — Non, je n'ai pas de voiture électrique.
— Je n'ai pas une voiture électrique, j'ai une voiture diesel (à essence).

3. — Oui, j'ai un bi-bop./ — Non, je n'ai pas de bi-bop.
— Je n'ai pas un bi-bop, j'ai un téléphone portable.

4. — Oui, j'ai un tatouage sur…/ — Non, je n'ai pas de tatouage sur…
— Je n'ai pas un tatouage sur le bras, j'ai un tatouage sur le dos.

8 *Exemple:* **1.** C'est un vieil homme blond. Il n'a pas les yeux marron. Il ne porte pas de lunettes. Il n'a pas d'humour. — **2.** C'est une fille stupide et moche (laide). Elle n'a pas d'amis. Elle est très égoïste. Elle parle très peu.

p. 18 **9** *Exemples:* **1.** Il a des moustaches. Il a un tatouage sur le cou. Il a un grand nez et de grandes oreilles. Il a un casier judiciaire.

2. Elle est petite. Elle est grosse. Elle a 32 ans. Elle a les cheveux blonds. Elle a les yeux verts. Elle a des grains de beauté… Elle porte un collier et des boucles d'oreilles. Elle est très maquillée. Elle porte une robe décolletée. Elle n'a pas de casier judiciaire.

10 *Exemples:* **1.** Al K. Traze n'a pas l'air d'un bandit. — **2.** Bella Bona ne ressemble pas à Catherine Deneuve. — **3.** Monsieur Moka n'a pas l'air sympathique. — **4.** Le « suspect » n'a pas de casier judiciaire.

p. 19 **11** Toto Moka :

— Est-ce qu'il est gros ? — Non, il est maigre.

— Est-ce qu'il est jeune ? — Non, il n'est pas jeune.

— Est-ce qu'il est brun ? — Il a les cheveux blancs.

— Est-ce qu'il a les yeux bleus ? — Non, il a les yeux noirs.

— Est-ce qu'il a une cicatrice sur le cou ? — Non, il a une cicatrice sur la joue.

— Est-ce qu'il a un casier judiciaire ? — Non, il n'a pas de casier judiciaire.

12 *Exemples:* le suspect est gros. Al K Traze et le suspect ont le même âge. Le suspect n'a pas les cheveux frisés comme Al K. Traze. Il n'a pas de tatouage sur le cou mais il a une cicatrice. Il ne porte pas un pull rayé, il porte une chemise à fleurs. Le suspect n'a pas de grandes oreilles. Le suspect ressemble un peu à Al K. Traze.

13 *Exemples:* Comme Toto Moka l'homme suspecté est petit, mince et âgé, mais il est blond, il a des moustaches et il n'a pas de dents en or… Comme Bella Bona la femme suspectée est grosse et blonde, mais elle porte des lunettes et elle a un grand nez…

p. 20 Bilan n° 1

1 **Une baby-sitter**

Je **m'appelle**… **j'ai** vingt ans… **j'étudie**… pas **de** bourse… je **travaille**… je **suis** serveuse… Ils **ont**… Nous **habitons**… leurs parents **ont** besoin… Alice et Lucio **sont** très différents… Alice est **petite** et **blonde**… Les enfants **ont** bon caractère… ils sont très **doux**… ils sont très **amusants**… **j'ai** besoin… je **rentre**… **j'ai** sommeil… **je me couche** (je m'endors)… **je me lève** (je me réveille)…

2 **Une émission de télévision**

— **(Est-ce que) vous êtes**… ? / **Êtes-vous**… ?

— Non, je **ne suis pas marié(e)** / je **suis célibataire.**

— **(Est-ce que) vous avez**… ? / **Avez-vous**… ?

— Non, **je n'ai pas d'enfants.**

— **(Est-ce que) vous habitez**… ? / **Habitez-vous**… ?

— Non, **je n'habite pas dans un appartement moderne.**

— **Est-ce que vous avez**… ? / **Avez-vous**… ?

— Non, **je n'ai pas de jardin.**

— **Est-ce que vous regardez**… ? / **Regardez-vous**… ?

— Non, **je ne regarde pas**…

p. 21 Le nom et l'article

masculin et féminin

1 *masculin :* le ménage, le lavage, le repassage, le rangement, le prix, les cas, les enfants, l'habillement, l'amusement, un moment, un jour, le domaine, le bricolage, le classement.

féminin : une profession, la répartition, les tâches, une inégalité, la société, une heure, la nourriture, la majorité, la cuisine, la santé, la révision, les leçons, les courses, la couture, la participation, une minute, la voiture, les factures.

2 la voiture et le garage — la chaussure et le cirage — le problème et la solution — la civilisation et la culture — la nuit et le jour / la nuit et la lune — le soleil et la lune / le soleil et le jour.

3 la mesquinerie — le courage / la lâcheté — la tolérance / l'intolérance — la politesse / la grossièreté — la franchise / l'hypocrisie — le dynamisme / la passivité.

4 *Exemples :* J'apprécie la sincérité, la simplicité, la générosité et la tolérance. Je tolère l'impatience, la paresse et la lâcheté.

p. 22 **5** *Exemples :* Sur l'image, un homme arrive à la nage sur une plage. Sur la plage, il trouve une cage avec un animal malade de la rage.

6 un magazine — un téléphone — une qualité.

7 **les** légumes… **des** produits… **des** produits… l'industrie… l'agriculture… **la** tomate… **la** couleur… **la** forme… **la** tomate… **la** saveur… **la** bonne odeur… **des** tomates… **une** fraise… **une** pomme de terre… **une** image… **un** goût… **une** grande erreur.

8 **le** problème… **la** pollution… **un** réseau… **la** majorité… **la** qualité… **l'**air… **la** santé… **la** population… **la** prolifération… **les** ordures… **un** programme… **l'**environnement… **des** solutions… **les** décisions… **des** organismes… **la** survie… **la** planète.

p. 23 **9** **Les articles définis et indéfinis**

g : une statue

    des pyramides

d : la statue de la Liberté

    les pyramides d'Égypte

10 *Exemples :* La place de l'Étoile est une grande place en forme d'étoile. La rue Saint-Honoré est une rue très chic. Le quartier des Halles est un quartier commerçant.

11 *Exemples :*

un blouson : c'est le blouson de mon frère.

des robes : ce sont les robes de ma mère.

des pantalons : ce sont les pantalons de mon père.

12 **un** maillot… **un** pull… **des** pantalons… **des** espadrilles… **la** plage… **l'**eau… **les** vagues… **le** sable… **le** ciel… **les** nuages… **la** ville… **la** nature… **le** calme… **la** solitude…

13 *Exemples :*

à **la** montagne : j'emporte des pantalons de ski, des pulls en laine, une écharpe, un anorak et de grosses chaussures.

à **la** mer : j'emporte des pantalons légers, des tee-shirts, un blouson, des baskets.

p. 24 **14** **1.** un chat… le chien — **2.** un garçon… une fille. Le garçon… la fille… — **3.** des poires… des bananes. Les poires… les bananes… — **4.** *Exemple :* Il a un vélo et une moto. Le vélo est rouge, la moto est bleue.

15 L'enfant porte un temple. Le temple porte une tortue. La tortue porte le ciel. Le ciel porte la Terre.

16 *Exemples :*

1. des tableaux, des chaises, un coffre, une cheminée, des cigarettes, des disques, des gants, des jouets, des livres, un tapis.

2. Les livres sont en désordre sur la table. Les jouets sont éparpillés sur le tapis. Les tableaux sont tous abstraits. Le tapis est très moderne.

17 *Exemples :*

1. Pour moi, l'appartement idéal est spacieux. Dans le salon, il y a une cheminée et de grandes fenêtres. Dans la cuisine, il y a une grande table et un plan de travail bien éclairé. Les chambres sont calmes. Il y a une terrasse au sud avec des plantes, des chaises longues, un parasol…

2. Le quartier idéal est un quartier à la fois calme et central. Il y a des rues piétonnes et de beaux magasins, des jardins fleuris, des cinémas. J'imagine une place avec un café animé, une jolie fontaine et un marché…

p. 25 **18** **1.** l'amitié… Le chameau… la sobriété.

2. un chameau…

3. le chameau…

4. un chien de garde. Un chameau… une semaine…

19 **1.** Le papillon est un insecte. — **2.** Les orchidées sont des fleurs rares. — **3.** Les végétariens ne mangent pas de viande.

20 **1.** une fille… des aliments… des aliments… la mère… la lune — **2.** un homme/l'homme… une femme/la femme… un homme/l'homme… une mouche/la mouche. — **3.** le football… un sport… les pieds… la tête.

Les articles contractés

21 Ils parlent de la télévision. Ils parlent du prix de la vie. Ils parlent de la pollution… du chômage… des enfants… de l'école.

Exemples : Le professeur : les étudiants parlent du professeur. — Les examens : ils parlent des examens.

22

	de la	du	des	
L'attaque	X			banque
L'arrivée	X			police
La fuite			X	gangsters
L'enquête		X		commissaire

23 **2.** C'est un article du *Figaro* sur la dégradation de l'école. — **3.** C'est un article de *L'Humanité* sur la crise du logement. — **4.** C'est un article du *Nouvel Observateur* sur les vrais salaires des fonctionnaires.

24 *Le Discours de la méthode, À la recherche du temps perdu, Le Dictionnaire des idées reçues.*
Exemples : *L'Histoire de l'Inde, L'Histoire du monde.*

25 en face de l'église... au milieu du carrefour...
Exemples : est à côté de la pharmacie. Le cinéma est à côté du pressing. La papeterie est loin de la discothèque. Le feu rouge est près des magasins de chaussures.

p. 27 **26** *g :* au café... au beurre. *d :* aux fraises... aux amandes. *bas :* au citron... à l'orange... au rhum... au café... au chocolat... à l'anis... aux noisettes.

27 *Exemples :* Dans les vitrines des pâtisseries de mon pays, il y a des gâteaux aux amandes et aux noix, il y a des beignets au miel et à la cannelle...

28 aux yeux... à la bouche... au nez... à la taille... aux longues jambes, à la silhouette... à la démarche...

29 *Exemples :* un homme aux cheveux bruns, aux yeux noirs, à la silhouette imposante, aux gestes brusques...

30 parle au patient/aux malades...
parle au Premier ministre/aux journalistes...
a peur du chien/des serpents
ont peur du chat/des chasseurs...

31 *Exemple :* En bas des escaliers l'homme au chapeau de cow-boy, c'est Clint Eastwood. À côté de la plante verte, l'homme au grand nez, aux cheveux blonds, à la boucle d'oreille, c'est Gérard Depardieu. À gauche de l'écran, la dame au grand décolleté, à la fleur sur la poitrine, c'est Sophie Marceau...

L'expression de la quantité

« du », « de la », « des »

p. 28 **1** **1.** de la bière, de l'eau, des œufs, de la salade, des courgettes. — **2.** du beurre, de la confiture, du fromage, des yaourts, du saucisson. — **3.** de la viande, du poisson, du pain. — **4.** de la glace, des épinards, des crevettes.

2 *Exemple :* En été, je mange de préférence de la salade, du poisson, des fruits et des glaces. En hiver, je mange de la soupe (du potage), de la viande, des plats en sauce...

3 **1.** Le matin, en Grèce, Giorgos mange du yaourt de brebis avec du miel. Il boit du café sans sucre. — **2.** Le matin, en Angleterre, Alfred mange des œufs au plat avec du bacon. Il boit du thé. Il met deux sucres. — **3.** Le matin, au Brésil, Celene boit du jus de mangue. Elle mange des biscuits aux amandes. Elle prend du café.

4 *Exemple :* Le matin, au Maroc, je mange des « cornes de gazelle » et je bois du thé à la menthe.

« un kilo de », « un peu de », « pas de »

p. 29 **5** **1.** du lait, des lentilles, des tomates, des biscuits, du vin rouge, de l'huile d'olive, du jambon, de la viande.

2. deux litres de lait, une boîte de lentilles, deux kilos de tomates, un paquet de biscuits, deux litres de vin rouge, un litre d'huile d'olive, quatre tranches de jambon, huit cents grammes de viande.

6 de la moutarde, du pain, du beurre, du saucisson, de la confiture, des œufs durs, des cornichons, des cornichons.

7 Il y a du jambon, mais il n'y a pas de beurre. Il y a des œufs durs, mais il n'y a pas de sel. Il y a du saucisson, mais il n'y a pas de couteau. Il y a de la mayonnaise, mais il n'y a pas de kleenex.

8 *Exemples :* **1.** Pour un pique-nique, j'emporte du pain, du jambon, du fromage, du sel, des bananes, des biscuits et de l'eau. — **2.** Pour une fête, j'achète du saumon, plusieurs paquets de chips, quatre ou cinq types de fromages, six douzaines de gâteaux, dix bouteilles de champagne.

p. 30 **9** *Exemple :* des melons, des tomates, des olives, du raisin. Dans le Sud-Ouest, il y a du vin, du foie gras, du maïs, des pommes et du raisin. Dans le centre, il y a de la charcuterie, du fromage, du blé et de la viande de mouton. Dans le Nord-Ouest, il y a du lait et du fromage, de la viande de bœuf, du poisson et des pommes. Dans le Nord-Est il y a du vin, du champagne, de la viande de bœuf et du blé.

10 **1.** du lait, du temps et du savoir-faire. — **2.** de la tolérance, beaucoup de patience, pas de mépris, pas trop de jalousie, de l'humour... de l'amour. — **3.** un peu d'argent, un peu de temps et beaucoup d'enthousiasme. — **4.** de la musique, du vin, des pâtes, des amis et pas de moustiques.

11 *Exemples :* **1.** Pour moi, un bon repas, ce sont des fruits de mer, de la viande ou du poisson au four, des fruits de saison et du bon vin. — **2.** Pour moi, un bon week-end, c'est du soleil, du repos, de bons repas, des promenades, des conversations agréables, des lectures intéressantes, des découvertes. — **3.** Pour devenir un champion, il faut beaucoup d'entraînement, de la volonté, un peu de chance et pas mal d'ambition. — **4.** Pour créer une entreprise, il faut du courage, de l'argent, des idées et beaucoup de travail.

p. 31 **12** **2.** — Qu'est-ce qu'il y a dans les burritos ? — Il y a des galettes de maïs avec de la viande. — **3.** Qu'est-ce qu'il y a dans le raïta ? — Il y a du yaourt, des concombres, des tomates et des pommes de terre. — **4.** Qu'est-ce qu'il y a dans le riz pilau ? — Il y a du riz, du poisson et du safran. — **5.** Oui, dans notre recette, il y a des anchois. — **6.** Est-ce qu'il y a des œufs dans le tiramisu ? — Oui, il y a des œufs. — **7.** Est-ce qu'il y a du bœuf dans le couscous royal ? — Non, il n'y a pas de bœuf. — **8.** Est-ce qu'il y a de la cannelle dans les loukoums ? — Non, il n'y a pas de cannelle.

13 *Exemple :* Dans mon pays, on mange du goulash, c'est fait avec de la viande de bœuf, des tomates, du cumin, du paprika, de l'huile et du citron.

Les possessifs et les démonstratifs

p. 32 **1** mon père… ma mère… ma petite sœur Clara… ta grand-mère… ma tante Marie-Laure… ma cousine… ma meilleure amie…

Exemple : C'est mon cousin Stanislas. — Et devant lui ? — Ce sont mes cousins, Alice et Benoît.

2 *Exemple :* Là, c'est mon oncle. Il est professeur. Il est très réservé. Il est un peu autoritaire. Il aime l'opéra. À côté, c'est ma tante. Elle est biologiste. Elle est très intelligente. Elle cuisine très bien.

3 Ma chérie, mon amour, mon doux, mon tendre, mon merveilleux amour, mon enfant, ma princesse, ma destinée, mon ying et mon yang, mon adorée.

4 *Exemples :* **3.** — Le ski est mon sport préféré. – C'est aussi le mien. – **4.** — Les roses sont tes fleurs préférées : ce sont aussi les miennes. – **5.** — Les cachous sont mes bonbons préférés : ce sont aussi les vôtres ?

p. 33 **5** cette femme… celle qui… celle-là. Celle qui… Cette fille… celle-là… celle qui… Celle-là ! Cette espèce…

6 *Paula :* Regarde cet homme, là au dernier rang. Celui qui porte un pull bleu ? Non, pas celui-là, celui qui porte un blouson beige.

Louise : Cette espèce d'ours ? Moi je préfère celui-là, là-bas, qui lit un magazine.

Paula : Quoi ! cet étudiant attardé…

7 *Exemples :* **2.** Ce vieil imperméable, c'est celui du monsieur brun : celui qui a une moustache (l'air fatigué). — **3.** Cette casquette de base-ball, c'est celle du jeune homme brun : celui qui a une boucle d'oreille (un pull noir). — **4.** Ces patins à roulettes, ce sont ceux de la petite fille blonde : celle qui a les cheveux raides (une robe à carreaux). — **5.** Ce parapluie, c'est celui de la dame blonde : celle qui a les cheveux courts. — **6.** Ces gants, ce sont ceux de la petite fille, celle qui a des nœuds dans les cheveux.

8 mes lunettes, mon agenda et mes papiers… Son mari et ses enfants… son sac, ses poches et sa voiture… Cet affolement, cette calamité… son père… ton billet… ta carte… tes clés… ceux qui… leurs affaires… Ces personnes… leurs emplois… leur inconscient… notre chef, notre mère, nos enfants… nos affaires… ce suspens… cette dose… son équilibre… sa santé.

Exemple : Non, je ne suis pas comme Claudia. De temps en temps, je laisse mon parapluie dans un taxi ou ma carte dans une cabine téléphonique, mais en général, je fais attention à mes affaires. Ma femme est pire que Claudia : parfois, quand elle rentre du bureau elle porte un manteau qui n'est pas le sien, mais celui d'une collègue. Dans son sac, il y a des lunettes qui ne sont pas les siennes mais celles de son directeur et il y a une demi-douzaine de stylos qui sont ceux des gens qu'elle a rencontrés dans la journée.

« Il y a »   « C'est »   « Il est »

p. 34 **1**

g : il y a un chien… il y a trois bateaux.

d : C'est la femme… C'est Argos. C'est son chien. Ce sont des bateaux…

bas g : Elle est triste. Elle est seule.

bas d : C'est triste. C'est romantique.

Exemples : Dans la montagne, il y a un temple. C'est le temple de Vénus. À côté, il y a des arbres. Ce sont des cyprès. Dans l'île, il y a du vent. C'est le « melte-mi ».

2 **2.** Sur la place, il y a une église. C'est l'église Saint-Jean. — **3.** Sur le balcon, il y a des oiseaux. Ce sont des pigeons et des moineaux. — **4.** Dans le port, il y a un bateau. C'est « Le Cormoran ».

Exemple : **5.** Dans la rue, il y a une école. C'est l'école Marie-Curie. — **6.** Sur le mur il y a un tableau. C'est *Le Printemps* de Botticelli.

3 **2.** Page vingt-et-un, il y a des dessins. Ce sont des dessins de mode. — **3.** Page soixante, il y a une publicité, c'est une publicité de parfum.

Exemples : **4.** Page trente-et-un, il y a des annonces. Ce sont des offres d'emploi. — **5.** Page douze, il y a une interview. C'est une interview du Premier ministre.

p. 35 **4** **2.** il y a un journaliste. C'est Edgar H… Il est amusant. — **3.** il y a Georges C… Il est physicien (C'est un physicien). Il est fascinant. — **4.** il y a un bateau. C'est « Le Cormoran ». Il est immense. —

5. *Exemple :* À la télévision, il y a Peter Brook. C'est un metteur en scène de théâtre (Il est metteur en scène). Il est très original.

5 **2.** C'est un écrivain. Elle est… cinéaste. — **3.** Il est américain. Il est né à B… en 1935. Il est cinéaste. C'est également un bon acteur.

4. *Exemple :* Pierre Boulez

Il est français. Il est né à Montbrison, en France, en 1925.

Il est musicien. Il est chef d'orchestre. (C'est un musicien. C'est un chef d'orchestre.)

6 il y a au moins… ils sont idiots… ce sont les publicités… elles sont moches et ennuyeuses… il y a des surprises… c'est rare… c'est prétentieux…

7 *Exemple :* Il y a une bouteille de lait. Il y a un petit garçon. Il y a un homme qui lit son journal. Le petit garçon demande à son père : « Qu'est-ce que c'est, cette bouteille ? » Le père ne répond pas. Alors le petit garçon demande : « Papa, comment est-ce qu'on fait les bébés ? » Immédiatement le père répond à la question sur la bouteille de lait : c'est une publicité pour le lait Lactel.

Exemple : Il y a des dizaines de fenêtres qui s'ouvrent en même temps. Il y a des femmes qui crient : « Égoïste ! » C'est une publicité pour un parfum de Chanel.

Je déteste toutes les publicités banales sans imagination et sans humour.

p. 36 **8** *Exemples :*

2. Au premier étage, il y a M. Fourier. Il est célibataire. Il est journaliste. Il est petit et brun. C'est un homme sympathique.

3. Au deuxième étage, il y a Mme Jeannot. Elle est très âgée. Elle est souvent malade.

4. Au troisième étage, il y a M. et Mme Du Flouse. Il est armateur. Elle est actrice. Ils sont très riches et très élégants.

9 *Exemples :* Chez M. Fourier, c'est chaleureux et c'est désordonné. — Chez Mme Jeannot, c'est triste et c'est étouffant. — Chez M. et Mme Du Flouse, c'est grand et c'est luxueux.

10 **1.** Il est fort. / Il est gras et il est ridicule ! *Exemple :* Il est sportif... Il est musclé. — **2.** Elle est émouvante... / Elle est insupportable et elle est idiote. Exemple : Elle est sensuelle... Elle est drôle. — **3.** C'est nul. / C'est bien fait. / C'est trop violent, angoissant, passionnant.

11 *Exemples :* J'aime bien Francis Cabrel. C'est un bon chanteur. Il est doux. Il est discret. J'aime bien sa chanson *Sarbacane*. Elle est originale. Elle est mélodieuse. C'est tendre.

p. 37 **12** c'est mauvais... c'est mauvais... c'est bon... c'est bon... c'est mauvais...

13 Il est irlandais, il est beau et c'est un excellent... il est capable... il y a... il y a... il est... c'est un ancien... C'est un homme... il est passionnant, c'est étonnant, c'est génial.

14 **1.** il n'y a pas de parking... il y a des boxes... est-ce qu'il y a une concierge ?... il n'y a pas de concierge mais il y a un digicode et un interphone.

2. Est-ce qu'il y a un restaurant ?... il n'y a pas de restaurant mais il y a une pizzeria... est-ce qu'il y a un supermarché ?... il n'y a pas de supermarché mais il y a une épicerie.

3. est-ce qu'il y a un jardin ?... il n'y a pas de jardin, mais il y a un petit square.

p. 38 **15** C'est une œuvre... c'est un architecte... Il est arabe ?... il est français... qu'est-ce que c'est ? Ce sont... Qu'est-ce que c'est... C'est une sorte... C'est un motif... il est utilisé... il est aussi très décoratif (c'est aussi très décoratif)... il y a... C'est ingénieux... c'est souvent...

16 **1.** — Qui est-ce ? — C'est Pierre et Marie Curie / Ce sont... Ce sont les inventeurs... // — Qu'est-ce que c'est ? — C'est une ambulance. // — Qu'est-ce que c'est ? — C'est le symbole...

2. — Qui est-ce ? — C'est A. de S. C'est l'auteur... //

— Qu'est-ce que c'est ? — C'est un avion postal. // — Qu'est-ce que c'est ? — C'est le Petit Prince.

3. — Qui est-ce ? — C'est Claude D. C'est un musicien... C'est le compositeur de... // — Qu'est-ce que c'est ? — Ce sont...

17 *Exemples :* Sur les billets de 5 000 lires, il y a Vincenzo Bellini. C'est un compositeur du XIXᵉ siècle. C'est le compositeur de *La Norma*...

---

p. 39 Bilan n° 2

1 Au jardin du Luxembourg

leurs bateaux... **mon** bateau... **le tien**... **le mien**... **celui** d'un autre... **ses** voiles... **celles** des autres... **Ces** courses... **ce** bassin... **leur** jeu...

2 Le château de Versailles

le château... **Il est**... **il y a** une... **C'est** Louis XIV... au geste... **du** château... **de** la pierre... **des** marbres... **du** bois... **de** l'or... **C'est un** modèle... **les** allées... **du** parc... **elles sont**... **il y a** des fontaines... **C'est** très beau. **la** nature... **un** ordre... **une** structuration... **de** la royauté...

Tous les verbes au présent

Les verbes en « -ir »

p. 40 **1** **2.** rougir — il rougit — nous rougissons. — **3.** grossir — il grossit — nous grossissons. — **4.** vieillir — il vieillit — nous vieillissons. — **5.** *Exemple :* maigre — maigrir — il maigrit — nous maigrissons.

2 élargissons, nous rétrécissons, nous agrandissons...

3 ils n'obéissent... ils réagissent... leurs parents vieillissent... les enfants réfléchissent... ils finissent... ils réussissent... les jeunes mûrissent... les vieux rajeunissent.

4 *Exemples :* **1.** Je pense que le conflit de génération est normal et nécessaire : les enfants et les parents vivent des moments différents de leur vie, et leurs besoins et leurs réactions sont différents. S'opposer, c'est trouver son identité.

2. Je pense que ce conflit est dépassé parce que les jeunes sont indépendants plus tôt. Ils n'ont pas besoin de réclamer leur autonomie. Ils comprennent mieux les adultes.

5 *Exemples :* **3.** Je dors peu. — Vous dormez beaucoup. — **4.** Je finis mon travail tôt. — Vous finissez votre travail tard. — **5.** Je pars ce soir. — Vous partez demain.

Les verbes en « -ir », « -re », « -oir »

p. 41 **6** connaissent — veulent — n'ont — voient.

7 ne connaissons pas ce sujet. — nous ne voulons pas faire l'effort de comprendre — nous n'avons pas de patience — nous ne voyons pas l'intérêt de ces discussions.

8 un nouveau régime. Elles ne boivent plus de lait, ne mettent plus de sucre dans leur thé, elles ne veulent plus manger de pain ni de poisson : elles disent que les aliments « blancs » affaiblissent l'organisme. Mes filles reçoivent une revue spécialisée et tous les six mois environ, quand elles lisent un nouvel article intéressant, elles changent de philosophie alimentaire. Parfois, elles deviennent strictement végétariennes, parfois elles font des cures d'algues, parfois, elles n'admettent que les aliments crus, parfois elles s'interdisent tout liquide, parfois elles boivent des litres de tisane. Elles maigrissent, elles grossissent, elles vieillissent, elles rajeunissent. Je pense qu'elles se nourrissent mal, mais elles sont majeures, et elles font ce qu'elles veulent.

9 *Exemples :* **1.** Les régimes me font peur. Une de mes amies suit un régime avec une volonté admirable. Elle maigrit et, quelque temps après, elle regrossit. Maigrir devient une obsession : elle ne réussit plus à profiter de la nourriture et de la vie en général.

2. Nous vivons dans une société où l'alimentation est anarchique et déséquilibrée. Je pense que tout le monde devrait suivre un régime adapté à ses propres besoins.

p. 42 **10** *Exemples :* **2.** Quand je prends le train, je prends un billet de 1re classe (de 2e classe) — **3.** Quand je fais du tourisme, je pars à l'aventure (je lis beaucoup de guides). — **4.** Quand je vais au musée, je choisis les visites guidées (libres). — **5.** Quand je vais à la plage, je me mets à l'ombre (je me fais bronzer. — **6.** Quand je vais à la campagne, je m'ennuie (je m'amuse).

11 *Exemples :* **1.** Quand je me lève en retard, je me dépêche, j'appelle mon bureau, je prends un taxi. — **2.** Quand j'arrive en avance à l'aéroport, je prends un café, je lis le journal, je fais des courses au « freeshop ». — **3.** Quand je n'arrive pas à dormir, je bois un verre de lait chaud, je regarde la télévision, je lis un roman, je compte les moutons, etc.

12 *Exemples :* Julie se lève à 9 heures. Elle prend une douche. Elle se lave et elle se sèche les cheveux. Elle met des vêtements légers. Vers 11 heures, elle se promène sur la plage. Vers 14 heures, elle prend des bains de soleil (Elle se fait bronzer). Elle se baigne. Elle lit. À 17 heures, elle joue au tennis (Elle fait du tennis). Elle prend (elle fait) des photos. Elle boit un soda dans un bar. Elle écrit des cartes postales. Le soir, elle va danser.

13 *Exemple :* De 13 heures à 15 heures, elle déjeune puis elle fait la sieste ou elle se repose. De 17 heures à 18 heures, elle se douche, elle se change. De 20 heures à 22 heures, elle dîne, elle se change.

Exemple : En hiver à la campagne, elle se promène dans la forêt. Elle ramasse des champignons. Elle fait du feu de bois. En été, elle fait du vélo, elle ramasse des fleurs, elle se baigne dans la rivière, etc.

« Faire » et « Jouer »

p. 43 **14** Jean Cosma joue du piano. — Charlie Mingus joue de la contrebasse. — Odette Corner joue de l'accordéon. — *Exemple :* Marie Dupond joue de la guitare.

15 On joue aux échecs. On fait du football (on joue au football). On joue du piano. On fait du vélo. On joue aux échecs. On fait du ski nautique. On fait de l'escrime. On fait du basket (on joue au basket). On joue de la guitare. On joue aux quilles. On fait du golf (on joue au golf). On joue au tennis (on fait du tennis).

16 Ils font du tennis. — Ils font du volley. — Ils font du ski. — Ils font du cheval. — Ils font du basket. — Ils font du ping-pong. Ils font de la natation. Ils font du judo.

17 de la course à pied, de la lutte, du tir à l'arc... du saut... à la balle... du golf... du judo, du karaté, de l'aïkido... au ping-pong... aux échecs... faire du... jouer au... faire de la voile... faire du sport...

18 *Exemple :* Je fais de la natation et du squash. J'aimerais faire du saut en élastique et du parachutisme.

Le comparatif et le superlatif

p. 44 **1** *Exemple :* La Suède est plus grande que l'Italie, mais il y a plus d'habitants en Italie qu'en Suède. En hiver, la température moyenne est plus élevée en Italie qu'en Suède. / En hiver, il fait moins froid en Italie qu'en Suède. En été, la température moyenne est beaucoup plus élevée en Italie. / Il fait beaucoup plus chaud.

2 *Exemples :* En Suède, la nature est plus sauvage. / En Italie, il y a plus de monuments du passé. / En Suède, on mange plus de poisson. / En Italie, on mange plus de pâtes qu'en Suède. / Les Italiens sont plus bavards que les Suédois.

3 *Exemples :* **1.** que dans 500 g de pommes de terre bouillies. Il y a autant de calories dans 500 g de pommes de terre bouillies que dans 100 g de chocolat. Il y a plus de cal dans 150 g de chips que dans un gâteau à la crème... — **2.** Il y a moins de cal dans 100 g de bœuf que dans 100 g de saucisson. Il y a autant de cal dans 100 g de saucisson que dans deux kilos de tomates. Il y a plus de cal dans 100 g de fromage que dans 100 g de bœuf. — **3.** Il y a plus de cal dans 400 g de mayonnaise que dans 220 g de pâtes et il y a autant de cal dans 220 g de pâtes que dans 2 œufs.

4 *Exemple :* 2 œufs mayonnaise : 450 cal ; 1 steak frites : 750 cal ; 1 salade de tomates : 150 cal ; du fromage : 400 cal ; un gâteau à la crème : 400 cal : ça fait 2 150 cal.

p. 45 **5** **1.** plus petit — **2.** autant de chambres... que... plus grandes. — **3.** aussi grand que... — **4.** plus petite que... plus rationnelle... — **5.** mieux orienté que... — **6.** meilleure qualité que... — **7.** plus petit... mieux distribué... aime mieux... plus utile qu'un...

6 *Exemple :* Le cinéma « Le Rex » est plus grand que le cinéma « Ducoin ». Les sièges sont plus confortables, la sonorisation est meilleure. Le cinéma « Ducoin » passe plus de films en VO et les billets coûtent moins cher.

7 *Exemple :* En ville l'air est moins bon qu'à la campagne. On dort moins bien. On est plus stressés. On vit plus vite. À la campagne, on a moins de distractions, moins de choix.

À la campagne on est en meilleure santé. En ville, on s'amuse mieux.

p. 46 **8** Les tables Louis XV sont plus légères... (moins lourdes) que les tables Louis XIV. — Elles sont plus sobres (moins travaillées) que les tables Louis XIV.

9 *Exemple :* Les tables Louis XV sont moins riches en marqueterie. Leurs motifs sont moins nombreux. Ils sont moins symétriques. Les tables sont plus gracieuses. Elles sont moins sculptées...

10 Les femmes terminent leur croissance plus tôt que les hommes. Les hommes consomment plus de calories que les femmes. Il y a plus de femmes migraineuses que d'hommes.

Les femmes sont plus douées pour les langues que les hommes. Les hommes ont une meilleure perception spatiale. Les femmes sont plus intuitives.

p. 47 **11** 2. c'est le fleuve le plus long du monde. — 3. c'est la planète la plus petite du monde. — 4. c'est la montagne la plus haute du monde.

12 *Exemple :* 2. Le « Futurex » est aussi grand que le « Minix » mais il est plus lourd. — 3. Le « Mémorix » a plus de mémoire vive que le « Futurex », mais il est plus cher. — 4. Le « Minix » a autant de mémoire vive que le « Futurex », mais il est moins lourd.

13 *Exemple :* Le « Minix » est le moins cher, le plus léger, le plus récent. Les ordinateurs sont plus chers que les machines à écrire mais ils sont plus puissants. Ils sont plus difficiles à utiliser mais ils permettent de faire plus de choses. On obtient des textes plus propres, mieux présentés.

14 1. le plus résistant — 2. le plus vite — 3. les plus gros — 4. la plus courante — 5. le plus court.

15 1. joue mieux que... le meilleur — 2. la meilleure... — 3. un meilleur service... joue mieux. — 4. moins bien qu'avant... est moins bon.

16 *Exemples :* c'est le record de Michel Lotito qui me semble le plus stupide. C'est le record de Georges Perec qui me semble le plus intéressant.

17 Alberto Tomba est, pour moi, le meilleur skieur.

Le lieu et le temps

Prépositions de lieu

p. 48 **1** 2. Miranda est grecque. Elle est d'Athènes. — 3. Iona est brésilienne. Elle est de Recife. — 4. Chris est écossais, il est d'Aberdeen. *Exemples :* 5. Karl (Allemagne/Munich) : Karl est allemand. Il est de Munich. 6. Birgitt (Norvège/Stavanger) : Birgitt est norvégienne. Elle est de Stavanger.

2 au bureau — au café — à l'église — à l'université — à la crèche.

3 2. est à Neuilly, à l'hôpital américain — 3. à Versailles, chez des amis — 4. à Saint-Ouen, au marché aux puces. *Exemples :* 5. sont en Bretagne, à l'hôtel. — 6. à Stanford, à l'université.

4 J'achète le pain chez le boulanger (à la boulangerie), le poisson chez le poissonnier (à la poissonnerie), l'aspirine chez le pharmacien (à la pharmacie), le shampooing au supermarché (chez le pharmacien), les surgelés à l'épicerie (chez l'épicier) (au supermarché).

p. 49 **5** 2. *Le Joueur de luth* du Caravage est à l'Ermitage, à Saint-Pétersbourg, en Russie. — 3. *La Pietà* de Michel-Ange est à la basilique Saint-Pierre, à Rome, au Vatican. — 4. *Les Ménines* de Vélasquez sont au Prado, à Madrid, en Espagne.

6 1. la Tunisie, la Libye, le Soudan, la Tanzanie, le Kenya, le Congo, le Cameroun, le Mali, l'Égypte, l'Angola et l'Ouganda. — 2. en Tunisie, en Libye, au Soudan, en Tanzanie, au Kenya, au Congo, au Cameroun, au Mali, en Égypte, en Angola, en Ouganda.

7 1. L'Irlande, le Portugal, l'Espagne, la France, l'Italie, la Grèce, l'Autriche, la Pologne, la Finlande, la Norvège, la Suède, le Danemark, l'Allemagne, les Pays-Bas, la Belgique. — 2. en Irlande, au Portugal, en Espagne, en France, en Italie, en Grèce, en Autriche, en Pologne, en Finlande, en Norvège, en Suède, au Danemark, en Allemagne, aux Pays-Bas, en Belgique.

p. 50 **8** 2. Actuellement, Bob Haddock est en vacances à Bahia, au Brésil. Il habite chez Mafalda Cortes. Ses amis Triphon et Marilyn Tournesol habitent à Bruxelles, en Belgique.

3. En ce moment Claire Rouault est en vacances à Montréal, au Canada. Elle habite à l'hôtel « Nevada ». Son amie Anne Gélin habite à Genève en Suisse.

4. *Exemple :*

Cher Bernard, Nice est une belle ville et il fait très beau. Je t'embrasse. Joseph Exp. Joseph Simoni c°/Louis Dumas.	Bernard Chevalier Rue Boulanger PARIS FRANCE

En ce moment, Joseph est en vacances à Nice, en France. Il habite chez Louis Dumas. Son ami Bernard habite à Paris.

p. 51 **9** dans les petites rues. — dans le hall des immeubles. — sur les boîtes aux lettres. — dans les jardins d'enfants. — sur les toboggans et (sur) les balançoires. — sous les arbres, sur les bancs. — dans les autobus et les tramways. — dans les vitrines et dans les boutiques. — sur les affiches et dans les magazines. — sous les ponts.

Exemple : J'aime entrer dans les églises, j'aime m'asseoir dans un café...

10 sur la terrasse, sous un parasol... au-dessus de moi, dans le ciel... dans les chambres... Sur le sol... sur les étagères... au-dessus du lit... dans le 20e... dans mon petit studio... sous le paillasson... sur le mur... dans la capitale...

11 2. Mme Dunand habite au-dessous de M. Nelson et au-dessus de M. et Mme Poiret.

3. M. et Mme Poiret habitent au-dessous de Mme Dunand. — **4.** Mlle Dupond (rez-de-chaussée) : Mlle Dupond habite au-dessous de M. et Mme Poiret.

p. 52 **12** *Exemple :* Dans le jardin, il y a une statue et de grands arbres. Sous les arbres, il y a des bancs. Sur la place, il y a une fontaine. Devant l'église, il y a un café. Au-dessus du café, il y a un restaurant. Au-dessus du restaurant, il y a une terrasse avec des parasols. Derrière l'église, il y a un supermarché. Au-dessous du supermarché, il y a un parking.

13 *Exemples :* trois hommes qui jouent aux cartes. Un autre homme est debout, derrière le joueur au chapeau. Dans *Le Repas* de Gauguin, qui se trouve au-dessous, trois enfants sont assis derrière une table. Sur la table, il y a des fruits. Entre *Le Repas* de Gauguin et *Le Tricheur* de La Tour, il y a *Les Poissons rouges* de Matisse. Quatre poissons nagent dans un bocal. Le bocal est posé sur une table ronde. Sous la table, le sol est noir. Au-dessus des *Poissons rouges*, il y a *La Famille* de Sotor : un homme et une femme sont assis sur un cheval très stylisé. À gauche de *La Famille*, il y a *L'Enfant au Pigeon* de Picasso : un enfant debout tient un pigeon entre ses mains. Au-dessous de Picasso, il y a *Le Tricheur* de La Tour : deux hommes et une femme jouent aux cartes. Parmi les joueurs, il y a un tricheur : il cache l'as de trèfle derrière son dos. Parmi tous ces tableaux, c'est le tableau de Picasso que je préfère.

Prépositions de lieu et de temps

p. 53 **14** **2.** Berlin est à 1 094 km de Paris. Il y a 1 094 km de Paris à Berlin. — **3.** Venise est à 1 145 km de Paris. Il y a 1 145 km de Paris à Venise. — **4.** *Exemple :* Madrid/Paris (1 268 km) : Madrid est à 1 268 km de Paris. Il y a 1 268 km de Madrid à Paris.

15 **2.** Rome est à 2 heures de vol de Paris. Il y a 2 heures de vol de Paris à Rome. — **3.** Rio est à 11 heures de vol de Paris. Il y a 11 heures de vol de Paris à Rio. — **4.** *Exemple :* Santiago du Chili/Paris (20 heures) : Santiago du Chili est à 20 heures de vol de Paris. Il y a 20 heures de vol de Paris à Santiago du Chili.

16 En avion, on met environ 2 heures pour aller de Paris à Rome. On met environ 11 heures de Rio à Paris…

17 *Exemples :* **2.** à 500 m de son travail. Il met 10 minutes pour aller de son bureau au restaurant. — **3.** à 1 km de l'hôtel. Nous mettons un quart d'heure pour aller de l'hôtel à la plage. — **4.** *Exemple :* Nous jouons au tennis à 2 km de chez nous. Nous mettons 20 mn pour aller de chez nous au stade.

18 *Exemple :* Nous commençons notre visite par Blois, qui se trouve à 175 km de Paris, puis nous continuons vers Chenonceaux qui est entre Blois et Chambord. De Blois à Amboise, il y a 35 km, d'Amboise à Chenonceaux 20 km, de Chenonceaux à Chambord 60 km. En tout, ça fait 290 km. Nous mettons environ 6 heures pour faire ce parcours et pour arriver à Chambord qui est notre préféré, parmi les châteaux de la Loire.

Prépositions de temps

p. 54 **19** *g :* depuis trois jours — en deux mois

d : depuis 1969 — pour dix jours — pour trois mois

bas : pendant deux semaines — dans une semaine.

20 **2.** Je suis professeur depuis trente ans. — **3.** L'homme est sur terre depuis 3 millions d'années. — **4.** Jean est bilingue depuis l'âge de 3 ans. — **5.** Les pâtes sont cuites depuis deux minutes. — **6.** Les femmes votent en France depuis 1944.

21 *Exemples :* Depuis le 15 mars, je travaille dans une société française. Depuis un an, je suis responsable de mon département. J'habite depuis trois ans dans une maison en banlieue.

p. 55 **22** *Exemple :* Il est ici seulement depuis un mois, mais depuis son arrivée, nous avons de nouveaux livres, un matériel pédagogique plus efficace, des exercices plus intéressants, et le laboratoire de langues que nous attendions depuis longtemps est enfin arrivé.

23 **1.** Depuis que nous avons un nouvel appartement, nous avons plus d'espace, moins de bruit, plus de lumière. — **2.** Depuis que nous avons un nouveau concierge, l'entrée est plus propre mais le jardin est moins bien entretenu.

24 **2.** Depuis que nous jouons sur la plage, nous sommes plus bronzés. — **3.** Depuis que nous mangeons des produits frais, nous sommes en meilleure santé. — **4.** Depuis que nous dormons plus longtemps, nous avons meilleure mine.

25 *Exemples :* Depuis que je fais beaucoup d'exercices, je fais des progrès en français. // Depuis que je cuisine au four, je fais de meilleurs plats. // Depuis que je suis un stage d'informatique, je fais beaucoup de progrès.

26 **1.** pour trois semaines. — **2.** depuis dix ans… pour cinq ans… — **3.** depuis quinze jours… pour deux mois. — **4.** pour sept ans.

p. 56 **27** *Exemples :* **1.** dans une semaine. — **2.** dans dix minutes — il y a un quart d'heure. — **3.** il y a vingt minutes — dans quarante minutes. — **4.** il y a une demi-heure — dans une heure.

28 *Exemple :* **2.** il y a dix jours/depuis dix jours. — **3.** il y a deux ans/depuis deux ans — **4.** J'ai commencé mon stage de français il y a deux mois./J'étudie le français depuis deux mois.

29

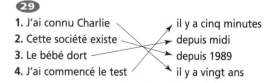

1. J'ai connu Charlie — il y a cinq minutes
2. Cette société existe — depuis midi
3. Le bébé dort — depuis 1989
4. J'ai commencé le test — il y a vingt ans

30 **1.** je n'ai pas pris de vacances. / Il y a deux ans que je n'ai pas pris de vacances. — **2.** Ça fait des années que je n'ai plus fait de ski. / Il y a des années que… — **3.** Ça fait des siècles que je n'ai plus conduit. / Il y a des siècles que…

Exemples : Je n'ai pas vu ma mère depuis deux ans. Ça fait deux ans que je n'ai pas vu ma mère. / Il y a deux ans que je n'ai pas vu ma mère.

31 1. en dix minutes. — 2. dans trois jours. — 3. en un quart d'heure. — 4. dans quelques jours. — 5. dans cinq ou six ans.

p. 57 **32** depuis deux ans. — pour trois saisons encore. — pendant des semaines. — en quelques minutes. — dans quelques années.

33

Louis XIV... ————→ en dix secondes
Il a repeint... ————→ pendant soixante-dix ans
Ils regardent... ————→ en moins de trois jours
Paul se lave... ————→ pendant les repas
Marie a préparé... ————→ en trois quarts-d'heure

34 on apprend une langue en quelques mois, on fait le tour du monde en quelques jours, on faxe des documents en quelques secondes, on déjeune en quelques minutes.

35 *Exemples :* 1. en cinq minutes... en un quart d'heure.

2. J'étudie le français depuis deux mois. Je travaille de 9 heures à midi, du mardi au vendredi. J'étudie le français avec un professeur. Nous sommes une vingtaine dans une classe.

3. Je pense partir en vacances au Brésil dans trois mois. Je partirai pour trois semaines. Je pense aller à Rio à l'hôtel.

---

p. 58 Bilan n° 3

1 L'aventure de la chatte Zazie

Ça fait / Il y a sept ans... à Nice... à Marseille **pour** quelques années... **depuis** deux semaines... **chez** elle... Nice est à 250 kilomètres **de** Marseille... **en** neuf mois... **au** Portugal... **en** Belgique... **dans** quelques années.

2 Au cirque

ils **choisissent**... les jeunes enfants **peuvent**... qui ont **le plus de** succès... **obéissent**... **aussi** forte que... les trapézistes **font**... **moins** nombreux **que**... **aussi** émerveillés... s'amusent **autant** que... **plus** conscients... **plus de** rêve que... **font** du... ils **mettent (prennent)** le rouge à lèvres... ils **mettent** les chaussures... ils **jouent au** clown... ils **veulent** tous devenir acrobates.

La négation et l'interrogation (2)

p. 59 **1** 2. n'a pas les yeux bleus. — 3. n'a pas la grippe. — 4. n'a pas de chien. — 5. n'a pas d'ordinateur. — 6. ne mange pas de fromage. — 7. n'achète pas de revues. — 8. ne boit pas de bière.

2 Elle ne sait pas faire la cuisine. Elle n'aime pas la campagne. Elle ne fait pas de jogging. Elle n'aime pas bricoler. Elle n'a pas de chien. Elle ne s'intéresse pas à la peinture. Elle ne se couche pas tôt.

3 2. Non, je ne prends rien. — 3. Non, je ne connais personne. — 4. Non, je ne veux plus de café. — 5. Non, je ne veux plus rien. (Je ne veux rien d'autre). —

6. Non, il n'y a personne. — 7. Non, je ne fais rien ce soir.

4 2. Non, je n'ai plus *Le Monde* d'hier. — 3. Non, je ne vais plus à la piscine le mardi. — 4. Non, ils ne sont pas encore prêts. — 5. Non, je ne sors jamais le samedi. (Je ne sors plus le samedi.) — 6. Non, je ne suis jamais passé à la télé. (Je ne suis pas encore passé à la télé.) — 7. Non, il n'est pas encore à la retraite.

p. 60 **5** 2. qu'est-ce que vous prenez ?/ que prenez-vous ? — 3. où est-ce que vous habitez ?/où habitez-vous ? — 4. quand est-ce que vous partez ?/quand partez-vous ? — 5. quand est-ce que vous rentrez ?/quand rentrez-vous ? — 6. d'où est-ce que vous venez ?/d'où venez-vous ? — 7. combien est-ce que vous payez ?/combien payez-vous ?

6 1. — Qui est là ? — 2. — Que fais-tu ? — 3. — Qui est avec toi ? — 4. — Que/Qui cherchez-vous ? — 5. *Exemple :* — Où allez-vous ?

7 1. — Quelle est... — 2. — Qu'est-ce que vous... — 3. — Quelle est votre... — 4. À quelle heure... — 5. *Exemple :* Qu'est-ce que vous faites ?

8 1. Comment allez-vous ? — 2. Combien coûtent-elles ? — 3. où s'arrête-t-il ? — 4. quand passe-t-il ?

9 *Exemples :* 2. Qu'est-ce qu'il y a d'autre ? — 3. Où est-elle cachée ? — 4. Où se trouve le coffre ? — 5. Dans quel mur ? — 6. Quel tableau ? — 7. Qu'est-ce que c'est ? (Quel code ?) — 8. — Quel est le nom du peintre ? — 9. Où est la clé ?

10 *Exemples :* — Elle est dans le pantalon. — Quel pantalon ? — Le pantalon qui est dans l'armoire... — Quelle armoire ? — L'armoire de l'hôtel...

p. 61 **11** 2. D'où partons-nous ? (D'où est-ce que... ?) — 3. — Où arrivons-nous ? (Où est-ce que... ?) — 4. — Combien sommes-nous ? (Combien est-ce que... ?) — 5. — Où allons-nous ? (Où est-ce que... ?) — 6. Qui est-ce qui nous accompagne ? (Qui nous... ?) — 7. — Comment est-ce que nous revenons ? (Comment revenons-nous ?) — 8. — Combien ça coûte ? (Combien est-ce que ça coûte ?) (Combien ça fait ?) — *Exemples :* 9. — Nous ne revenons plus le 20 mai. Quand revenons-nous ? — 10. — Nous ne dormons plus dans des chambres individuelles. — Où dormons-nous ? — 11. — Ce n'est pas M. Durand qui a signé la lettre. — Qui est-ce qui a signé la lettre ?

12 1. — Pour qui est-ce qu'il travaille ? (Pour qui travaille-t-il ?) — 2. Quelle est sa véritable profession ? (Qu'est-ce qu'il fait ?) — 3. Quel est son véritable prénom ? (Comment s'appelle-t-il ?) (Comment est-ce qu'il s'appelle ?) — 4. — Quelle est sa nationalité ? (D'où est-il ?)

Les pronoms compléments

Le pronom « y »

p. 62 **1** 2. ils y vont... — 3. ils y passent... — 4. on y mange bien.

2 on y vient y retrouver, y acheter... il y fait chaud... on y désaltère... on y nourrit...

Exemples : 1. On y boit, on y mange, on s'y habille, on s'y réchauffe, on y lit, on y écoute de la musique, on s'y soigne, on y regarde des images. — 2. On y achète des cigarettes. On y trouve le journal. On y fait des rencontres.

3 1. On y parle de politique, on y lit le journal, on y joue aux cartes et au flipper. — 2. On y fait des courses, on s'y promène, on y regarde les vitrines.

4 J'aime bien faire mes courses chez les petits commerçants. Ils sont dans le centre. On y va à n'importe quelle heure. C'est un peu plus cher mais c'est plus personnalisé./J'aime bien les grandes surfaces. C'est commode, ce n'est pas cher et il y a beaucoup de choix.

p. 63 **5** *Exemples :* 1. — Est-ce que les jeunes croient à la transmission de pensée ? — Ils y croient plus que les personnes âgées. — 2. Est-ce que les personnes âgées croient à la vie après la mort ? — 27 % des personnes âgées y croient. — 3. Est-ce que les jeunes croient au diable ? — 18 % seulement y croient.

6 *Exemples :* 1. J'y pense./Je n'y pense pas. — 2. J'y crois./Je n'y crois pas.

7 1. Ils y arrivent le 20 juillet 1969. — 2. Il y pose le pied à 3 h 56 mn 20 sec. — 3. Ils y plantent le drapeau américain. — 4. Il y participe.

8 2. y réfléchissent… — 3. y affecte des crédits… — 4. y travaillent… — 5. toute l'équipe s'y intéresse…

« Le/la/les » « Lui/lui/leur »

p. 64 **9** 1. Il l'adore. Il l'admire. Il la respecte. Il l'aime depuis longtemps. — 2. Il lui écrit des poèmes. Il lui téléphone. Il lui parle d'amour. Il lui demande de l'épouser.

10 Il l'attend… Il la connaît… Il la trouve… Il veut lui raconter… lui confier… lui faire des confidences… Elle le voit. Elle le trouve… Elle le connaît… elle l'embrasse, elle lui prend le bras, elle lui parle… Il lui sourit. Elle lui plaît. Il lui semble… il la connaît…

11 1. je lui parle gentiment, je lui demande son nom et son âge, je lui prends la main, je l'accompagne à l'accueil, je la console, je la rassure. — 2. Je leur explique la situation, je leur dis le nom et l'âge de l'enfant, je leur demande d'appeler sa maman, je leur confie l'enfant, je les remercie.

12 *Exemples :* Je la regarde, je lui souris, je lui demande son nom./Je l'ignore, je la suis, je lui donne ma carte de visite…

Le pronom « en »

p. 65 **13** 1. il y en a… il y en a. *Exemple :* du sucre ? — Oui, il y en a. — 2. Il y en a deux… Il y en a un. *Exemple :* de poires ? — Il y a en a une.

14 il y en a… il n'y en a pas… il y en a. *Exemple :* du savon ? — Non, il n'y en a pas.

15 *Questions :* de la colle ? des crayons ? du papier ? des ciseaux ? *Réponses :* — Oui, il y en a./Non, il n'y en a pas.

16 2. Il y en a 383. — 3. Il y en a 76. — 4. Il y en a 20 000 par an.

p. 66 **17** *Questions :* 2. — Est-ce qu'il y a des fontaines/des places/une piscine/un cinéma dans votre quartier ? — 3. — Est-ce qu'il y a un tramway/un stade/des musées dans votre ville ? *Réponses :* — Oui, il y en a un (e)/deux/plusieurs/quelques-un (e) s./— Non, il n'y en a pas.

18 3. Oui, il y en a un. — 4. Oui, il en a un. — 5. Oui, il y en a beaucoup. *Exemples :* — Est-ce qu'il y a du soleil ? — Oui, il y en a un peu. // — Est-ce qu'il y a des oiseaux ? — Oui, il y en a quelques-uns. // — Est-ce qu'il y a des fleurs ? — Oui, il y en a quelques-unes.

19 3. Oui, ils en font beaucoup. *Exemple :* 4. — Est-ce qu'ils boivent du café ? — Non, ils n'en boivent pas. — 5. Est-ce qu'ils prennent des médicaments ? — Non, ils n'en prennent pas.

Les pronoms doubles

p. 67 **20** 2. Oui, je la lui laisse. — 3. Oui, je lui en donne. — 4. Oui, je le lui montre.

21 *Exemples :* — Vous montrez vos photos à votre mari ? — Oui, je les lui montre// — Vous prêtez votre appartement à vos cousins ? — Oui, je le leur prête.// — Vous présentez votre amie à vos parents ? — Oui, je la leur présente.// — Vous expliquez les règles aux étudiants ? — Oui, je les leur explique.// — Vous donnez de la viande à vos chats ? — Oui, je leur en donne.// — Est-ce que le berger joue de la flûte ? — Oui, il en joue.

22 2. Ils le leur demandent. — 3. Ils le leur conseillent. — 4. Ils le leur ordonnent.

23 2. Oui, des scientifiques nous l'expliquent. — 3. Des enquêtes nous la prouvent. — 4. Des médecins nous en informent.

Les relatifs simples

« qui », « que »

p. 68 **1** 2. qui passe — 3. que j'écoute — 4. qui est assise — 5. que je transporte.

2 *Exemples :* 2. qui parle à la télévision est Michael Douglas. — que je regarde est Michael Douglas. — 3. qui passe au Rex est génial. — que j'ai vu est génial. — 4. qui est sur la table est un roman policier. — que je lis est un roman policier.

3 2. que je rencontre — un ami qui a un chapeau bizarre — 3. qu'il porte — une veste qui n'a que deux boutons. — 4. que nous saluons — un homme qui s'appelle Raymond.

4 qui chante — qui meurt — qui passe — que l'on regarde — qui n'est pas venu.

« qui », « que », « dont », « où »

p. 69 **5** dont il parle, pour l'action sociale dont il s'occupe, pour la façon originale dont il travaille, pour la manière passionnante dont il s'exprime, pour les amis intéressants dont il s'entoure.

6 1. dont il est mécontent. — 2. dont ils sont sûrs. — 3. dont il est amoureux. — 4. dont elle est fatiguée.

7 dont la structure… dont la hauteur… dont l'architecte… dont l'image… (= la tour Eiffel)

8 qui vit... dont le cri... qu'on peut voir... qui ressemble... (= le singe).

9 *Exemples :* **3.** où il y a beaucoup de cinémas (de circulation) (de bruit) (de restaurants). — **4.** où on reçoit (on fait) beaucoup de cadeaux. — **5.** où il fait très chaud. — **6.** En France, décembre est un mois où il fait froid. — **7.** La Grèce est un pays où j'aime passer mes vacances.

« (ce) qui », « (ce) que », « (ce) dont », « où »

p. 70 **10** **dont** on se sert, **dont** on abuse, **qu'**on altère, **qu'**on dépayse... **que** l'on dénature... **qu'**aucune... **que** l'homme... **qui** ne pensent

11 **1.** que l'on commet. — **2.** où nous sommes... l'animal que... cet objet dont... des animaux que... les guerres qu'ignore... — **3.** les régimes qui... des régimes qui...

12 **ce que** vous avez vu... **qui** est en face... **qui** a cassé... **qui** a fait ça... **que** j'ai déjà vu... **Ce qui** m'a frappé... **dont** il marche... **qui** penche... **qui** lui sortent... **ce qu'**il a fait... **qu'**il avait... **ce qu'**il a... trouvé... **qui** passait...

---

p. 71 Bilan n° 4

1 — Est-ce qu'il est encore libre ?/— Où se trouve-t-il ? (Où est-ce qu'il se trouve ?) / Combien coûte-t-il ? (Combien est-ce qu'il coûte ?) (Quel est son prix ?) / Il y a un... je peux le visiter... j'y vais... y va... j'en ai... qui s'en occupe... me le décrire... qui donne... qui a... dont s'occupe... les voir... lui téléphoner.... lui demander... la voir... dont la façade... un jour où... une rue où... un vélo que... c'est ce que tous les Parisiens... les embouteillages qui... une ville où... qui aurait un grand jardin... c'est ce dont...

Le futur proche

p. 72 **1** — Je vais partir à l'étranger ?/— Je vais faire une rencontre importante ?/— Je vais devenir célèbre ?/— Je vais gagner beaucoup d'argent ?

2 **1.** Vous allez être fatigué (e). Vous allez avoir des problèmes avec un supérieur. Vous allez gagner au Loto. Vous allez recevoir une lettre mystérieuse. Vous allez prendre une décision importante. Vous allez avoir des contrariétés en famille. — **2.** Vous allez faire une rencontre inattendue. Vous allez avoir des nouvelles d'un être cher. Vous allez faire un voyage à l'étranger. Vous allez recevoir (faire) un héritage important.

3 pour Nice. Georges va venir me chercher à la gare. Je vais faire une conférence à l'université à 15 heures. Je vais prendre l'avion à 18 heures. Je vais arriver à Madrid à 20 heures. *Exemple :* Je vais aller à l'hôtel « Continental ». Je vais dîner. Je vais me coucher. Le lendemain, je vais participer à une réunion à 10 heures...

p. 73 **4** Ils vont jouer au ballon/au football. Ils vont goûter. Ils vont faire leurs devoirs. *Exemple :* Ils vont regarder la télévision. Ils vont prendre leur bain. Ils vont dîner. Ils vont se coucher.

5 Elle va faire des courses. Elle va préparer le dîner. Elle va donner le bain aux enfants. Elle va mettre le couvert.

6 **1.** Je vais enregistrer un nouveau CD. Je vais faire un film avec Steven Berg. Je vais avoir un bébé. — **2.** Je vais diminuer les charges. Je vais relancer la consommation. Je vais augmenter les salaires. Je vais baisser (diminuer) les impôts. — **3.** *Exemple :* Je vais faire des exercices. Je vais suivre un stage intensif. Je vais écouter des cassettes. Je vais pratiquer la langue. Je vais lire des romans français.

7 — Est-ce que vous allez partir en vacances ? — Non, je ne vais pas partir en vacances.// — Est-ce que vous allez déménager ? — Non, je ne vais pas déménager.

p. 74 **8** **1.** Elle ne va pas prendre le métro. — **2.** Elle ne va pas déjeuner à la cantine. — **3.** Elle ne va pas rentrer à 20 heures. — **4.** Elle ne va pas se coucher à 22 heures.

9 Elle va prendre son petit déjeuner au lit. Elle va lire des magazines. Elle va aller se promener. Elle va aller au cinéma. Elle va dîner au restaurant. Elle va rentrer chez elle vers minuit. Elle va se coucher vers 1 heure.

10 **2.** *le guide :* — Nous allons déjeuner à l'hôtel.

les touristes :	— On ne va pas déjeuner chez « Tinita » ?
3. *le guide :*	— Nous allons visiter le musée national.
les touristes :	— On ne va pas (aller) voir les grands magasins ?
4. *le guide :*	— Nous allons écouter un concert de flûte.

les touristes : — On ne va pas danser au « Dingo » ?

11 Non je ne vais pas aller au bord de la mer. Je vais aller à la montagne. / Non, je ne vais pas aller à l'hôtel. Je vais faire du camping. / Non, je ne vais pas partir seul. Je vais partir avec des copains.

Le passé composé

p. 75 **1** *g :* je mange un steak-frites. je bois de l'eau, je paye 40 francs, je laisse 3 francs de pourboire.

d : j'ai mangé du foie gras et du homard. J'ai bu du champagne. J'ai payé 990 francs, j'ai laissé 30 francs de pourboire...

bas : Je paye avec des tickets restaurant. J'ai payé avec ma carte bleue.

2 *Exemple :* J'ai mangé du poisson. J'ai bu du vin blanc. J'ai payé 150 francs. J'ai laissé 10 francs de pourboire. J'ai payé par chèque/en liquide/avec une carte de crédit.

3 j'ai mis..., j'ai bu..., j'ai mangé..., j'ai mis..., j'ai lu...

4 la décoration de notre appartement. Mon mari a enlevé la vieille moquette et il a posé un parquet en chêne. Mon fils a jeté les vieux posters de sa chambre et il a changé les meubles de place. J'ai nettoyé les rideaux du salon et j'ai accroché de nouveaux tableaux sur les murs. Le dernier jour, nous avons invité tous nos amis à boire un verre.

p. 76 **5** J'ai appris le français dans une école de langues. J'ai suivi des cours pendant 6 mois. J'ai commencé il y a 6 mois. J'ai acheté une méthode, un dictionnaire et des cassettes…

6 2. a passé son permis de conduire il y a 3 ans. — 3. a commencé à marcher il y a 3 mois. — 4. a arrêté de fumer il y a un an.

7 1. tous les journaux. Il a participé à des réunions. Il a inauguré une école. Il a donné des interviews.

2. s'est levée à 9 heures. Elle a suivi un cours de littérature. Elle a déjeuné au restaurant universitaire. Elle a révisé ses examens.

p. 77 **8** 2. *g:* Il est entré dans la maison. *bas:* Il est resté longtemps à la fenêtre. *d:* Il est sorti dans le jardin. — 3. *g:* Il est monté dans la chambre. *bas:* Il est resté longtemps dans la chambre. *d:* Il est descendu à la cave. — 4. *g:* Elle est allée chez sa mère. *bas:* Elle est restée toute la journée chez sa mère. *d:* Il est venu (allé) la chercher en pleurant. *haut:* Le bébé est né le jour où le grand-père est tombé de cheval et où il est mort. — 5. *g:* Ils sont rentrés (retournés) chez eux. *bas:* Ils sont passés devant le fleuriste. Il est retourné lui acheter des fleurs.

p. 78 **9** 2. Vous êtes arrivé au restaurant à 20 heures. Vous êtes parti du restaurant à 23 heures. Vous êtes resté 3 heures au restaurant. — 3. Je suis arrivé au bureau à 9 heures. Je suis parti du bureau à 19 heures. Je suis resté 10 heures au bureau. — 4. Il est arrivé à l'école à 10 heures. Il est parti de l'école à 15 heures. Il est resté 5 heures à l'école.

10 est parti… Ils sont passés par… Ils sont arrivés… Marco Polo est resté… il est allé… Il est rentré…

11 1. je me suis levé à 11 heures. — 2. je me suis lavé les cheveux avec un shampooing aux œufs. — 3. je me suis brossé les dents avec du dentifrice à la menthe. — 4. je me suis couché vers deux heures. — 5. *Exemple:* En général, je mets un costume (un tailleur) pour aller travailler, mais hier, j'ai mis un blouson et un jean.

12 Claire s'est levée à 7 heures. Elle s'est lavée, elle s'est habillée et elle est sortie. Elle est tombée dans l'escalier. Elle s'est fait mal au bras. Elle est allée chez le médecin. Elle est restée une heure dans la salle d'attente. Elle s'est sentie mal. Elle est entrée à 10 heures dans le cabinet et elle est sortie à 11 heures. Elle est allée à la pharmacie. Elle est rentrée chez elle. Elle s'est mise au lit. Elle s'est endormie. Elle s'est réveillée quinze heures plus tard. Elle s'est sentie en pleine forme. Elle est sortie. Elle est allée danser.

p. 79 **13** 1. j'ai ouvert la fenêtre. — 2. il a mangé un sandwich. — 3. elle a pris une aspirine. — 4. j'ai bu du thé. — 5. nous sommes arrivés en retard. — 6. les enfants sont allés à la plage.

14 *Exemples:* 1. à 9 heures. Elle a pris une douche. Elle s'est lavée et elle s'est séché les cheveux. Elle a mis des vêtements légers. Elle s'est promenée sur la plage. Elle a pris des bains de soleil. (Elle s'est fait bronzer). Elle s'est baignée. Elle a lu. Elle a joué au tennis (Elle a fait du tennis). Elle a pris (elle a fait) des photos. Elle a bu un soda dans un bar. Elle a écrit des cartes postales. Elle est allée danser.

2. Vous êtes parti (e) à l'étranger. Vous avez fait une rencontre importante. Vous êtes devenu (e) célèbre. vous avez gagné beaucoup d'argent…

15 en avion. Il est parti de Nice à 15 heures. Il est arrivé à Genève vers 16 heures. Il a dîné au « Lotus Bleu ». Il a mangé des crevettes et du canard. Il a bu du champagne et du cognac. Il n'a pas dîné seul. Il est allé à l'hôtel « Luxor ». Il a acheté *Le Journal de Genève*. Il est allé au théâtre.

p. 80 **16** 3. Elle a refait les lits. — 4. Elle a nettoyé la cuisine. — 5. Elle a donné à manger aux oiseaux. — 6. Elle n'est pas allée à la banque. — 7. Elle est passée au pressing. — 8. Elle n'a pas descendu les fauteuils à la cave. — 9. Elle n'a pas repassé les chemises. — 10. Elle a recousu le bouton du manteau. — 11. Elle a fait laver la voiture. — 12. Elle a fait les courses. — 13. Elle s'est lavé les cheveux. — 14. Elle n'est pas allée dans une agence de voyages.

17 *Exemple:* J'ai fait mon lit, mais je n'ai pas passé l'aspirateur. J'ai déjeuné, mais je n'ai pas fait la cuisine. J'ai fait des exercices, mais je n'ai pas terminé. Je n'ai pas téléphoné à ma mère. Je n'ai pas écrit à ma cousine…

18 2. il est allé à l'Hôtel Lutèce. Il n'est pas allé à l'hôtel Tourista. — 3. il est monté à la tour Eiffel. Il n'est pas monté à pied. — 4. il s'est promené dans Paris. Il ne s'est pas promené dans Versailles. *Exemple:* Est-ce qu'il a dîné au restaurant ? — Oui, il a dîné au restaurant. -Non, il n'a pas dîné dans un restaurant anglais.

---

p. 81 Bilan n° 5

1 vas faire… Je **vais partir**… je **vais aller**… nous **allons visiter**… tu **vas (aller)**… Je **ne vais pas aller**… **est-ce que tu vas aller**… je **vais prendre**… je **vas faire**… je **vais louer**… tu **vas mettre**… tu **vas être**… je **suis allé(e)**… tu **as mis**… je **suis parti(e)**… je **suis arrivé(e)**… Je **suis resté(e)**… je **suis allé(e)**… Tu **as appris**… j'**ai eu**… j'**ai acheté**… j'**ai noté** (j'**ai écrit**)… j'**ai parlé**… j'**ai appris**… nous **sommes allés**… nous **avons pris**… nous **avons loué**… nous **avons parlé**… vous n'**êtes pas allés**… nous **allons retourner**…

Le présent

p. 82 **①** *Exemple:* La chanteuse de blues Tina Louis a vingt-sept ans. Elle est brune. Elle a les yeux verts. Elle mesure un mètre soixante-quinze. Elle pèse cinquante-cinq kilos. (Elle est très mince.) Elle est née à Grenoble, en France. Elle est mariée avec le cinéaste hongrois, Lajos Razek. Elle a une fille de six mois qui s'appelle Ella. La mère de Tina est pianiste, son père est boulanger. Elle a quatre frères et sœurs. Ils sont tous musiciens. Elle adore le jazz et la musique classique. Elle aime beaucoup la nature (elle a une maison de campagne en Bourgogne). Elle fait de la natation trois fois par semaine. Elle fait du yoga tous les jours. Sa couleur préférée est le vert. Son parfum, c'est « Fame » de Fate. Elle est végétarienne.

② *Exemple:* Lajos Razek est blond. Il a les yeux bleus. Il est très grand. Il mesure un mètre quatre-vingt-quinze. Il est né en Hongrie. Il aime le jazz. Il déteste la musique classique. Il a horreur de la campagne. Son plat préféré est le steak tartare. Sa couleur, le noir. Son parfum: « Evil » de Deville.

③ Marie est bavarde, Françoise est ponctuelle, Ariane est curieuse, Laurent est amusant, Max est maniaque, Corine est coquette, Adèle est hypocrite, Paul est autoritaire, Julie est susceptible.

④ *Exemple:* André est précis, curieux, amical et un peu lent. Myriam est efficace, possessive, susceptible et un peu envahissante.

p. 83 **⑤** *Exemples:* Sur les quais, des gens arrivent, d'autres partent. Une dame regarde le panneau des arrivées, un monsieur regarde le panneau des départs. Une dame demande des renseignements. Un homme regarde sa montre. Un homme court, chargé de paquets (il a une grosse valise, un sac de sport, une raquette de tennis, une canne à pêche). Un monsieur embrasse une petite fille. Un jeune homme fait du patin à roulettes. Certaines personnes montent dans le train, d'autres descendent. Des jeunes gens sont assis par terre, certains sont assis sur leurs valises. Un jeune homme joue de la guitare. Une vieille dame lui donne de l'argent. Des gens font la queue devant les guichets. Une dame retire de l'argent à un distributeur. À la terrasse du café, un homme mange un sandwich, un autre boit un café. Dans la papeterie, un jeune homme lit le journal, un autre feuillette une revue. Une dame achète des biscuits et de l'eau. Des gens se disputent. Un enfant pleure. Un chien aboie.

⑥ *Exemples:* Il y a des gens qui s'embrassent et il y en a d'autres qui se disputent. Il y a des gens qui arrivent et d'autres qui partent. Il y a des gens qui portent de gros paquets et d'autres de petits sacs.

⑦ *Exemples:* Sur la plage, il y a des gens qui lisent, il y a des gens qui se font bronzer, il y en a qui jouent au ballon, il y en a qui font des mots croisés, il y a des enfants qui font des châteaux, il y en a qui se baignent, il y a des gens qui téléphonent, d'autres qui écoutent de la musique.

Le présent avec pronoms, interrogation et négation

⑧ Se tient-il... vole... se nourrit... est... est... parle... font... vit... vit... dort... travaille... a peur... voit... entend... voit... entend... se bouche... Est-ce qu'il est immortel ? Il est... il est... meurt...

p. 84 **⑨** *Exemple:* — Est-ce qu'il connaît beaucoup de monde ? — Oui et non. — Est-ce qu'il travaille en équipe ? — Non, il travaille seul parce qu'il est indépendant, mais il arrive dès qu'on l'appelle. (un chauffeur de taxi).

⑩ *Exemples:* **9.** Portez-vous des bermudas ? — **10.** Mangez-vous des brocolis ?

Exemples: — Non, je ne le sale pas et toi, tu le sales ? — Oui, je lui fais confiance. Et toi, tu ne lui fais pas confiance ? — Non, je ne les digère pas. Et toi, tu les digères ? — Non, je n'en porte pas. Et toi, tu en portes ? — Oui, je leur parle. Et toi, tu ne leur parles pas ? — Non, je n'en dis pas souvent. Et toi, tu en dis ? — Oui, j'y joue de temps en temps. Et toi, tu y joues ?

Le futur proche

p. 85 **①** **2.** Les voitures vont s'arrêter. Les piétons vont traverser (vont passer). — **3.** Le professeur va parler. Les étudiants vont écouter (vont poser des questions). — **4.** La banque va ouvrir. Les clients vont entrer. — **5.** *Exemple:* Il est neuf heures. Marie va aller à l'université. Jean va aller au bureau. Je vais aller au lycée.

② J.: ... et je vais faire du feu. B.: Je vais couper des branches et je vais faire une cabane. H. et S.: Nous allons visiter l'île et nous allons cueillir des fruits.

③ *Exemples:* La dame aux cheveux bruns va monter dans un taxi. Le monsieur aux lunettes va prendre le métro. La jeune fille blonde va manger un sandwich. Le jeune homme blond va lire le journal. Le monsieur à barbe va boire un café (un thé, une bière, du vin...). La petite fille va mettre la lettre dans la boîte. La vieille dame va traverser.

④ *Exemples:* M. Ripois, au premier étage, va regarder le journal télévisé, puis il va dîner. Mme Julliard, au deuxième étage, va donner à manger à son chat, puis elle va écouter la radio. La petite Chloé, au troisième étage, va aller se coucher. Sa maman va lui raconter une histoire.

p. 86 **⑤** **1.** Mes parents vont acheter... Ils vont signer... Nous allons habiter... On va se voir... Tu vas t'inscrire... Tu vas le passer...

2. *Exemple:* Tu vas venir habiter dans notre quartier ! Je n'arrive pas à y croire ! On va pouvoir étudier ensemble. On va finalement pouvoir aller à la piscine et le soir on va sortir ensemble ! Pour la fac: je vais m'inscrire en lettres, mais je vais suivre les cours des Beaux-Arts en auditeur libre. Quant au permis de conduire, je vais le passer en juin. Après, en juillet, on va aller en Normandie, comme d'habitude. Tu veux venir avec nous ? Je t'embrasse très fort.

Christine

⑥ *Exemple:*

Cher Joseph,
Je vais faire une petite fête pour mon anniversaire, le 15 mars. Je vais louer une salle parce qu'ici, c'est un peu petit (on va être une centaine). Je vais engager un orchestre de salsa. Viens avec tes copains. On va s'amuser. Marianne.

7 1. Il va retourner dans son village natal. Il va acheter une ferme. *Exemple :* Il va se présenter aux élections et, probablement, il va être élu...
2. Mes filles vont passer leur licence de biologie, puis elles vont passer leur maîtrise. Ensuite elles vont partir à l'étranger. Elles vont peut-être trouver du travail là-bas...

8 Nous allons délocaliser l'usine. Nous allons moderniser les services. Nous allons recycler une partie du personnel. Nous allons changer l'image de marque et le logo. Nous allons démarrer une nouvelle campagne de publicité.

9 *Exemple :* Les syndicats vont poser des conditions. Les employés vont faire la grève.

Le futur proche avec pronoms, interrogation et négation

p. 87 **10** 2. Attendez, je vais la fermer. — 3. Attendez, je vais le raccrocher. — 4. Attendez, je vais y aller. — 5. Attendez, je vais le remplir (à votre place).

11 Il va me dire qu'il fait beau. Il va me demander ce que je lis. Il va me dire que mon chien est mignon. Il va le caresser. *Exemples :* Il va me proposer de boire un verre. Il va me dire que j'ai de beaux yeux...

12 M. et G. : Nous, nous allons l'inviter... F. : Moi, je vais lui offrir... D. et M. : Nous, nous allons lui chanter (lui offrir)... J.-M. : Moi, je vais l'emmener...

13 1. Il va l'épouser, il va lui faire des promesses, il va lui mentir, il va l'abandonner. — 2. Il va les observer, il va les écouter, il va leur vendre une nouvelle voiture. — 3. Elle va les peser, elle va les mesurer, elle va leur faire une piqûre, elle va leur donner des vitamines.

p. 88 **14** 2. Non, je vais leur envoyer une lettre. — 3. Non, ils vont y aller à pied. — 4. Non, il va lui offrir des bonbons. — 5. Non, je vais en réserver trois.

15 *Exemples :* Moi, je vais les inviter au restaurant. Vous, vous allez leur faire visiter la région. Moi, je vais leur montrer l'école maternelle. Vous, vous allez leur montrer la coopérative. Moi, je vais les accueillir à l'aéroport. Vous, vous allez les accompagner à la gare.

16
J. : — Tu vas acheter une robe de mariée ?
E. : — Oui, je vais en acheter une aux « Quatre Galeries ».
J. : — Vous allez inviter Charles et Édouard ?
E. : — Non, nous n'allons pas les inviter.
J. : — Vous allez choisir vos alliances bientôt ?
E. : — Oui, nous allons les choisir demain.
J. : — Tu vas aller chez le coiffeur ?
E. : — Oui, je vais y aller le matin du mariage.
J. : — Vous allez héberger tous vos parents ?
E. : — Non, nous allons en héberger seulement quelques-uns.
J. : — Vous allez manger des hamburgers ?
E. : — Non, nous n'allons pas en manger.
J. : — Vous allez engager un disc-jockey ?
E. : — Oui, nous allons en engager un.

J. : — Vous allez choisir les disques ensemble ?
E. : — Oui, nous allons les choisir ensemble.
J. : — Vous allez écouter de la musique militaire ?
E. : — Non ! Nous n'allons pas en écouter.

17 2. ... vous allez le perdre. — 3. ... nous allons y retourner. — 4. ... je vais vous en prêter un. — 5. ... je vais lui en acheter une. — 6. ... je vais te le redonner.

Le passé composé

p. 89 **1** 2. ... mais il a habité aux États-Unis... — 3. ... mais elle a enseigné de 1960 à 1990. — 4. ... mais j'ai pris des somnifères... — 5. ... mais elle a vécu à Londres... — *Exemples :* 6. ... mais j'ai fait de la natation toute ma jeunesse. — 7. ... mais il a été ministre pendant des années. — 8. ... mais il a plu pendant dix jours.

2 Il a passé sa licence de Sciences Économiques en 1977. En 1978, il a fait son service militaire. En 1980, il s'est marié avec Annette Roustand. En 1981, ils sont partis à Houston et ils ont ouvert un restaurant. Ils ont eu des jumeaux en 1983. En 1985, ils ont divorcé. En 1987, Jean s'est marié avec Dolores Iglesias. En 1988, il est rentré en France. En 1990, il s'est présenté aux élections. Il a été élu maire de Limoges en 1991.

3 *Exemples :* Dolores Iglesias est née en Espagne, à Barcelone. Elle a fait des études de droit de 1975 à 1981. En 1981, elle est partie aux États-Unis avec sa famille. Elle est devenue avocate. Elle s'est affrontée à la mafia. Elle est devenue célèbre dans la lutte contre le racket des bouchers. Elle a rencontré Jean Charal en 1984. Ils se sont mariés en 1987. Ils se sont installés en France en 1988. Elle a eu des jumelles en 1991.

4 un homme a nourri... La nourriture a attiré... Les rats se sont multipliés... Ils ont creusé... La terre est devenue... un pont s'est effondré... un car est tombé... deux adultes se sont noyés... Cette histoire m'a impressionné(e)...

p. 91 **5** A. : ... que mon nez en carton s'est décollé et que toute la salle a éclaté de rire ? T. : ... quand j'ai amené une souris dans la classe, qu'elle est entrée dans le sac du professeur de français et qu'elle s'est évanouie ? A. : Et quand je me suis réveillé en retard et que je suis arrivé au cours en pyjama ? T. : Et quand nous sommes partis faire du camping et qu'il s'est mis à pleuvoir en pleine nuit. A. : Oh là là ! le vent a emporté notre tente et toutes nos affaires ! Tu te souviens de la grotte où on s'est réfugiés et où on a trouvé une malle pleine de vieux livres ?

Exemples : T. : Ah oui alors ! on a passé toute la nuit à lire et on a pris un sacré rhume ! A. : Et tu te rappelles quand on a gagné au foot contre Montpellier ? On a joué à dix et on a marqué cinq buts !

6 *Exemples :* De 1935 à 1937, j'ai fait mon service militaire. En 1937, mon fils André est né. En 1939, j'ai eu une petite fille, Louise. En 1940, je suis parti à la guerre et j'ai été blessé. En 1945, j'ai reçu la croix de guerre. J'ai commencé à peindre et j'ai fait mon autoportrait en 1943. J'ai fait le portrait de notre chatte Minette et celui de ma femme Raymonde en 1944.

En 1949, j'ai ouvert mon café « Chez Loulou » sur le bord de la Marne. En 1952 et en 1953, j'ai été champion de boules. En 1955, j'ai été élu maire de Joinville. J'ai fait une exposition de peintures en 1956.

7 *Exemples :*

Édith Piaf est née en 1915. Elle a grandi et elle a commencé à chanter dans la rue. En 1935, elle a été découverte par un directeur de cabaret. Elle est vite devenue très populaire. Elle a chanté dans le monde entier. Elle a révélé de nombreux talents. Elle a eu une liaison amoureuse avec le boxeur Marcel Cerdan puis avec le chanteur Yves Montand. Elle est morte en 1963.

Charles de Gaulle est né en 1890. En 1940, il s'est allié aux troupes anglaises et a lancé un appel aux Français pour continuer la lutte contre l'Allemagne et l'Italie. Il est entré en 1944 dans Paris libéré. En 1945, il a été élu président du gouvernement provisoire, en janvier 46, en désaccord avec les partis, il a démissionné. Douze ans plus tard, il a été appelé pour régler les problèmes de l'Algérie et il a été nommé chef du gouvernement avec les pleins pouvoirs. Il a rédigé la nouvelle constitution qui a instauré la Ve République.

Le passé composé avec pronoms, interrogation et négation

p. 91 **8** *Exemples :* **2.** Dimanche dernier, j'ai rencontré des amis dans un café. — **3.** Il y a deux jours, j'ai acheté une valise dans un grand magasin. — **4.** Avant-hier, j'ai oublié mes gants sur un banc.

9 *Exemples :* **1.** Je l'ai trouvé hier matin. Non, je l'ai trouvé dans un taxi. Oui, je l'ai apporté à la police / Non, je ne l'ai pas apporté à la police : j'ai trouvé le nom de son propriétaire et je lui ai téléphoné. — **2.** — Qui avez-vous rencontré dimanche dernier ? — J'ai rencontré mes amis Jean et Cathy. — Vous les avez rencontrés dans la rue ? — Non, je les ai rencontrés dans un café. — Vous leur avez parlé ? — Oui, et je les ai invités à déjeuner.

10 **1.** Il y a cinq ans, deux pêcheurs ont trouvé dans leurs filets une statue de jeune fille en bronze d'une beauté extraordinaire. Des spécialistes l'ont nettoyée, des experts ont estimé son âge à plus de 2000 ans. Les deux villes maritimes proches du lieu de la découverte se sont disputées pour l'avoir dans leurs musées. Finalement, l'État l'a gardée et l'a installée au musée national. Elle a voyagé dans le monde entier. On lui a attribué des miracles. Elle a été photographiée sous tous les angles. Elle a été reproduite dans toutes sortes de matériaux. Des milliers de personnes sont venues la voir. Un jour un homme, son véritable auteur, son sculpteur désespéré, l'a retrouvée. Il lui a lancé un clin d'œil et un baiser rapide et il a disparu, heureux, au milieu de la foule. — **2.** *Exemples :* Je pense que l'homme était l'auteur de la statue et qu'il l'avait jetée dans la mer car il n'était pas satisfait de son travail. / Peut-être que le sculpteur travaillait sur la plage et que sa sculpture avait été enlevée par les vagues. / Peut-être aussi qu'il était amoureux du modèle, qu'elle l'avait fait souffrir et qu'il avait jeté la statue à la mer, par dépit.

p. 92 **11** Il a refusé des priorités à droite. Il a pris des couloirs de bus. Il a fait des queues-de-poisson. Il a doublé à droite. Il est monté sur les trottoirs. Il a ren- versé des poubelles. Il a roulé à 200 km/heure. Il est entré dans des abribus. Il a descendu des escaliers. Il a pris des sens interdits. Il a jeté des clous sur la route.

12 Les policiers ne sont pas toujours passés au feu vert. Ils n'ont pas toujours respecté la ligne blanche. Ils n'ont pas laissé la priorité à droite. Ils n'ont pas mis leur clignotant. Ils n'ont pas réussi à attraper Al K. Traze.

13 Trois étudiants ont décidé de faire un hold-up. Ils ont choisi une banque. Ils ont étudié les lieux. Ils ont lu de nombreux récits de gangsters. Ils se sont procuré des armes. Ils se sont parfaitement maquillés. Ils ont fait irruption dans la banque, ils ont menacé le caissier avec leurs armes, ils ont ouvert un sac de sport, ils y ont mis l'argent et ils y ont soigneusement rangé... leurs armes.

Exemple : Tous les clients se sont rendu compte de la gaffe des gangsters. Ils les ont immédiatement maîtrisés et ils ont appelé la police.

p. 93 **14** **2.** Non, je ne l'ai pas vue. — **3.** Non, je ne l'ai pas regardée. — **4.** Non, je n'y suis pas allé.

15 **2.** Elle lui a plu tout de suite. — **3.** Il lui a fait des confidences. — **4.** Il l'a revue plusieurs fois. — **5.** Il l'a épousée en janvier. — **6.** Elle l'a déçu en mars. — **7.** Il l'a quittée en septembre. — **8.** Il lui a rendu son alliance. — **9.** Il lui a renvoyé ses lettres. — **10.** Il l'a oubliée un moment. — **11.** Elle lui a manqué. — **12.** Il lui a téléphoné. — **13.** Il l'a revue. — **14.** Il l'a épousée une deuxième fois. — **15.** *Exemple :* Elle l'a quitté une deuxième fois. Il l'a quittée une deuxième fois.

16 nous n'avons pas grandi,
nous n'avons pas rêvé,
nous n'avons pas dormi,
nous n'avons pas mangé
nous n'avons pas aimé.
Nous ne sommes personne
et rien n'est arrivé.

p. 94 **17** — Elle a acheté une robe. — Oui, elle en a essayé au moins douze. — Elle n'en a acheté qu'une. — Non, elle a payé par chèque. — Elle est sortie du magasin vers midi (elle en est sortie vers midi). — Elle a dû y retourner parce qu'elle avait oublié son écharpe. — Oui, elle la lui a rendue. — Non, elle ne l'a pas remerciée. — Non, la banque ne l'a pas accepté. — Non, elle ne l'a pas revue (jamais revue).

18 *Exemples :* — J'ai perdu mon passeport ! — Quand est-ce que tu l'as utilisé pour la dernière fois ? — À l'hôtel Tourista. — Est-ce que tu l'as repris à la réception ? — Oui, on me l'a rendu et je me souviens que je l'ai mis dans la poche arrière de mon jean. — Alors, on te l'a peut-être volé...

Le présent, le futur proche et le passé composé

p. 95 **1** **1. Avant,** les joueurs se sont habillés, il se sont échauffés, ils ont écouté leur entraîneur, ils ont plaisanté. **Maintenant,** ils écoutent l'hymne national, ils ont le trac, ils prient, ils se concentrent. **Après,** ils vont commencer à jouer, ils vont marquer un but, ils vont s'embrasser, ils vont gagner.
2. Avant, le journaliste (le présentateur) a bu un café.

Il a lu ses notes. Il a parlé au téléphone. On l'a maquillé. **Maintenant,** il présente le journal. **Après,** il va aller dîner avec une amie. Il va enlever sa veste et sa cravate. Il va boire du vin. Il va parler de l'émission.

2 **Avant :** Ils ont téléphoné à des agences, ils ont pris des rendez-vous, ils ont rempli des fiches, ils ont visité plusieurs appartements, ils ont réfléchi longtemps, ils se sont promenés dans de nouveaux quartiers...
Après : Ils vont abattre une cloison, ils vont repeindre en blanc, ils vont mettre des stores vénitiens, ils vont changer la moquette, ils vont refaire les sanitaires, ils vont déménager, ils vont défaire leurs paquets...

3 *Exemple :* **Christophe Colomb :** Il a commencé à naviguer à l'âge de quatorze ans. Il a étudié la cartographie. Il a lu de nombreux ouvrages. Il a fait des calculs compliqués. Il a obtenu trois bateaux de la reine d'Espagne pour partir à la découverte des Indes. Il est parti des Canaries. Il a navigué trente-cinq jours. Il a découvert San Salvador. / Plus tard, il va coloniser Hispaniola. Il va retourner en Espagne. Il va être fait prisonnier par les colons rebelles. Il va chercher toute sa vie un passage vers les Indes.

p. 96 **4** *Exemples :* ... qui mangent. Un jeune homme joue de la guitare et chante. Une serveuse sert du vin. Un homme boit à la bouteille. Un autre dort sur la table. Un chien essaie (tente) d'attraper un jambon. Un cheval boit. Des hommes se battent en duel. Une femme crie. Une petite fille tire la queue d'un chat. Une vieille femme fait cuire des poulets dans une cheminée. Un bébé dort à côté d'elle dans un berceau. Une petite fille le berce. Deux garçons jouent aux cartes dans un coin. L'un des deux triche.

5 *Exemple :* **Avant cette scène,** l'homme frisé qui se bat en duel a embrassé la femme de l'homme brun. Ils ont commencé à se battre. L'homme qui dort est arrivé à cheval. Il a laissé son cheval dans la cour. Il a mangé et il a bu, il s'est endormi... La gitane et le jeune homme sont arrivés. Ils ont parlé au patron de l'auberge. Ils ont commencé à jouer.
Après cette scène : L'homme brun va blesser l'homme frisé. La femme va le secourir. L'homme qui dort va se réveiller et va partir à cheval. La gitane et le jeune homme vont jouer un autre morceau. Le garçon brun qui joue aux cartes va se rendre compte que son compagnon triche. Il va se fâcher. Ils vont se battre. Le chien va manger le jambon. L'aubergiste va le pourchasser.

6 **Avant :** Ils ont appris le texte, ils ont fait des repérages, ils ont répété les scènes, ils ont essayé les costumes, ils se sont maquillés. **Après :** Ils ont visionné les séquences, ils ont rejoué certaines scènes, ils ont discuté avec le metteur en scène, ils sont allés à Cannes, ils ont donné des interviews.

7 *Exemples :* **Louis Mourret :** Il a regardé des jeux télévisés pendant des années. Il a appris par cœur des encyclopédies. Il a été sélectionné. Il a eu de la chance. Il va se présenter à « Questions pour un champion ». **Thierry Duval :** Il s'est entraîné très sérieusement. Il a été soutenu par sa famille. Il va se préparer pour les jeux Olympiques. **Jean Charal :** Il a été mêlé à des scandales financiers. Il n'a pas été soutenu par son

parti. Il a fait de mauvaises alliances électorales. Il va créer un nouveau parti. **SEPA/Trenette :** La société S. a eu des problèmes avec les syndicats. La société T. a perdu beaucoup d'argent en bourse. Les sociétés S. et T. vont licencier du personnel.

Les relatifs
Les relatifs simples

p. 97 **1** *Exemples :* **1.** La femme qui peint est ma mère. La petite fille que ma mère peint est ma sœur Zouzou. La région où nous passons nos vacances est la Picardie. L'année où nous y sommes allés, ma mère avait un pied dans le plâtre. Etc. — **2.** L'homme qui est sur la photo est mon père. La tour que l'on voit derrière est la tour de Pise. Le pays où mes parents font leur voyage de noces est l'Italie. Le jour où la photo a été prise, il pleuvait. — **3.** Le garçon qui est à gauche est mon frère Lulu. L'ombre que l'on voit sur le sable est celle de ma tante Mimi. La ville où nous passons nos vacances est Deauville. Le jour où on a pris cette photo, il y avait un vent terrible. La fille que nous portons sur nos épaules est ma sœur Zouzou.

2 **2.** C'est une rivière dont il se méfie. — **3.** C'est un collier dont elle est fière. — **4.** Ce sont des vacances dont nous parlons encore.

3 *Exemples :* La nostalgie, c'est une vieille chanson qui passe, c'est un vieux film que l'on revoit, c'est un moment où l'on se souvient du passé. / L'amitié, c'est quelqu'un qui vous accepte complètement, c'est quelqu'un que l'on retrouve toujours, c'est un chemin où on marche ensemble.

Les relatifs composés

p. 98 **4** **2.** La personne dont je garde les enfants est infirmière. — **3.** Le stylo avec lequel j'écris est un « Mont Bleu ». — **4.** L'ami auquel je dois de l'argent est archevêque. — **5.** *Exemple :* L'étudiante avec laquelle je partage mon appartement est allemande.

5 **1.** *haut :* ... la maison dont vous rêviez... *bas :* Une maison que nous avons... qui vous attend. *g :* Des matériaux dont la noblesse... Une cuisine dans laquelle... Un jardin où... *d :* Des placards dans lesquels (où)... Une piscine au bord de laquelle... Un prix qui... — **2.** *Exemple :* Voilà le blouson dont vous rêviez : une matière qui est chaude en hiver, fraîche en été et dans laquelle vous êtes toujours bien... Un blouson sous lequel vous porterez un pull ou une chemise en soie. Etc.

6 Les voitures **qui** passent... les freins du bus **qui** grincent... les marteaux-piqueurs **auxquels** on ne peut échapper... les mobylettes **auxquelles** on n'avait pas pensé... les plages **où** résonnent... D'après les chercheurs, **ce qui** rend fou, les basses fréquences **que** l'on ne peut... C'est un problème **sur lequel** se sont penchés... et **pour lequel** il existe... une invention **dont** les applications...

7 *Exemples :* **Le prince :** La table sur laquelle il mange est en bois précieux. Le lit dans lequel il dort est un immense lit de plumes d'oie. Les vêtements qu'il porte sont en soie... **Le navigateur :** Les assiettes dans lesquelles il mange sont en plastique. La table sur laquelle il mange est une planche rabattable. Le lit dans lequel il dort est une petite banquette en bois...

Quelques prépositions

Prépositions de lieu

p. 99 **1** *g :* sur son écran... dans la valise... sous un porche. *d :* sur la valise noire... sous le sac. *bas :* sur un tapis.

2 dans une navette... sur la piste... dans l'avion... dans le coffre... au-dessus de nos sièges... sous mon siège... au-dessus de nos têtes... parmi les voyageurs... sur un plateau... au-dessus des nuages... au-dessous de nous/en dessous de nous... entre deux montagnes... parmi les rochers.

3 *Exemple :* Nous sommes arrivés à midi. Je suis passé(e) devant les contrôles, puis je suis allé(e) retirer mes bagages. Je les ai mis sur un chariot, puis je suis allé(e) chercher un taxi. Je suis allé(e) à l'hôtel. J'ai ouvert mes valises. J'ai mis mes affaires sur des cintres, dans l'armoire. La chambre était très claire : il y a avait un grand lit, entre deux jolies tables de nuit. Il y avait des gravures anciennes au-dessus du lit et un petit bureau devant la fenêtre...

4 *Exemples :* **Dans un appartement désordonné :** Le vélo est dans le couloir, la veste est sur une chaise, le sac est sur le lit, le parapluie est dans le salon, les assiettes sont dans l'évier, les livres sont sur la table, les clés sont sur l'étagère, la lampe est sur le sol, les pantoufles sont sous le lit, les jouets sont sur le tapis. **Dans un appartement ordonné :** Le vélo est dans le garage, la veste est dans l'armoire (dans la penderie) (sur le porte-manteau), le sac est sur une chaise, le parapluie est dans le porte-parapluies, les assiettes sont dans un placard, les livres sont dans la bibliothèque, les clés sont pendues derrière la porte, la lampe est sur la table, les pantoufles sont dans la table de nuit, les jouets sont dans le coffre à jouets.

p. 100 **5** **1.** à San Francisco... chez David et Jane... chez «Max and Tracy»... à l'hôpital... de Bristol... d'Ottawa... à Denver... chez Talbot... au Mexique... en France...
2. *Exemple :* Je suis à Londres, chez ma correspondante Mary. Elle va au lycée le matin. Moi, j'étudie l'anglais chez elle. Je bavarde avec sa mère. Elle est de Glasgow et elle a un accent écossais très sympathique. L'après-midi, Mary et moi nous sortons ensemble. Nous nous promenons : nous allons à Portobello, au marché aux puces ou dans les jardins, nous faisons des courses à Picadilly ou nous allons au musée. Nous dînons parfois au restaurant (dans un restaurant indien ou dans un «fish and chips»). Le week-end prochain, nous allons aller en Cornouailles, chez des amis de Mary. Je rentrerai en France dans dix jours. Je t'embrasse. Clémentine.

6 *Exemples :* ... le deuxième se trouve derrière la cascade, dans une grotte creusée dans la montagne. Le troisième se trouve devant une statue, entre deux tombes, dans le cimetière. Le quatrième se trouve au-dessus du rocher noir, parmi les rochers qui sont devant la maison. Le cinquième se trouve au fond du puits dans la cave creusée au-dessous de la maison.

7 *Exemple :* Une fois, Mme Dax cache ses bijoux dans un vase et son argent dans un livre, une autre fois elle cache son argent dans sa salle de bains et ses bijoux dans son réfrigérateur, ou encore elle cache son argent sous son matelas et ses bijoux dans une vieille poupée de sa fille...

Prépositions de temps

p. 101 **8** **2.** Elle a été construite en deux ans. — **3.** Elle a eu lieu il y a plus de deux cents ans. — **4.** *Ex. :* Elles commenceront dans trois mois.

9 *Exemples :* Le pont de Brooklyn a été construit en 1883. / Les jeans «Levi Strauss» existent depuis 1853, ils font partie de notre habillement depuis les années 50/60 : depuis plus de trente ans... / Le carnaval de Venise commencera dans dix jours.

10 **P. :** ... depuis trois mois – ... pour combien de temps... **J. :** Pour deux ou trois semaines... en deux semaines ou en trois semaines... **P. :** ... dans quatre semaines... **J. :** ... depuis des années... **J. :** ... il y a quinze ans...

11 à l'école maternelle... à l'école primaire... **pour** une durée... **De** huit heures... à quatre heures... **De** midi à 13 h... **à la** cantine... **chez** eux... **le** mercredi... **le** samedi... **le** dimanche... **au** lycée... **au** collège... **jusqu'à** 14 ans... jusqu'**au** baccalauréat...

---

p. 102 Bilan n° 6

1 **1.** ... des gens qui **lisent** les journaux... qui **font** des calculs, il **y en a** d'autres qui **apprennent (étudient)** les langues... et **il y en a** beaucoup qui **ne font** rien.

2. Ma sœur **reçoit** beaucoup de courrier... elle **a vécu** plus de 2 ans... elle **a gardé** des contacts. Ils **envoient** régulièrement... ils **viennent** la voir...

3. Demain, maman **va faire** un beau gâteau... je **vais souffler** six bougies et je **vais avoir** (je **vais recevoir**) beaucoup de cadeaux. Le soir, je **vais me coucher** plus tard... nous **allons aller** au cinéma.

4. Hier soir, je **suis resté(e)** chez moi... j'**ai écrit** une longue lettre... je **lui ai demandé** des nouvelles... et je **lui ai envoyé** des photos...

5. Samedi dernier, nous **avons passé** une excellente soirée : d'abord nous **sommes allés** au théâtre, puis nous **avons dîné** dans un bon petit restaurant, et enfin nous nous **sommes promenés** le long de la Seine. Nous nous **sommes couchés** à trois heures du matin et nous nous **sommes levés** dimanche à onze heures.

6. ... elle **est allée** chez le coiffeur hier... il **lui a coupé** les cheveux. Quand elle **est entrée**... je ne l'ai pas reconnue.

2 **dans** ce petit village... **dont** nous vous avons si souvent parlé... **sur** la place... le château **dont** la tour... **où** les enfants... la rivière dans **laquelle**... Nous sommes ici **depuis** quatre jours... **depuis** toujours... **il y a** huit ans, l'année **où**...

L'imparfait

p.103 **1** Avant, il pesait 105 kilos, il portait du 60. Il consommait 8 000 calories par jour. Il buvait de la bière et des alcools. Il mangeait des gâteaux. Il montait chez lui en ascenseur. Il ne faisait pas de sport. Il jouait aux cartes. *Exemple:* Il porte des vêtements clairs. / Il portait des vêtements foncés. Il sort beaucoup. / Il sortait peu.

2 Les femmes travaillaient à la maison. Les petits enfants restaient à la maison. Les jeunes allaient travailler aux champs. On pratiquait moins de sport. On se déplaçait peu. On déjeunait toujours assis. On travaillait 60 heures par semaine. On était vieux à cinquante ans. *Exemple:* On a plusieurs semaines de congé. / On prenait peu de vacances. On surveille sa silhouette et sa santé. / On allait peu chez le médecin. On se préoccupait moins de son physique.

3 *Exemples:* **1.** Il y avait moins de constructions sur la côte méditerranéenne. Il y avait peu de monde sur les plages. Seuls les privilégiés prenaient des vacances. Les ports vivaient de la pêche. L'eau était plus propre, la nature plus préservée. Mais il y avait plus de chômage. Les jeunes quittaient les villages pour aller vivre dans les villes. — **2.** On prenait seulement des repas chauds. On rentrait chez soi à midi. Les ouvriers mangeaient sur leur lieu de travail mais ils apportaient leur repas et ils le faisaient réchauffer sur place.

4 *Exemple:* «En ce temps-là, la vie était plus belle» parce qu'on prenait le temps de vivre. On pouvait profiter d'une nature qui n'était pas dégradée. Les familles étaient plus unies et les amis se voyaient davantage. Mais les pauvres étaient plus pauvres, aucune loi sociale ne les protégeait. On était moins informés, on avait moins de choix, en général.

p.104 **5** Il n'y avait pas d'assiettes... les invités mangeaient... Ils se servaient... ils s'essuyaient... On plaçait... on le partageait... Les cuisiniers découpaient... il fallait... les rixes éclataient... les serveurs présentaient... qui craignaient... on distribuait...

6 *Exemple:* Les femmes faisaient de la danse et du sport. Elles portaient des «bikinis». Elles s'exerçaient aux haltères, elles lançaient le disque, elles faisaient du jogging, elles nageaient, elles étaient soignées et athlétiques.

7 Agénor et son ami vivaient... Ils mangeaient... Ils se chauffaient... Les oiseaux avaient... Les poissons marchaient... il n'y avait pas d'enfants.

8 *Exemples:*
1. Les Indiens formaient de grandes familles qui obéissaient à leurs chefs et respectaient les anciens. En Amérique du Sud, les Guarani formaient une communauté très organisée. Ils chassaient, ils pêchaient, ils travaillaient la terre, ils faisaient de l'artisanat. Ils vivaient sous des tentes (des «tipis»). Ils n'avaient aucune monnaie. Ils faisaient du «troc» (ils échangeaient ce qu'ils produisaient).
2. Les cow-boys parcouraient les plaines à cheval, ils prenaient soin des troupeaux, ils leur faisaient traverser les rivières, ils les vendaient au marché. Les

jours de fête, ils faisaient des «rodéos» (ils domptaient des chevaux sauvages).
3. Les chercheurs d'or passaient des journées entières dans les rivières. Ils filtraient l'eau pour recueillir des pépites. Ils menaient une vie très dure.

p.105 **9** j'observais... je connaissais... Le S.A... représentait... il ouvrait... je m'y précipitais... j'y voyais... qui me fascinaient... je créais... je les possédais... je les conduisais... j'étais... je devenais... je gagnais... je ne pensais... j'aimais... j'en étais fou.

10 *Exemple:* J'adorais mon chien Punky. Je m'en occupais seul. Je lui préparais à manger, je le baignais, je le coiffais. Je connaissais ses goûts. Ses caprices m'amusaient. Souvent, nous courions dans la forêt. En été, je l'emmenais à la plage, nous nagions, nous faisions des courses, il gagnait, il était content.

11 *Exemples:* **Maintenant:** **1.** ... il y a beaucoup de circulation, il pleut souvent, je m'impatiente dans ma voiture. **2.** Dans mon bureau, les dossiers s'accumulent, les deux téléphones sonnent sans arrêt. Ma secrétaire a une trentaine d'années. Elle est blonde. Elle travaille sur un ordinateur. **3.** Le soir, ma femme et moi nous lisons, nous bavardons ou nous regardons la télévision. **Avant:** **1.** Il faisait souvent beau et c'était un plaisir de marcher. Je chantais en marchant. **2.** Dans mon bureau, les dossiers s'accumulaient. Les deux téléphones sonnaient sans cesse. Ma secrétaire avait une cinquantaine d'années. Elle était brune. Elle écrivait à la machine. — **3.** Le soir, ma femme et moi, nous jouions avec les enfants, nous leur donnions leur bain, nous leur racontions des histoires...

12 *Exemples:* **1. Maintenant:** Mme Macard est ministre: elle participe au Conseil des ministres une fois par semaine. Elle négocie les réformes avec les syndicats. Elle présente et elle défend son budget devant les députés et les sénateurs. Elle prépare les lois. À l'Assemblée nationale, elle répond aux questions d'actualité. **Avant:** Mme Macard était journaliste. Elle écrivait dans un hebdomadaire. Elle faisait des enquêtes dans les banlieues difficiles. Elle interviewait les hommes politiques. **2. Maintenant:** M. Rougon est milliardaire. Il vit dans un luxueux appartement. Il possède un château en Sologne et un bateau. Il reçoit des princes et des stars. **Avant:** M. Rougon était clochard. Il dormait sous les ponts. Il avait souvent faim et froid. Il ne possédait rien. — **3. Maintenant:** M. Itolf est chef d'État. Il a le pouvoir absolu. Il est reçu par les dirigeants des autres pays. **Avant:** Arsène Itolf était chef des rebelles. Il dirigeait la guérilla. Il était hors la loi. Il était recherché par la police.

p.106 **13** **Martin:** À première vue, rien ne le distinguait de nous: il portait des tee-shirts, des blousons et des baskets. Il arrivait et il repartait à vélo. Il déjeunait à la cantine. Mais en sa compagnie, la vie devenait fascinante: il travaillait et jouait avec passion. Il riait si franchement que nous riions avec lui. Il nous montrait des tours de magie, il imitait le chant des oiseaux et les oiseaux lui répondaient... Il nous étonnait, il nous émerveillait et nous l'admirions tous.

14 **Charles Quint:** Son père était hollandais, sa mère était espagnole. Sa langue d'origine était celle de son père : le français. Il parlait mal l'allemand et il disait qu'il se sentait étranger en Espagne, mais il essayait de bien faire son métier d'empereur et de roi. Il n'aimait pas son visage au menton très allongé en avant. Il portait les cheveux longs et une barbe pour en atténuer l'effet. Il mangeait beaucoup. Il buvait de la bière glacée. Il était souvent malade. Il était mélancolique et désirait abdiquer.

15 La salle était pleine, il y avait des gens debout. Les gens entraient et sortaient pendant la projection. Ils apportaient à manger. Ils fumaient. Il y en avait qui dormaient. Les soldats venaient en groupe. Ils criaient. Ils faisaient des farces. Les gens applaudissaient ce qu'ils voyaient à l'écran ou ils jetaient des tomates. Des femmes allaitaient. Il y avait des enfants et des animaux dans la salle. Les cinémas ressemblaient à des théâtres. Ils étaient très grands, ils avaient de grands rideaux rouges et des lustres. Avant le film, il y avait des actualités et parfois des spectacles de variétés.

16 Il y avait des gens qui faisaient la queue pour acheter leurs billets ou pour les composter. Des voyageurs montaient dans le train, d'autres en descendaient. Certains installaient leurs valises dans leur compartiment. Des gens se disaient au revoir, d'autres s'embrassaient, se séparaient, pleuraient, ou se disputaient. Parmi les personnes qui arrivaient, la plupart retrouvaient des parents ou des amis qui les attendaient. Au bar, des gens buvaient ou mangeaient. Devant la papeterie, des gens lisaient ou feuilletaient des revues. Un gros monsieur se pesait.

p. 107 **17** **Fred :** Je buvais de la bière « Chez Max ». **Toto :** J'étais au cinéma. **Momo :** Je dînais avec ma famille (chez moi). **Dédé :** Je regardais des films vidéo chez moi. **Bella :** Je téléphonais à un ami. **Al :** J'étais en prison.

18 **S. :** si on prenait un café ? **P. :** si on allait à côté ? **P. :** si tu venais avec moi ? *Exemple :* **S. :** si on allait faire un tour en péniche ? si on allait voir la mer ?

19 — Si nous prévenions la SPA ? — Si on regardait son collier ? — Et s'il avait la rage ? — Si nous appelions la police ? — Si nous lui donnions à manger ? — Et si on me laissait tranquille ? / Et si vous me laissiez tranquille ?

Le passé composé et l'imparfait

p. 108 **1** **2.** Avant, je buvais mon café sucré. Un jour, je l'ai bu sans sucre. Maintenant, je le bois toujours sans sucre. — **3.** Avant, je partais toujours en vacances à la mer. Un jour, je suis parti(e) à la montagne. Maintenant, je pars toujours à la montagne. **4.** Avant, je prenais toujours des somnifères le soir. Un jour, j'ai pris du lait chaud. Maintenant, je prends toujours du lait chaud. — **5.** Avant, je faisais toujours la cuisine au beurre. Un jour, j'ai fait la cuisine à l'huile d'olive. Maintenant, je la fais toujours à l'huile d'olive. — **6.** Avant, je me parfumais avec du santal. Un jour, je me suis parfumée avec du jasmin. Maintenant, je me parfume toujours avec du jasmin.

2 Avant, nous étions chômeurs. Nous avions une petite allocation de chômage. Nous cherchions du travail mais les agences pour l'emploi n'avaient rien à nous proposer. Nous étions désespérés. Un jour, nous avons cessé de demander. Nous avons proposé nos services bénévoles à un agriculteur. Il a été content du résultat. Il nous a donné un peu d'argent, puis il nous a demandé de l'aider à plein temps. Maintenant, nous cultivons des produits biologiques et nous allons les vendre au marché. Nous avons retrouvé des racines. Nous nous sentons plus forts, malgré les difficultés.

3 *Exemples :*
Un changement dans notre vie : Avant, j'étais aide-coiffeuse dans un grand salon. Je gagnais très peu d'argent. Je faisais des shampooings. Je servais le café. Je m'ennuyais. Un jour, j'ai eu l'occasion de faire un stage avec d'excellents coiffeurs. J'ai appris à couper et à soigner les cheveux. J'ai obtenu un diplôme. On m'a engagé(e) dans un théâtre national pour coiffer les acteurs et les actrices. Maintenant j'ai un emploi stable et je m'amuse beaucoup.

Un changement dans votre pays : Avant, on faisait deux ans de service militaire. C'était long. Quand on avait interrompu ses études, il était trop tard pour les reprendre. Il était difficile de s'occuper de sa famille. Un jour, le service militaire a été supprimé. On a créé une armée de métier. La vie de nombreux foyers a été transformée.

Un changement dans le monde : Avant, il y avait un mur qui divisait Berlin. En 1989, ce mur a été démoli. La politique et l'économie mondiale ont été bouleversées.

4 *Exemples :* **2.** Quand je suis parti(e), les enfants jouaient. Quand je suis revenu(e), ils se disputaient. — **3.** Quand je suis arrivé(e), il pleuvait. Quand je suis parti(e), il faisait beau. *Ex. :* Quand je suis monté(e) sur la tour Eiffel, il y avait du brouillard. Quand je suis descendu(e), il y avait du soleil.

p. 109 **5** **1.** Il y a longtemps le soleil et la lune **s'aimaient** et ils **vivaient** ensemble. Un jour, ils **se sont séparés**. C'est la lune qui **a gardé** les étoiles. — **2.** Avant, toutes les roses **étaient** blanches. Un jour, Vénus **s'est blessée** en portant secours à Adonis, son amant. Le sang **a coulé** sur les roses... Elles **sont devenues** rouges...

6 *Exemples :* **1.** La princesse Perla portait de grands colliers de perles blanches. Elle était belle et elle aimait regarder son reflet dans l'eau des rivières. Un jour, son père l'a amenée voir la mer. Elle s'est penchée pour se regarder dans l'eau. Son collier a glissé. Il est tombé au fond de l'eau et il s'est cassé. Les huîtres ont trouvé les perles et les ont gardées. — **2.** Un roi avait deux enfants. Le premier était courageux et fort. Il travaillait, il chassait. Il était fidèle et loyal. Le deuxième était très beau, très paresseux et il passait sa journée dans les bras des femmes. Son père le grondait et voulait le forcer à obéir. Un jour, le beau prince s'est transformé en petit chat pour se cacher de son père. Il a trouvé que c'était très agréable. Il a décidé de rester comme ça. — **3.** Avant, il n'y avait, en Europe, qu'une seule saison. Il faisait toujours beau. Tout le monde était content sauf le couturier du royaume qui s'ennuyait car il ne fabriquait que des vêtements de coton. Un jour, il a eu l'idée de fabriquer un manteau avec de la laine de mouton. Europa, la déesse, l'a essayé et l'a trouvé très beau. Pour pouvoir le porter, elle a créé l'hiver. Tout le monde a voulu porter ces manteaux. Alors le couturier a créé d'autres vêtements pour la déesse et la déesse a créé d'autres saisons pour les hommes.

7 *Exemple:* Avant, l'hôtel Bellevue était un vieil hôtel superbe avec de grands balcons qui donnaient sur la mer. Un jour, on a construit un grand hôtel moderne qui a complètement enlevé la vue de l'hôtel Bellevue et on a peint en trompe-l'œil le paysage disparu.

8 *Exemples:* **2.** ... quand elle s'est suicidée (quand elle a mis fin à ses jours). — **3.** ... quand il a débarqué en Amérique. — **4.** ... pendant que les voisins dînaient chez des amis/dormaient. — **5.** ... quand on l'a assassiné. — **6.** tu préparais à dîner/regardais un film. — **7.** J'ai reçu un coup de téléphone de Marion pendant que tu prenais ton bain. — **8.** Nous étions dans les Alpes où nous faisions du ski quand nous avons appris la mort de mon patron.

p.110 **9** *Exemples:* **1.** Rémi se balançait au lustre. Adrien déchirait des livres. Guillaume peignait sur les murs. Marc mangeait du dentifrice. Estelle faisait la cuisine avec Agathe. Elle avait un gros couteau dans la main. De l'eau coulait sur le sol. Il y avait de la farine partout. Le chat était couché sur le bébé et il buvait son biberon. Le bébé pleurait. Lola découpait les rideaux. La baby-sitter était attachée sur une chaise. Le chien aboyait.

2. Les parents ont chassé le chat du lit. Ils ont consolé le bébé. Ils ont libéré la baby-sitter. Ils ont décroché Rémi du lustre. Ils ont essuyé l'eau. Ils ont aspiré la farine. Ils ont enlevé les ciseaux des mains de Lola et le couteau des mains d'Estelle. Ils ont fait taire le chien. Ils ont lavé les murs. Ils ont rangé les livres. Ils ont un peu grondé les enfants.

10 *Exemples:* **1. Un appartement en désordre:** Dans les chambres, les lits étaient défaits. Il y avait des vêtements par terre. Dans le salon, les livres et les jouets traînaient partout. L'évier de la cuisine était plein de vaisselle sale. La femme de ménage est arrivée, elle a fait les lits. Elle a rangé les vêtements, elle a mis les jouets dans le coffre. Elle a arrosé les fleurs. Elle a lavé et elle a rangé la vaisselle.

2. Une chute: Olivier se promenait à vélo. Il profitait du beau temps. Il admirait la forêt qu'il traversait. Soudain, il a heurté une grosse pierre cachée sous des feuilles. Il est tombé. Il s'est fait mal au genou. Son vélo ne marchait plus. Il est rentré à pied en boitant.

11 *Exemple:* M. Rougon était clochard. Il dormait dans les stations de métro en hiver et sous les ponts en été. Un jour, il a trouvé un petit coffre entre les deux pierres d'un pont. À l'intérieur, il y avait une parure de diamants et des bijoux très anciens. Il les a vendus. Il a acheté une maison. Il a acheté des actions. Il a gagné beaucoup d'argent. Il est devenu milliardaire. Il a créé une association d'aide aux sans-abri. Il est devenu très célèbre mais il a continué d'aider ses copains d'infortune.

p.111 **12** *Exemples:* **1. Jean et Dolores:** Elle est tombée. Je l'ai aidée à se relever. Elle boitait. Elle souffrait. J'ai appelé un taxi. Je l'ai raccompagnée chez elle. Elle était charmante et son appartement était si

chaleureux que je n'avais plus envie de partir. Elle m'a donné son numéro de téléphone. Je l'ai appelée. Nous nous sommes revus. Nous nous sommes mariés trois mois après son accident. C'était le premier jour du printemps.

2. Paul et Catherine: J'étais en mission dans un pays étranger. Je suis allé dîner chez des amis. Ils habitaient un magnifique appartement dans un bel immeuble. J'ai pris l'ascenseur avec une très jolie femme. Son visage et toute sa personne m'étaient familiers. Je lui ai dit timidement: «Madame, j'ai l'impression que nous nous sommes déjà vus.» Elle m'a souri avec beaucoup de grâce et elle m'a remercié. À ce moment-là, j'ai compris: cette femme délicieuse était Catherine Deneuve.

13 *Exemples:* **Marie:** J'ai été soldat. J'ai été moine. J'ai été papillon. Quand j'étais soldat, c'était au Moyen Âge. J'avais de bons compagnons mais notre vie était misérable. On n'avait rien à manger. Je n'aimais pas la guerre. / Quand j'étais moine, la vie était douce. Je priais. Je méditais. Je cultivais mon potager. Nous produisions une liqueur célèbre dans toute la région. / Quand j'étais papillon, je volais de fleur en fleur. Je suçais leur nectar. Je les aimais toutes. Je dansais dans le soleil. J'étais libre.

Vous: J'ai probablement été esclave dans une vie antérieure. Je faisais des travaux très lourds. J'ai participé à la construction des pyramides ou quelque chose comme ça. / J'ai également été clown ou artiste. C'était dans un petit cirque un peu misérable mais nous faisions rire les enfants.

14 J'étais au supermarché. Je faisais des courses. Il y avait beaucoup de monde. Il était huit heures du soir. Tout à coup, il y a eu une panne d'électricité. Les gens ont été surpris au début, mais ils sont restés calmes. La panne a duré presque dix minutes. Un employé a allumé des bougies. Mais les caisses étaient bloquées et il a fallu attendre encore une demi-heure avant de pouvoir sortir.

15 *Exemples:* **1. Au cinéma:** J'étais au cinéma avec une amie. Nous regardions un film d'horreur quand tout à coup, il y a eu une panne d'électricité. On a entendu un cri perçant, puis un grand silence. Des ombres se déplaçaient rapidement dans la salle. Nous avions peur et nous n'osions pas parler. Quand la lumière est revenue, nos sacs avaient disparu.

2. L'ascenseur: J'ai pris l'ascenseur en sortant du bureau. Une autre personne était déjà dedans, mais elle me tournait le dos et je ne voyais qu'un grand manteau gris. Tout à coup, entre le troisième et le quatrième étage, l'ascenseur s'est immobilisé. L'homme s'est tourné lentement vers moi. J'ai eu un instant de panique. C'est alors que j'ai reconnu son visage: c'était Marcello Mastroianni et j'espérais que la panne allait durer un bon moment.

p.112 **16** ... et j'ai payé... quand j'ai voulu... le distributeur a refusé... J'ai recommencé... le distributeur a avalé... Je suis entré... j'ai expliqué... j'ai donné.. l'employée m'a regardé... J'ai compris... elle m'a montré... elle portait... C'était... ce n'était pas... ça faisait... je l'utilisais... C'était... un autre homme possédait... J'espérais... c'était quelqu'un... je n'étais pas ruiné... Ce qui était... c'est qu'il était aussi distrait...

17 ... Sa fenêtre était murée. Il ne voyait jamais le jour derrière les barreaux. Il était triste. Sa prison était aussi confortable et luxueuse qu'un palais, il y avait des tapis, des vases, des soieries. On lui apportait tous les jours des mets exquis et des boissons raffinées, mais il mangeait peu. Il disposait de tout ce qu'il fallait pour peindre, mais il ne peignait que des choses tristes : des fleurs fanées, la pluie sur les saules, des objets gris, des fonds noirs. Pourtant c'était un peintre extraordinaire qui avait un grand pouvoir sur les foules et le tyran voulait lui faire peindre son portrait. Il exigeait un tableau glorieux. Le peintre refusait depuis des années. Un jour, le peintre s'est mis à peindre une nouvelle toile. Il a dessiné un beau chemin bordé d'arbres qui se perdait à l'horizon. Puis il est entré dans son tableau et il est parti sur son chemin vers la liberté et la vie.

p.113 **18** *Exemples :* **1.** Hier, j'ai descendu l'escalier à toute vitesse. J'ai glissé. Je suis tombé(e). J'ai lâché mon sac à provisions. La bouteille de lait s'est cassée. Le facteur est entré, il a marché dans le lait. Il s'est fâché. Au cinéma, j'ai vu une femme qui descendait les escaliers à toute vitesse. Elle glissait. Elle tombait. Elle lâchait son sac à provisions. La bouteille de lait se cassait. Le facteur entrait. Il marchait dans le lait. Il se fâchait. Alors, toute seule dans la salle, j'ai éclaté de rire.

2. Hier, j'ai descendu l'escalier..., j'ai manqué la dernière marche. Je suis tombée. La concierge est sortie de sa loge, elle a dit : « Quelle chute, madame Corriol ! Vous avez mal ? » Et, du coup, elle m'a embrassée. Je suis remontée chez moi péniblement et mes enfants m'ont dit : « Quelle chute maman ! Est-ce que tu as mal ? » Ils m'ont soignée et ils m'ont embrassée. Nous avons dîné et j'ai allumé la télévision. Il y avait un film : Ava Gardner descendait un grand escalier, elle manquait une marche, elle tombait. Humphrey Bogart arrivait à toute vitesse. Il lui disait : « Quelle chute, mon amour, comme tu dois avoir mal. » Il la prenait dans ses bras et il l'embrassait. Alors, j'ai éclaté de rire et toute ma famille aussi.

19 Je me suis levé(e) à cinq heures... J'ai pris une douche, j'ai bu un café. Quand je suis sorti(e)... il faisait encore nuit et il pleuvait. J'ai appelé un taxi. Le chauffeur semblait nerveux. Il parlait tout seul et il fumait... J'ai commencé à tousser mais il m'a jeté un tel regard... je me suis arrêté(e)... Quand j'ai voulu... il s'est retourné et il m'a dit qu'il avait la grippe et que je devais rester tranquille. Puis il s'est mis à rouler... Il brûlait les feux... il insultait... que nous croisions ou que nous doublions. Je lui ai dit... il m'a regardé(e)... j'ai abandonné... je me suis cramponné(e)... J'ai commencé... j'ai fermé... défilait... Nous sommes arrivés... je suis sorti(e)... J'ai payé... Mes jambes tremblaient et me portaient... J'avais les mains glacées... je me suis dirigé(e)... j'ai pris deux cognacs...

20 *Exemple :* **Une grande peur :** J'étais dans un Boeing. Nous volions au-dessus de l'océan ; tout semblait normal. Je lisais. Mon voisin dormait. Tout à coup, nous sommes tombés dans un trou d'air. Les hôtesses ont perdu l'équilibre. Les gens ont crié. Pendant quelques secondes, j'ai eu peur de mourir. Puis tout est redevenu normal.

Le plus-que-parfait

p.114 **1** **2.** La petite fille pleurait parce qu'elle avait perdu sa poupée. — **3.** La dame était contente parce qu'elle avait gagné dix mille francs à la loterie. — **4.** Brigitte ne pouvait pas dormir parce qu'elle avait bu trop de café.

2 **2.** Quand elle est entrée dans sa chambre, il avait rangé ses jouets. — **3.** Quand je suis rentrée, il avait mangé toutes les saucisses. — **4.** Quand nous sommes arrivés, j'avais fait tous mes exercices de grammaire. — *Exemple :* **5.** ... ma fille s'est coupé les cheveux. Quand je suis rentrée, elle s'était coupé les cheveux.

3 **1.** ... 2 kg de pâtes, j'avais acheté un saumon entier, j'avais fait un gros gâteau au chocolat. *Ex. :* j'avais ouvert cinq paquets de chips, j'avais fait une énorme salade de fruits...
2. ... il avait (bien) révisé ses leçons, il avait travaillé tout le week-end, il s'était couché tôt. *Ex. :* ... il avait pris des vitamines. Il avait offert des fleurs à son professeur. Il avait allumé un cierge à l'église...
3. ... Charles avait apporté du champagne, Bernard avait mis de la musique douce, Joseph avait acheté des fleurs, Anita avait amené des amies sympathiques...
4. ... nous avions passé des vacances merveilleuses, il m'avait offert une bague, nous avions fait des projets...

Le plus-que-parfait, l'imparfait et le passé composé

p.115 **4** *Exemple :* **1.** C'était un dimanche d'été, au bord du lac. Il y avait beaucoup de monde. Des gens pique-niquaient. Des enfants jouaient au ballon. Une jeune fille lisait. Un homme dormait. Un petit garçon jouait avec son chien. Il envoyait un morceau de bois dans l'eau. — **2.** Le chien ramenait le bout de bois. — **3.** Le garçon le relançait dans l'eau. — **4.** À un certain moment, le chien n'est plus revenu. Il restait au milieu du lac, il semblait en difficulté. Le petit garçon l'appelait. Le chien n'avançait pas. On voyait qu'il était épuisé et qu'il était en train de se noyer, mais on ne comprenait pas pourquoi. — **5.** Tout le monde s'est mis à regarder la scène. La jeune fille a laissé son livre et s'est mise debout. Les enfants ont arrêté de jouer. — **6.** Soudain, un cycliste est arrivé. Il a vu la situation. — **7.** Il a posé son vélo par terre. Il a enlevé sa montre et ses chaussures. Il a plongé. — **8.** Il s'est approché du chien. Il a vu que le chien était retenu par la branche d'un arbre qui flottait sur l'eau. Il a cassé la branche. — **9.** Le chien est revenu sur le rivage avec un gros morceau de branche dans la bouche. Il est allé l'apporter à son maître. — **10.** On a compris alors qu'il s'était trompé et qu'il avait confondu le bâton de son maître avec une branche qui flottait sur l'eau, mais qui appartenait à un gros arbre. Il avait failli se noyer, par sens du devoir...

Le passif

p.116 **1** **2.** Un parking souterrain a été creusé. — **3.** Deux cent vingt-huit platanes ont été plantés. — **4.** Les trottoirs ont été rehaussés et élargis. — **5.** Le ciment gris a été remplacé par du granit bleu. —

6. De nouveaux bancs ont été installés. — **7.** Le mobilier urbain a été redessiné par Jean-Michel Wilmotte. — **8.** Les abribus ont été réalisés par Norman Foster.

2 ... les trottoirs ont été élargis/ils avaient été réduits... des bancs ont été réinstallés/ils avaient été supprimés... les contre-allées ont été supprimées/elles avaient été créées dans les années 60.

3 La grande fontaine a été réduite. La boulangerie a été détruite. Les arbres ont été arrachés. Les bancs en bois ont été remplacés par des bancs en pierre. La place a été transformée en parking. Le kiosque à musique a été détruit.

4 Dans mon village, les vieilles rues pavées ont été goudronnées dans les années 60. Les réverbères ont été remplacés par des lampadaires modernes. Dans les années 90, le goudron a été retiré. Le reste du village a été pavé « à l'ancienne ». Les lampadaires modernes ont été remplacés par des imitations des réverbères anciens.
Je pense que c'est le signe d'une fatigue de la modernité. Un désir de retour à une époque où les choses pouvaient durer et vieillir.

p.117 **5** **1.** Des voitures ont été renversées, des toits ont été arrachés, des cultures ont été ravagées.
2. ... il a été illustré par Greg Ravel, il a été traduit par Hélène Soulières, il a été édité par POUF, il a été imprimé par B. et P.
3. ... elle a été construite par des ouvriers polonais, elle a été décorée par un décorateur italien, elle a été photographiée par des photographes de tous les pays.

6 *Exemples :* La chanson « Caruso » a été écrite par Lucio Dalla. Elle a été interprétée par Lucio Dalla et par Luciano Pavarotti. /Le livre *Le Hussard sur le toit* a été écrit par Jean Giono. Il a été édité par Gallimard. Le film tiré du livre a été mis en scène par Jean-Paul Rappeneau. Il a été interprété par Juliette Binoche et par Olivier Martinez.

7 **Vol de nuit :** ... les statuettes qui ont été volées... le gardien a été interrogé... deux suspects ont été vus... leurs portraits-robots ont été diffusés... les vitrines n'ont pas été fracturées... aucune empreinte n'a été relevée.

8 *Exemples :* — Est-ce que le gardien a été inculpé ? — Non, il n'a pas été inculpé./ — Est-ce que les statuettes ont été retrouvées ? — Non, elles n'ont pas été retrouvées.

L'infinitif passé

p.118 **1** **2.** Ma sœur a réussi le permis après avoir raté trois fois le code. — **3.** Les fonctionnaires ont interrompu la grève après avoir obtenu une augmentation de salaire. — **4.** Mes amis ont vu l'exposition Cézanne après avoir fait deux heures de queue.

2 *Exemple :* ... après s'être rasé la moustache, après avoir enlevé ses lunettes, après s'être maquillé, après s'être habillé en femme.

3 *Exemple :* Après avoir fait revenir 500 g de gambas, réservez-les. Après avoir haché 1 poivron rouge, 3 gousses d'ail et un cœur de céleri, faites-les cuire dans la poêle et ajoutez 5 cl de vin blanc sec. Après avoir fait réduire le mélange (7 min), remettez les gambas et un petit piment. Après avoir enlevé la poêle du feu, arrosez avec 2 cuillerées de pastis et faites flamber. Après avoir fait flamber, saupoudrez de persil haché et servez.

4 **Retrouvés :** après avoir quitté leur lycée... après avoir trouvé une lettre... après s'être embarqués... ont été découverts... après avoir refusé de parler... après avoir été examinés par un médecin... la famille a été avertie... après avoir vécu un véritable enfer.

p. 119 Bilan n° 7

1 **1.** Quand j'**étais**... il y **avait**... qui **vivait**... Tout le monde **disait** (pensait, croyait) que c'**était** une sorcière... nous **avions** peur... quand la nuit **tombait**.

2. J'**ai fini** mes études... je **suis allé**... j'**ai trouvé** du travail... j'**ai eu** de la chance

3. Ça fait dix ans que **je ne l'ai pas vue**. C'**était**... elle **allait** à l'université... elle **portait**... ce **n'était** pas...

4. Quand j'**étais** petit... **m'a appris**... je **ne les ai** jamais oubliés.

5. Où est-ce que tu **les avais mises** (oubliées, laissées) ? J'**avais mis**... j'**avais laissé**... c'est la voisine qui **les a vues** et qui **me les a rapportées** (données).

6. après **y avoir passé/vécu/habité**... qu'il **avait rencontré**... il **avait appris**...

7. qui **avait été achetée**... et qui **avait été décorée**... qui **était**...

2 nous **sommes arrivés/avons atterri**... nous **sommes descendus/sortis**... il **faisait**... nous **attendait**... il **était**... Nous **étions**... **les avait laissés**... nous **avons été** contrariés... nous **étions** si heureux... notre bonne humeur **est** (vite) **revenue**.

Le futur simple

p.120 **1** *Exemples :* **1.** *g :* Il a des copines (des amies) amusantes. *d :* Il aura dix-huit ans. Il ira à l'université. Il sera sérieux (triste). Il lira Kant. Il fera du tennis. Il aura des copains sérieux (tristes). — **2.** *Exemple :* Dans vingt ans, Benoît aura trente-cinq ans. Il travaillera à l'étranger. Il sera marié ; il aura des enfants.

2 ... vous gagnerez bientôt 1680 euro-francs... vous payerez (vous paierez) 382 euro-francs. Le café... coûtera environ un euro-franc.

3 **Elle :** Je porterai une robe bleue. Je lirai *L'Étranger*. Ex. : Je boirai une grenadine. J'aurai un sac vert. **Lui :** J'aurai *Le Monde* sous le bras. Ex. : Je porterai un pull gris et un jean noir. J'aurai un imperméable beige.

4 **Une ombre :** J'irai là où tu iras/J'aimerai ce que tu aimeras./ Je croirai ce que tu croiras./ Je pleurerai quand tu pleureras./ Et je rirai quand tu riras./ Je fuirai ce que tu fuiras./ Et je mourrai quand tu mourras. *Exemple :* Je suis là où tu es./ Je serai là où tu seras. Je dors quand tu dors./ Je dormirai quand tu dormiras. Je rêve quand tu rêves./ Je rêverai quand tu rêveras.

5 *Exemple :* Ne jamais se quitter, ne jamais s'opposer, être toujours ensemble, c'est pour moi la conception idéale de l'amour./ Selon moi, ne pas être l'ombre de l'autre mais être quelqu'un de réel, de différent, capable de s'opposer, c'est la seule manière de construire un véritable amour.

p. 121 **6** ... on mettra moins de deux heures... on pourra vivre... il y aura... il faudra... les robots le libéreront... on parlera... on en verra... on les visitera...

7 « Demain... » : Les nouveaux outils effaceront... On pourra être vendeur... L'entreprise utilisera de plus en plus... Délégués, consultants, etc., se multiplieront. **Réalité virtuelle... :** On assistera... Des mini disques contiendront... Ces programmes feront apparaître... Des centaines de jeunes pourront être... *Exemple :* Je pense que la culture sera accessible à tous et qu'on pourra mieux connaître le monde où nous vivons. Chacun pourra exercer sa créativité, on sera plus autonome grâce aux machines. Mais il faudra avoir un minimum de moyens et de connaissances pour pouvoir en profiter. Ceux qui n'ont rien seront encore plus pauvres et plus marginalisés.

p. 122 **8** *Exemples :*

1. — Non, je la ferai au dernier moment.

2. — Tu es déjà dans ton nouvel appartement ?
— Non, j'y serai dans 3 jours.
— Tu as déjà les clés ?
— Non, je les aurai seulement après-demain.
— Tu fais les paquets aujourd'hui ?
— Non, je les ferai demain.

3. — Tu passes ton examen cette semaine ?
— Non, je le passerai la semaine prochaine.
— Tu révises tes leçons aujourd'hui ?
— Non, je les réviserai demain.
— Tu dis au revoir au professeur ce soir ?
— Non, je lui dirai au revoir le dernier jour.

9 2. Tu mettras ta ceinture... — **3.** Tu respecteras les priorités. — **4.** Tu ne feras pas... — **5.** Tu feras contrôler... — **6.** Tu ne te gareras pas... — **7.** Tu utiliseras de l'essence... *Exemples :* **8.** Tu resteras calme au volant. — **9.** Tu laisseras un espace entre ton véhicule et celui qui le précède. — **10.** Tu feras des pauses lors des longs trajets.

10 J'habiterai au 23. Tu iras au lycée Henri-II. J'irai au lycée Henri-III. Tu prendras le bus à la Madeleine. Je prendrai le bus à l'Opéra. Tu feras tes courses chez Félix. Je ferai mes courses chez Nicolas. Mais un jour tu verras, on déménagera. *Exemple :* Je partirai pour Medellin. Tu partiras pour Bogota. Je prendrai le vol 707. Tu prendras le vol 703...

Le futur antérieur

p. 123 **1** 1. ... tu auras rangé ta chambre. — **2.** Ma fille s'achètera une voiture quand elle aura gagné assez d'argent et qu'elle aura passé le permis. — **3.** Le serveur apportera la carte quand il aura mis le couvert et qu'il aura allumé les bougies. — **4.** Paul signera le contrat quand il l'aura lu et qu'il aura consulté un avocat. — **5.** Je posterai la lettre quand je l'aurai pesée et que je l'aurai timbrée.

2 2. Quand nous irons au bord de la mer, nous mangerons des huîtres. — **3.** Quand Paula aura dîné, elle ira au cinéma. — **4.** Quand mes parents se seront reposés, ils visiteront la ville.

3 ... Il aura fait le tour du monde. Il aura épousé Nadine. Il aura perdu ses cheveux. Il aura vendu son appartement parisien. Il se sera acheté une ferme. Il se sera retiré à la campagne.
Exemples : **Marie :** Elle aura réussi le concours du Conservatoire. Elle sera entrée dans un grand orchestre. Elle aura donné des concerts dans le monde entier. Elle aura créé son propre groupe de jazz. Elle sera devenue célèbre...

4 ... sera regardé comme une vérité... / ...feront taire les hommes... / ...aura passé la grande éponge...
Exemple : Quand des êtres d'une autre planète auront débarqué sur la Terre./ Quand les éléphants auront disparu de la savane. / Quand les grands glaciers auront fondu...

Le conditionnel

L'expression de la politesse, du désir, des conseils

p. 124 **1** 2. — Je voudrais voir M. R. — Est-ce que vous pourriez (pouvez) attendre quelques minutes ?
3. — Je voudrais déposer de l'argent. — Est-ce que vous pourriez (pouvez) remplir un formulaire ?
4. — Je voudrais faire suivre mon courrier. — Est-ce que vous pourriez (pouvez) laisser votre adresse ?

2 Je voudrais une permanente, mais j'aimerais (je voudrais) être peu frisée./ Je voudrais un beau volume, mais j'aimerais (je voudrais) rester naturelle./ Je voudrais une nouvelle tête, mais j'aimerais (je voudrais) garder mon style.

3 *Exemples :* 2. — Voulez-vous un bonbon ? — Je veux bien, merci. — Vous voulez un caramel ou un bonbon à l'anis ? — Je voudrais un caramel. 3. — Voulez-vous un café ? — Je veux bien, merci. — Vous voulez un café noir ou un café au lait ? — Je voudrais un café au lait. 4. — Voulez-vous de l'eau ? — Je veux bien, merci. — Vous voulez de l'eau gazeuse ou de l'eau plate ? — Je voudrais de l'eau plate.

4 *Exemples :* Vous devriez voir le musée d'Art moderne. Vous devriez aller au marché aux puces. Vous devriez acheter une carte orange, etc./ Je devrais aller voir un médecin. Tu devrais prendre quelques jours de congé. Tu devrais te faire couper les cheveux. Tu devrais porter des couleurs plus gaies, etc.

Le conditionnel présent et passé

p. 125 **5** 1. L'enfant unique : J'aurais un grand frère. Je jouerais avec lui. On irait pêcher dans la rivière. On se disputerait, mais on s'aimerait bien. *Exemple :* Il m'apprendrait des tas de choses. Il me défendrait contre les méchants. Nous nous comprendrions mieux que personne. Nous serions très proches et très complices.

2. Roméo à Juliette : Nos familles se seraient réconciliées. Je pourrais vivre avec toi. Nous n'aurions plus besoin de nous cacher. Nous serions enfin ensemble. *Exemple :* Nous aurions des enfants. Nous serions comme tout le monde.

3. Exemples : L'employé : Je retirerais mes économies de la banque. Je partirais dans le Sud avec ma femme. Nous ouvririons une auberge. Je m'occuperais de la cuisine, elle s'occuperait des papiers, etc./ **L'inconnu :** J'écrirais un livre qui deviendrait un best-seller. Je gagnerais beaucoup d'argent. Je passerais à la télévision. Mon nom serait connu dans le monde entier.

6 *Exemples :* Nous serions montés à dos de chameau. Nous aurions dormi dans le désert. Nous aurions marché dans la neige. Nous aurions vu le soleil de minuit.

7 **1.** Ce serait l'été, vous seriez au bord de la mer, l'eau serait à 29°, mais vous n'auriez pas de maillot ! — **2.** Il serait 4 heures du matin. Vous n'auriez pas dormi. Vous auriez tapé 200 pages sur votre ordinateur. Vous auriez fait une fausse manœuvre et... vous auriez tout effacé !

8 *Exemple :* Je serais dans une pâtisserie. Je ferais la queue. Ce serait bientôt mon tour et... la personne qui est devant moi prendrait le dernier gâteau au chocolat ! // Je serais à la terrasse d'un café. Une jolie jeune fille viendrait s'installer à la table voisine. Elle me demanderait l'heure, la conversation s'engagerait et... mon ami Joseph arriverait !

9 *Exemple :* J'aurais dû être plus souriante. Je n'aurais pas dû poser autant de conditions. J'aurais dû dire que je parlais anglais. Je n'aurais pas dû dire que je vivais seule. J'aurais dû parler plus lentement. Je n'aurais pas dû lui dire que je n'avais pas le permis de conduire.

Les hypothèses

L'hypothèse sur le futur

p.126 **1** **1.** Selon moi, si le journaliste fait un reportage sur la drogue, il sera tué par les trafiquants. Moi, je pense que s'il fait ce reportage, il entrera à son tour dans le réseau de la drogue. — **2.** À mon avis, si le ministre engage une réforme de l'enseignement, il y aura des manifestations pendant des mois. Selon moi, s'il engage une réforme de l'enseignement, il devra démissionner tout de suite. Moi, je pense que s'il engage une réforme de l'enseignement, il perdra les élections législatives. — **3.** À mon avis, si cet étudiant part en voyage dans un pays étranger, il deviendra parfaitement bilingue. D'après moi, s'il part dans un pays étranger, il tombera amoureux. Moi, je pense que s'il part dans un pays étranger, il se fera tout voler.

2 *Exemples :* **2.** Si j'invite un ami, j'inviterai Fulvio. — **3.** Si je repeins ma chambre, je la repeindrai en ocre. — **4.** Si je mets un poster sur les murs, je mettrai une reproduction de Klee.

3 **1.** ... si tu ne mets pas ton manteau... — **2.** Nous ne partirons pas si nous n'avons pas de visa. — **3.** Vous

pourrez entrer si vous avez votre badge. — **4.** Il échouera s'il ne s'entraîne pas.

p.127 **4** *Exemples :* S'il reste où il est, il sera écrasé par les rochers. S'il traverse le pont, les cordes se casseront et il tombera dans le lac. S'il tombe dans le lac, les crocodiles le mangeront. S'il arrive à passer de l'autre côté, et s'il prend le sentier de droite, il sera attaqué par les Indiens. S'il prend le sentier de gauche, il marchera sur une mine et la mine sautera...

5 *Exemples :* Si tu n'étudies pas tes leçons, tu rateras ton examen du mois de juin. Si tu rates ton examen de juin, tu devras le représenter en septembre. Si tu dois passer ton examen en septembre, tu ne pourras pas aller camper au bord de la mer. Si tu ne vas pas camper au bord de la mer, tu ne seras pas piquée par les moustiques.

6 *Exemple :* Si on passe à une semaine de 32 heures, il sera plus facile de fractionner les postes des ouvriers que ceux des cadres. Si le chômage diminue dans l'industrie, ce sont les revenus modestes qui augmenteront. Si les revenus modestes augmentent, la consommation sera modifiée : elle se portera davantage sur les besoins élémentaires et moins sur les loisirs. Si les consommateurs ont moins d'argent, ils changeront de type de loisirs : ils feront du bricolage, du jardinage, de la couture, comme par le passé...

L'hypothèse sur le présent

p.128 **7** **1.** ... (de chez elle), elle passerait moins de temps dans les transports, elle rentrerait plus tôt le soir, elle déjeunerait chez elle à midi, elle serait moins stressée. — **2.** Si J.-P. parlait bien anglais, il partirait en mission à l'étranger, il aurait une promotion, il gagnerait plus d'argent. — **3.** Si j'étais amoureux d'une inconnue, je lui téléphonerais, je lui écrirais des poèmes, je lui enverrais des messages radiophoniques... — **4.** Si j'étais recherché par la police, je changerais de pays, je modifierais mon physique, je me ferais faire de faux papiers... *Exemples :* — **5.** Si E. était propriétaire de son logement, elle supprimerait des cloisons, elle enlèverait la moquette, elle mettrait du parquet, elle transformerait la cuisine, etc. — **6.** Si Jacques avait plus de temps libre, il irait voir des expositions, il voyagerait, il lirait, il se promènerait.

8 ... ferais teindre... si tu me le demandais... j'irais décrocher... j'irais chercher... si tu me le demandais... je ferais n'importe quoi... si tu me le demandais... *Ex. :* Je renierais ma patrie, je renierais mes amis, si tu me le demandais...

9 *Exemples :* **1.** ... mais si on me demandait de l'argent pour aider des gens en difficulté, j'accepterais. — **2.** ... je répondrais, mais si on m'écrivait une lettre de menace, je porterais plainte. — **3.** ... je resterais ici, mais si on m'offrait un poste à Rome, je partirais.

10 *Exemples :* Je partirais à l'étranger si on m'offrait un bon salaire, si le climat était bon, si la situation politique était stable, si ce n'était pas dangereux...

p.129 **11** ... je porterais un habit de vampire, mais si j'étais invitée chez le Premier ministre, je porterais un tailleur Chanel. — **2.** Si je tournais un film policier, je choisirais Robert de Niro et Jodie Foster, mais si je tournais un film comique, je choisirais Woody Allen et Roberto Benigni. — **3.** Si j'allais au bord de la mer, j'irais en Guadeloupe, mais si j'allais à la montagne, j'irais dans les Alpes.

12 **1.** Et moi je pense que s'il vivait aujourd'hui, ce serait un pauvre SDF. — **2.** Je pense que si Jeanne d'Arc vivait aujourd'hui, elle serait ministre de la Défense. — **2.** Moi, je pense plutôt qu'elle serait journaliste. Et moi, je crois que ce serait une sportive de haut niveau. — **3.** Je pense que si Attila vivait aujourd'hui, il serait président de la République. Moi je crois plutôt que ce serait un homme d'affaires corrompu. À mon avis, ce serait un mauvais acteur de cinéma. — **4.** Si Christophe Colomb vivait aujourd'hui, je pense qu'il serait navigateur. Moi, je crois que ce serait un grand photographe. À mon avis, il serait GO au Club Med.

13 *Exemples :* Si je réaménageais les transports en train, je ferais un wagon supplémentaire pour les enfants : ils pourraient jouer, dormir, il y aurait une petite cuisine, les enfants voyageraient mieux et les adultes seraient moins dérangés./ Si je réaménageais les transports aériens, je ferais des sièges plus confortables pour dormir : on pourrait s'allonger complètement, on serait isolé des voisins. Pour pouvoir travailler, je ferais des tablettes plus profondes et je mettrais un éclairage sur chaque tablette.

p.130 **14** *Exemples :* **2.** Si je gagnais un milliard... — **3.** Si j'étais président de la République... — **5.** ... je ne dirais rien à personne. — **6.** ... je l'ouvrirais et je regarderais à qui il appartient./ Je l'apporterais à la police.

15 *Exemples :* Si j'avais plus d'argent, je louerais un appartement plus grand./ Si j'avais plus de temps, j'irais au cinéma./ Si je changeais de profession, j'aimerais être architecte./ Si je changeais de pays, je choisirais un pays chaud.

16 *Exemples :* Les adolescents seraient plus vite autonomes, mais ils seraient très sollicités et ils n'auraient pas assez de distance ou d'expérience pour produire un jugement raisonné./ Je n'aurais pas aimé être majeur aussi jeune, car je n'aurais pas su comment utiliser cette possibilité. / J'aurais aimé être majeur à quinze ans, car j'aurais été moins en opposition avec ma famille : nous aurions abordé les problèmes différemment, sans la pression due à la dépendance absolue.

17 *Exemples :* Si les machines remplaçaient les professeurs, les cours seraient plus rigoureux mais ils seraient plus tristes. / Si tous les hommes parlaient une seule langue, ils communiqueraient plus facilement, mais ils se ressembleraient davantage, ce serait moins exotique.

18 À mon avis, la nationalité devrait être acquise automatiquement quand on naît dans un pays et quand on y habite. / Selon moi, la nationalité ne dépend pas du pays où on naît mais de ses origines, de sa culture, de sa langue...

L'hypothèse sur le passé

p.131 **19** ... *Exemples :* **2.** Si nous étions sortis, nous serions allés au théâtre. — **3.** Si j'avais fait la cuisine, j'aurais fait des lasagnes.

20 *Exemples :* **1.** Si le distributeur n'avait pas avalé la carte de Mathieu, Mathieu ne serait pas entré dans la banque. S'il n'était pas entré dans la banque, il ne serait pas tombé amoureux de la caissière et il ne l'aurait pas épousée. — **2.** Si Magali avait pris le bus au lieu du métro, elle n'aurait pas croisé un marchand de billets de loterie. Si elle n'avait pas vu de vendeur, elle n'aurait pas acheté de billet et elle n'aurait pas gagné 200 millions de francs. — **3.** *Exemple :* La semaine dernière, il y avait la grève des transports. Je suis allée au bureau à vélo. J'ai fait beaucoup d'exercice. J'ai perdu 3 kg ! J'ai pu remettre mon tailleur violet./ S'il n'y avait pas eu la grève des transports, je n'aurais pas pu remettre mon tailleur violet.

21 *Exemple :* S'ils avaient utilisé des engrais chimiques, leurs champs seraient pleins de blé et leurs arbres pleins de fruits. Ils auraient fait une grosse récolte. Ils seraient gros et riches.

22 *Exemples :* Si les paysans n'avaient pas utilisé de pesticides, leurs cultures auraient été moins protégées des insectes, mais les sols et les eaux de source n'auraient pas été pollués.

23 *Exemple :* Si les parents s'étaient occupés davantage de leurs enfants et si les maîtres d'école avaient gardé leur prestige, il y aurait aujourd'hui moins de violence chez les jeunes.

p.132 **24** *Exemples :* Si la direction... les employés n'auraient pas fait grève. S'ils n'avaient pas fait grève, les machines ne se seraient pas arrêtées. Si les machines ne s'étaient pas arrêtées, Tintin et Milou auraient été broyés. Si Tintin avait été éliminé, le directeur de l'usine aurait touché 5 000 dollars. Si Tintin avait été plus méfiant, il n'aurait pas suivi le directeur. Si les consommateurs savaient ce qu'il y a dans les conserves, ils n'en achèteraient plus.

Le discours indirect présent et passé

p.133 **1** ... et qu'il restera une semaine. Il demande s'il peut amener une amie. Il dit qu'elle est très gentille et qu'elle s'appelle Sylvie. Il dit qu'elle travaille dans son entreprise. Il demande si je peux lui préparer une chambre. Il dit que Sylvie viendra probablement avec sa fille de 4 ans (il dit que c'est un petit diable). Il nous dit de ne rien préparer pour Noël parce qu'ils apporteront tout. Il demande ce que Marie aimerait comme cadeau. Il demande ce qu'elle lit et ce qu'elle écoute en ce moment. Il demande comment tu vas et si ta bronchite est finie. Il dit qu'il a hâte de nous voir. Il nous demande de lui téléphoner tard le soir.

2 ... et qu'il resterait une semaine. Il nous a demandé s'il pouvait amener une amie. Il nous a dit qu'elle était très gentille et qu'elle s'appelait Sylvie. Il m'a demandé si je pouvais lui préparer une chambre. Il nous a dit qu'elle viendrait avec sa fille de 4 ans (il a dit que c'était un petit diable). Il nous a dit de ne rien préparer pour Noël parce qu'ils apporteraient tout. Il a demandé ce que Marie aimerait comme cadeau. Il a demandé ce qu'elle écoutait et ce qu'elle lisait en ce moment. Il a demandé si la bronchite de son père était finie et il a dit qu'il avait hâte de nous voir.

3 ... si tout se passait bien, si tu étais bien installée et s'il ne te manquait rien. Je voulais également savoir si tu avais fait bon voyage et si tu avais eu des nouvelles de René. J'appelais aussi pour te dire de ne pas hésiter à appeler au 44 55 66 77 si tu avais des problèmes.

4 *Exemple :* J'appelais pour dire que j'arriverais au train de 10 h 10, que j'irais directement à l'hôtel Tourista et que je passerais dans la soirée pour vous dire bonjour.

5 1. *Exemple :* Il a dit que le service militaire allait être supprimé, qu'il serait remplacé par une armée de métier, que l'État réaliserait une économie importante et que la réforme se mettrait en place progressivement.

p. 134 **6** **Jules Petit** a dit qu'il avait vu un camion brûler le feu rouge. Il a dit qu'il avait entendu une femme crier. Il a dit qu'il avait couru et qu'il l'avait vue allongée par terre./ **Marcel Mourret** a dit qu'il avait vu un camion arrêté au feu. Il a dit qu'il avait vu une vieille dame traverser la rue. Il a affirmé qu'un jeune homme était arrivé en patins à roulettes et qu'il avait renversé la vieille dame. Il a dit que le camionneur était descendu pour voir et que, pendant ce temps, le jeune homme s'était enfui./ *Exemple :* **Mélodie Duvan** a dit qu'une vieille femme traversait au feu rouge. Elle a dit qu'elle avait vu un camion freiner pour l'éviter. Elle a dit qu'elle avait vu la dame s'évanouir de peur.

7 *Exemple :* Un témoin a dit que le voleur était une femme seule, grande, brune et très bien habillée. Un autre a dit que c'était une femme de taille moyenne, aux cheveux châtains, qu'elle portait un pull et des jeans et qu'elle était accompagnée d'un jeune homme habillé en noir. Un troisième a dit qu'il avait vu une bande de jeunes armés et masqués.

8 *Exemple :* Brigitte Bardot a dit dans l'interview qu'elle avait toujours aimé les animaux et qu'elle avait fait du cinéma pour devenir riche et pour les protéger. Le journaliste lui a demandé si elle serait prête à refaire du cinéma, mais BB lui a dit que, pour elle, la page était tournée. Le journaliste lui a demandé ce qu'elle proposait pour améliorer la condition des animaux et BB lui a répondu qu'il faudrait changer le statut juridique des animaux qui étaient encore assimilés à des « objets » et non à des êtres sensibles.

p. 135 **9** **V.** : Je croyais (pensais) qu'ils habitaient en France. **V.** : Je croyais qu'elle était bretonne. **V.** : Je ne savais pas (j'ignorais) qu'elle était danseuse. **V.** : Je croyais qu'elle était célibataire. **V.** : ... moi qui espérais (voulais) l'épouser !

10 *Exemple :* Il a supposé qu'ils avaient bu du gin. Il a imaginé qu'ils s'étaient disputés. Il a supposé que

la femme avait eu peur et qu'elle avait voulu appeler quelqu'un. Il a imaginé que le criminel avait coupé le fil du téléphone. Il a supposé que le bouton de la veste avait été arraché pendant la dispute. Il a supposé que le criminel s'était enfui par la fenêtre.

11 *Exemple :* Vous nous aviez dit que c'était une demeure de charme, mais vous n'aviez pas dit que la toiture s'était effondrée. Vous aviez dit qu'il y avait une belle véranda, mais vous n'aviez pas dit que toutes les vitres étaient cassées. Vous aviez dit qu'il y avait un jardin « à l'anglaise », mais vous n'aviez pas dit qu'il n'avait jamais été arrosé et que c'était un désert. Vous aviez dit qu'il y avait une immense salle à manger, mais vous n'aviez pas dit que le gardien y avait installé un poulailler. Vous aviez dit que la salle de bains était en marbre, mais vous n'aviez pas dit que toute la plomberie était à refaire. Vous aviez dit que M. Moutu habitait à côté, mais vous n'aviez pas dit qu'il habitait... dans la cuisine ! Vous aviez dit que la mer était à 300 mètres, mais vous n'aviez pas dit qu'il n'y avait pas de route pour y aller.

p. 136 Bilan n° 8

1 1. Nous **commencerons**... tout le monde **sera** là.

2. ... **aura pris** sa douche, elle **boira (prendra)** une tasse... et elle **ira** à l'école...

3. ... si nous **avons** un problème... nous **prendrons**...

4. ... si on **travaillait** moins, on **aurait** plus de temps... on **serait** moins stressés.

5. Tant qu'**il y aura**... **il y aura**...

6. Qu'il **allait faire (ferait)**... qu'**il y aurait**... Il **faudra**... quand nous **irons**...

7. Je **voudrais**... Si vous **achetez (achetiez)**... vous **ferez (feriez)** des économies.

8. Je croyais qu'elle **était**... J. m'a dit qu'elle **parlait**... et qu'elle **connaissait**...

9. Si j'avais su que tu **avais**... je **ne te les aurais pas offerts**.

10. ... tu **devrais consulter (aller voir)** un médecin. Si j'**étais** toi, je **prendrais**...

11. P. m'a expliqué **ce qu'il faisait**...

12. ... **je serais allé vous chercher**...

2 Vive le « stress » ?

il y **avait**... quand ils **auront** le temps... la mauvaise période **sera passée**... quand ils **auront pris** leur retraite... et ne **feront** rien... Beaucoup de gens pensent que s'ils **avaient** plus de temps, ils **feraient** plus de choses... alors que notre créativité **serait** plus pauvre... si la vie active ne lui **apportait (donnait) (fournissait)** pas des stimulations... certaines idées ne **verraient** même pas le jour.

Le gérondif

p.137 **1** **1.** Son mari fume la pipe en lisant le journal. (Il lit le journal en fumant la pipe.) — **2.** Une jeune fille attend le bus en regardant une affiche. (Elle regarde une affiche en attendant le bus.) Un jeune homme lit une bande dessinée en écoutant de la musique. (Il écoute de la musique en lisant.) — **3.** Un monsieur s'endort en écoutant le conférencier. Le conférencier parle en agitant les bras. (Le conférencier agite les bras en parlant.) Un jeune homme prend des notes en réfléchissant. (Il réfléchit en prenant des notes.) — **4.** Des chiens poursuivent un chat en aboyant. (Ils aboient en poursuivant un chat.) Ils écrasent les fleurs en courant. (Ils courent en écrasant les fleurs.) — **5.** Un petit garçon va à l'école en mangeant une glace. Une petite fille va à l'école en mangeant un gâteau. (Ils mangent une glace et un gâteau en allant à l'école.) — **6.** Un homme boit un café en téléphonant. Une femme mange en faisant des mots croisés. (Il téléphone en buvant un café. Elle fait des mots croisés en mangeant.)

2 *Exemple:* Elle écrit à la machine en répondant au téléphone, en envoyant des fax et en prenant des notes!

3 Il pâlit en la lisant. Il prend son revolver en sortant. Il craque en la revoyant. Ils s'embrassent en se réconciliant. Ils achètent du champagne en rentrant.

p.138 **4** *Exemples:* **2.** Il a prié en passant devant le 4e étage. — **3.** Il a remercié le ciel en atterrissant sur un arbre. — **4.** Il s'est fait mal en sautant de l'arbre sur le trottoir. *Exemple:* **5.** Il est allé chez le médecin en rentrant chez lui. Il tremble encore en pensant à son aventure.

5 **2.** Les voisins passent leur temps à se disputer. En se disputant, ils dérangent tout l'immeuble. — **3.** Valérie passe des heures (toutes ses vacances) à réviser. En révisant, elle espère réussir ses examens. — **4.** Martine passe toutes ses vacances (des heures) à s'occuper de son jardin. En s'occupant de son jardin, elle se détend.

6 *Exemple:* Je communique avec les autres en leur téléphonant et en leur écrivant de temps en temps. Mais aussi en leur faisant des cadeaux, en les écoutant, etc.

7 *Exemple:* Je me distrais... en faisant du jardinage, en lisant, en dessinant, en bricolant, en faisant la cuisine, en allant au théâtre, en regardant des films, etc.

8 *Exemple:* En faisant de la publicité. En proposant ses services par téléphone. En créant des jeux. En offrant des cadeaux, des voyages, etc.

p.139 **9** **Anne Boleyn:** Henri VIII s'est séparé d'Anne Boleyn en la faisant condamner à être décapitée (en la faisant décapiter). **Jane Seymour:** Elle est morte en mettant un enfant au monde. **Anne de Clèves:** Henri VIII s'est séparé d'A. de C. en la répudiant. **Catherine Howard:** Le roi s'est séparé de C.H. en la faisant condamner à mourir sur l'échafaud (en la faisant décapiter). **Catherine Paar:** Le roi a quitté C.P. en mourant à son tour.

10 *Exemples:* **Légalement:** ... en héritant d'un parent riche, en devenant une grande star de cinéma, en devenant un animateur (une animatrice) de télévision célèbre. En épousant un homme (une femme) riche.
Illégalement: En attaquant une banque. En détournant l'argent des services publics. En faisant de fausses factures. En faisant du trafic de drogue, de diamants etc.

11 **2.** Amundsen est devenu célèbre en explorant le pôle Nord. — **3.** Verdi est devenu célèbre en composant (écrivant) des opéras. — **4.** N. Armstrong est devenu célèbre en plantant un drapeau sur la Lune. — **5.** Goscinny et Uderzo sont devenus célèbres en créant le personnage d'Astérix.

Le gérondif et le participe présent

p.140 **12** *Exemples:* Je pense à Paul dansant le tango. Je pense à Paul en dansant le tango.

13 **2.** ... embrassant un jeune homme. — **3.** En peignant ce tableau montrant une femme assise, tenant un enfant dans ses bras... — **4.** faisant le ménage... allant chercher les enfants...

14 **2.** Sachant qu'elle aime les roses, John lui en apporte souvent. — **3.** Connaissant son amour des chiens, ses parents lui en ont offert un. — **4.** Ayant la nationalité française, Karl peut voter en France.

15 **2.** ... géologue désirant passer plusieurs années (ayant passé plusieurs années). — **3.** ... sachant conduire et parlant allemand. *Exemples:* Cherche femme de ménage sachant repasser. / Cherche baby-sitter ayant expérience nourrissons.

p.141 **16** — En lui enlevant sa cagoule. — En les lui arrachant des mains. — En les poussant dans l'escalier. — En leur montrant mes blessures, en leur disant la vérité.

17 ... le vent fait tourner les ailes du moulin. En tournant, les ailes entraînent un axe.. En descendant, l'axe percute la meule... En percutant la meule, l'axe écrase le grain.

19 *Exemple:* ... On marche en s'abritant sous des parapluies, en regardant par terre pour éviter le verglas. On avance prudemment, sachant qu'on peut tomber à tout moment. Le vent souffle, arrachant des paquets de neige, surprenant les passants, rendant difficile leur déplacement. Il fait froid et on prend des risques en sortant.

Le subjonctif

Les verbes objectifs et subjectifs

p.142 **1** *g:* Il croit que cette pièce est... Il constate qu'il y a... Il suppose qu'il s'agit... *d:* Il craint que la statuette ait... Il aimerait que ce soit... Il voudrait que sa découverte fasse progresser... Il aimerait que son nom devienne...

2 ... mais elle aimerait qu'il ait les yeux bleus comme sa tante Agathe. Elle imagine qu'il aura les cheveux châtains, mais elle préférerait qu'il ait les cheveux blonds comme son arrière-grand-père. Elle pense qu'il sera fonctionnaire, mais elle aimerait qu'il soit explorateur comme son grand-oncle J. Elle espère qu'il aura bon caractère, mais elle craint qu'il ait mauvais caractère comme son cousin Adolf... elle aurait aimé que ce soit une fille.

3 ... que je devienne physicien ... que j'obtienne le prix Nobel ... que je fasse un métier dangereux ... que je ne prenne pas de risques.

p.143 **4** *g:* nous soyons... que je l'attende... que nous nous séparions... que nous nous mariions... que nous ayons... que ce soit...
d: que vous ayez... que vous ne soyez... que vous sachiez... que vous vous énerviez... que vous fassiez du yoga... que vous buviez un bon whisky.
bas: qu'on soit... qu'on lui obéisse... qu'on fasse... qu'on reçoive... qu'on aille... qu'on mette...

5 *Exemple:* Elle permet que vous utilisiez ses affaires. Elle attend que vous soyez disponible. Elle pense que vous êtes différent mais elle accepte que vous soyez comme vous êtes et elle espère que vous la comprenez.

6 H. est inquiète que J. parte vers les rochers... H. est triste qu'il ne lui fasse aucun signe... H. est rassurée qu'il sorte de l'eau... *Exemples:* H. est furieuse qu'il aille... H. est heureuse qu'il revienne vers elle...

p.144 **7** **2.** Elle déteste que je mette des vêtements de couleur. — **3.** Elle a honte que je sois champion de body-building. — **4.** Elle ne supporte pas qu'on me reconnaisse dans la rue.

8 Elle regrette de ne pas savoir chanter. Elle regrette que sa fille ne sache pas chanter. Elle craint de sortir tard le soir. Elle craint que sa fille (ne) sorte tard le soir. Elle a peur de conduire dans Paris. Elle a peur que sa fille (ne) conduise dans Paris. Elle a honte d'être nulle en histoire. Elle a honte que sa fille soit nulle en histoire. Elle a envie de suivre un cours de danse. Elle a envie que sa fille suive un cours de danse.

9 *Exemple: g:* Elle a peur que le directeur (ne) soit distant (de mauvaise humeur/antipathique). Elle espère qu'il sera patient (de bonne humeur/sympathique). Elle suppose qu'il y a beaucoup d'autres candidats. *d:* Elle aimerait que l'entretien se passe bien. Elle pense qu'elle aura de la chance si elle obtient le poste. Elle souhaite que le salaire soit correct. Elle craint que son CV soit mal rédigé (que son expérience soit insuffisante)...

p.145 **10** **1.** *g:* Elle aime que nous fassions du ski de fond. Elle a peur (craint) que les cols (ne) soient fermés et que les pistes (ne) soient impraticables. Elle a envie (voudrait/aimerait) que nous louions (achetions/ayons) un chalet dans les Alpes. Elle espère que sa fille aura plus de goût pour le sport. *d:* Elle a horreur que nous fassions... Elle espère que les cols seront fermés et que les pistes seront impraticables. Elle a peur (craint/n'a pas envie) que nous achetions un chalet... Elle aimerait que sa mère ait moins de goût pour le sport.
2. *Exemple:* ... elle aime dormir jusqu'à midi. Elle adore lire pendant des heures dans sa chambre. Elle déteste partir en week-end.

11 *Exemples:* **1.** ... parce qu'il aime que son père le prenne dans ses bras. — **2.** — Pourquoi la jeune fille pleure-t-elle? — Parce qu'elle ne veut pas (regrette/est triste) que son fiancé parte en bateau. — **3.** — Pourquoi le garçon crie-t-il? — Il crie parce qu'il a peur que le serpent le morde.

12 ... que je rédige (fasse) un compte rendu... que j'aille à New York... que je revienne le jour même... il demandera que je prenne le Concorde... que je fasse un reportage... que je veuille quitter...

13 *Exemples:* J'ai aimé qu'on me fasse confiance, qu'on comprenne et qu'on soutienne mes idées, qu'on me permette de réaliser mes projets. J'ai détesté qu'on prenne des décisions à ma place, qu'on dise que je me trompais, qu'on attende de moi l'impossible./ Je souhaite que ma société fasse des bénéfices, que mon travail soit stable, qu'il soit enrichissant. Je crains que ma société soit en difficulté, que les capitaux deviennent insuffisants, qu'on ne puisse pas protéger les emplois.

Les constructions impersonnelles

p.146 **14** «Il faut faire les lits et ranger vos chambres, il faut aller chercher le pain et sortir le chien, il faut apprendre vos leçons (étudier vos leçons) et prendre votre bain.»
M.: David, il faut que tu ailles chercher le pain et que tu sortes le chien. — **D.:** Il faut que j'aille chercher le pain et que je sorte le chien?
M.: Les enfants, il faut que vous appreniez (étudiiez) vos leçons et que vous preniez votre bain. — **F. et D.:** Il faut que nous apprenions (étudiions) nos leçons et que nous prenions notre bain?

15 *g:* Nous devons nous entraîner tous les jours. Il faut que nous nous entraînions...
d: Nous devons faire le grand écart. Il faut que nous fassions... Nous devons avoir des muscles d'acier. Il faut que nous ayons...
bas: Il faut que nous soyons... / Nous devons être... Il faut que nous ayons... /Nous devons avoir... Il faut que nous obéissions... /Nous devons obéir... Il faut que nous ayons... / Nous devons avoir...

16 **Le scientifique:** Il faut qu'il lise des ouvrages scientifiques, il faut qu'il écrive des articles, il faut qu'il fasse des expériences. **L'infirmière:** Il faut qu'elle donne des médicaments, il faut qu'elle prenne la température, il faut qu'elle fasse des piqûres.

17 *Exemples:* Il faut que j'en fasse trois. — Quand faut-il que vous rendiez les livres? — Il faut que je les rende dans quinze jours.

Les constructions impersonnelles et négatives

p.147 **18** **2.** Il est étrange qu'il ne soit pas indiqué. — **3.** Il est possible qu'il y ait des grèves (qu'il y en ait). — **4.** Il est fréquent que les avions soient en retard. — **5.** Il est normal qu'ils veuillent des informations (qu'ils en veuillent).

19 *Exemple:* ... que tu ailles mieux, ... que les enfants iront te voir (te rendre visite) demain, ... que ta famille soit auprès de toi,... que tu sortiras bientôt, ... en souhaitant te voir en pleine forme.

20 *Exemples :* **1.** Je suis ravi que vous veniez nous voir. Je suis content que vous passiez quelques jours avec nous. Je suis désolé que Paul ne puisse pas venir. — **2.** Il est possible que les pays d'Europe aient une armée commune. Il est probable que ce sera une armée de métier. Il est normal que ces soldats soient bien payés. Il est souhaitable qu'ils n'aient rien à faire. Il est inacceptable qu'on fasse encore des guerres.

21 *g :* ... pensent que le gouvernement prend... trouvent que les services sociaux sont... sont sûrs qu'il y a des solutions à la crise.
d : ... ne pensent pas que le gouvernement prenne... ne trouvent pas que les services sociaux soient... ne sont pas sûrs qu'il y ait des solutions...

22 *Exemples :* — Je crois que la crise est passagère. — Moi je ne crois pas qu'elle soit passagère, je crains plutôt que ce ne soit qu'un début. — Moi, j'espère que les affaires reprendront progressivement. — Moi, j'ai l'impression qu'il faudra encore attendre. Je ne pense pas, quant à moi, que le chômage soit une fatalité. — Moi, au contraire, j'ai peur qu'il (ne) soit inévitable.

Les conjonctions subjonctives

p. 148 **23** **1.** ... utilisez de l'huile d'olive. Pour qu'elle ait plus de consistance, battez-la énergiquement. Pour qu'elle soit plus savoureuse, saupoudrez-la...
2. Pour qu'il ait envie de vous revoir, sachez l'écouter. Pour qu'il ne puisse plus vivre sans vous, sachez l'écouter.
3. Pour que votre chien ait le poil brillant, il faut que vous le brossiez tous les jours (que vous lui donniez des vitamines). / Pour que votre fille lise davantage, il faut que vous achetiez des livres intéressants./ Pour que votre fils dorme mieux, il faut que vous lui donniez du lait chaud (il faut que vous changiez l'orientation de son lit).

24 **2.** Bien qu'elle n'ait que deux portes, elle est très confortable. — **3.** Bien qu'elle n'ait que cinq chevaux, elle est nerveuse. — **4.** Bien qu'elle soit légère, elle tient bien la route. — **5.** Bien qu'elle ait des finitions de luxe, elle est bon marché.

25 Bien qu'il soit petit, il est bien agencé. Bien qu'elle n'ait pas de fenêtre, ma cuisine est agréable. *Exemples :* Même s'il n'a que trois pièces, mon appartement est confortable. Bien qu'il n'ait que trois pièces.../ Même si les radiateurs sont petits, ils chauffent bien. Bien qu'ils soient petits.../ Même si le balcon est étroit, on peut y prendre le soleil. Bien qu'il soit étroit...

p. 149 **26** ... pour que nos enfants aient une nouvelle crèche, afin que la construction des tours soit interrompue, afin que les rues soient mieux éclairées, pour que le quartier revive.

27 ... à moins qu'il n'y ait de l'imprévu... Bien que je n'aie que dix jours... pourvu qu'il y ait un bon lit... à moins qu'il ne pleuve... bien que je n'y passe qu'un mois par an... pourvu que je voie mes pruniers...

28 Il lui achète des bijoux pour qu'elle soit la plus belle. Elle ne le contredit jamais, de crainte qu'il (ne) se mette en colère. Elle lui confie ses soucis, à condition qu'il n'en dise rien à personne. Elle chante, pourvu qu'il y ait un rayon de soleil.

29 **Discours du maire :** Nous ferons tout pour que notre ville soit fleurie et reposante. Nous créerons de nouveaux espaces verts afin que la nature soit présente partout. Nous autoriserons la circulation des véhicules à condition qu'ils ne soient ni bruyants ni polluants.

p. 150 **30** **2.** il faut que vous demandiez un formulaire... — **3.** il vaut mieux que vous indiquiez plusieurs dates... de peur qu'il n'y ait plus de place... — **4.** pourvu que vous le fassiez deux mois avant. — **5.** il est obligatoire que vous envoyiez... et il est indispensable que vous inscriviez... — **6.** avant que ce (ne) soit complet.

31 **1.** L'Opéra-Bastille est un opéra récent. La salle a été conçue pour que tout le monde ait une vision parfaite de la scène. L'ensemble est agréable, confortable et fonctionnel. Le Palais Garnier date du siècle dernier : on allait à l'opéra pour y voir un spectacle mais aussi pour qu'on vous y voie. Les femmes aimaient qu'on les reconnaisse et qu'on puisse admirer leur beauté et leurs parures. Les loges permettaient qu'on vienne vous rendre visite. Grâce au luxe des salons, aux velours, aux lustres, l'ambiance était, et elle est encore, chaleureuse et conviviale. Mais je vous déconseille les places sur le côté et au fond des loges de crainte que vous ne puissiez pas voir le spectacle.
2. À l'Opéra-Bastille je ne prendrais pas les places les plus chères. Bien qu'en deuxième catégorie, on ne soit pas tout près de la scène, on voit et on entend bien les chanteurs. Au Palais Garnier, bien que ce soit hors de prix, je réserverais le premier balcon.

Le subjonctif passé

p. 151 **32** À moins qu'il (n')aient eu des problèmes... Il est possible qu'ils soient restés dans (aient été pris dans) (aient été retardés par)... pourvu qu'ils n'aient pas eu un accident... je ne suis pas sûr qu'ils aient reçu notre message.

33 **1.** ... que vous ayez posé les chauffages, que vous ayez monté... *Exemples :* que vous ayez fini la salle de bains... que vous ayez installé les vitrages.
2. *Exemples :* À mon retour, j'aimerais que vous ayez tapé tout le rapport, que vous ayez établi les factures, que tout le courrier ait été mis à jour et posté, etc.

34 *Exemple :* ... qu'on ait pu construire un tunnel sous la mer qui puisse résister au passage de trains roulant à grande vitesse. Il n'est pas moins étonnant que les Romains aient réussi à bâtir des aqueducs bien qu'ils n'aient pas disposé de la technologie actuelle. Je trouve admirable aussi que les Hollandais aient su se protéger de la mer en élevant des digues d'une résistance énorme.

35 *g :* ... ait été démoli (détruit)... que les frontières de tant de pays aient été modifiées.
d : ... ait éclaté... soit tombée... que ces pluies ont fait beaucoup de dégâts.

Les relations logiques

L'opposition et la cause

p.152 **1** Grâce à un bon réflexe... parce que (car) l'accident semblait sérieux. Comme toute la rue... puisque la circulation était bloquée.

2 ... mais à cause de mes douleurs... puisque vous êtes là... mais comme il y a beaucoup de monde... car (parce que) j'ai vraiment mal... grâce à une annulation de dernière minute.

3 Je ne peux pas expédier ce dossier parce que la poste est en grève. Comme une grève peut durer longtemps, il faut trouver une autre solution. Puisqu'on ne peut pas utiliser la poste, faisons appel à une compagnie privée.

4 « puisque vous êtes belle/et puisque je suis vieux. »

La conséquence et le but

p.153 **5** *Exemples :* 2. Nous allons à la plage tous les jours, c'est pourquoi nous sommes bronzés. — 3. Nous n'avions pas de provisions (il n'y avait plus rien à manger), alors nous sommes allés au restaurant. — 4. Il fait beau et nous lisons les journaux dans le jardin, de sorte que nous ne regardons pas la télévision. — 5. Nous allons souvent à la pêche, si bien que nous mangeons beaucoup de poisson. — 6. Un jour le vent a soufflé à tel point qu'un arbre a été arraché et qu'il est tombé sur le toit (et qu'il a défoncé le toit).

6 Il n'aime pas l'agitation des cuisines, en revanche, le calme du ciel le ravit. Il contemple les étoiles tandis que son père travaille jour et nuit. Les voyages sur la Terre ne l'intéressent pas mais il rêve d'aller dans l'espace. Les parents de Jean s'y sont habitués, pourtant ils ne sont toujours pas d'accord.

7 Ils ont entendu... de sorte qu'ils cherchent... Certains amis les encouragent, tandis que d'autres pensent... Ils sont impatients... à tel point qu'ils en rêvent. Ils savent que les démarches sont longues, pourtant ils ne se découragent pas...

NB : Les exemples sont illustratifs : la plupart des relations de conséquences et d'opposition sont interchangeables. *Exemples : exercice 5 :* 1. Nous avons une grande maison, c'est pourquoi... *exercice 6 :* 2. Jean n'aime pas l'agitation des cuisines alors que le calme du ciel... *exercice 7 :* Ils savent que les démarches sont longues, mais...

Documents à commenter

p.154 **1** *Exemples :* **Alors que** les racistes prétendent que certaines races sont plus intelligentes que d'autres, Saatchi affirme que ce sont les racistes qui sont inférieurs aux autres. Benetton utilise la même idée **mais** les images de Benetton sur plus « crues » que celles de Saatchi (trois cœurs à nu, trois races, le nom de Benetton). Dans la campagne contre le racisme, la publicité se met au service des idées **tandis que** Benetton met les idées au service de sa marque. Les images de Benetton frappent violemment **pour que** le spectateur soit impressionné et **sans que** ce soit, à mon avis, nécessaire.

2 *Exemple :* **Bien que** ces tee-shirts soient délibérément satiriques, je pense qu'ils signalent des aspects réels de la réalité. Les textes sont humoristiques **alors que** les mêmes idées pourraient être exprimées sous forme de revendications.

3 *Exemple :* Les sociétés industrielles apportent le confort **mais** détruisent les ressources naturelles. Il faudrait contrôler davantage les sociétés **pour qu'**elles ne détruisent pas la nature. Il faudrait même interdire certains types de productions qui abîment les forêts, la mer ou les fleuves. **Cependant**, certains pays survivent grâce à ces industries, **c'est pourquoi** il est difficile de trouver un équilibre entre production et protection de l'environnement.

p. 155 Bilan n° 9

1 1. ... **en buvant** du thé et **en mangeant** une madeleine.

2. Toutes les personnes **faisant** partie (qui font partie)... au guichet **portant** (qui porte)...

3. Bon, **puisque** c'est comme ça... tu le regretteras **car** (parce que) il est bon.

4. **Comme** Paul ne savait pas... **pour qu'**il prenne...

5. **Bien qu'**(il soit) un peu petit... **pourvu qu'**un appartement **ait** de la personnalité...

6. ... **alors qu'**il conduit... bien qu'il **ait suivi**...

7. ... **grâce à** l'intervention rapide... **cependant** il devra... **car** (parce que) il doit...

8. **tandis que** mon mari... en **lisant**... **Sachant**...

2 ... **même si** la majorité... **grâce** aux gestes... **à cause** du doublage... **Malgré** le gros travail... Je reconnais, **cependant**... **quand même** (tout de même)... **bien que** la lecture... **Pour que** mon plaisir soit... J'admets **toutefois**... **Mais** ce fut bref.

Index

TABLE DES MATIÈRES

N° de projet 10044308 (1) 10 (OSBK - 80) - Décembre 1997
Imprimé en France par Pollina, 85400 Luçon - n° 73666